# Le Magnifique Montez

## De Courtisane à Convertir

Horace Wyndham

**Writat**

Cette édition parue en 2023

ISBN : 9789358812121

Publié par
Writat
email : info@writat.com

# Contenu

# AVANT-PROPOS

Balayez un filet sur les pages du drame contemporain, et il est incontestable qu'à son apogée aucun nom sur la liste ne se distinguait, en matière d'aventure et de romance, avec plus d'importance que celui de Lola Montez. Tout ce qu'elle a fait (ou ce qu'on lui attribue) a rempli des colonnes sur des colonnes dans la presse d'Europe et d'Amérique ; et, du début à la fin, elle était autant « d'actualité » que n'importe quelle héroïne hollywoodienne de notre époque. Pourtant, même si elle est entrée dans l'histoire dans deux hémisphères, il s'est avéré extrêmement difficile de découvrir et de démêler les faits réels de sa carrière glamour. En effet, peu de femmes (voire aucune) ont construit un nid de fables, de fantaisie et d'imagination tel que celui-ci.

Même sur les points fondamentaux, il existe des désaccords. Ainsi, selon divers chroniqueurs, le sultan de Turquie, un « Rajah indien » (non précisé), Lord Byron, roi des îles Cannibales, et un « riche marchand », chacun figure comme son père, avec une « belle créole, " une "lavandière écossaise" et une "actrice de Dublin" pour sa mère ; et Calcutta, Genève, Limerick, Montrose et Séville — et une douzaine d'autres villes dispersées à travers le monde — pour son lieu de naissance. Ce genre de chose est pour le moins déroutant.

Mais Lola Montez était quelque peu anachronique et avait un mépris aussi élevé pour les conventions que les dames qui se pressaient à la cour de Merlin. Et, il faut l'admettre, elle-même n'était pas non plus très soucieuse de l'exactitude. Ainsi, elle a réduit d'une demi-douzaine d'années son âge, a attribué à son père (qu'elle a surnommé « officier espagnol de distinction ») quelques échelons de brevet et a insisté sur une ascendance à laquelle elle n'a jamais eu droit.

Pourtant, si Lola Montez a trompé le public sur elle-même, d'autres ont trompé le public sur Lola Montez. Ainsi, dans un de ses livres, George Augustus Sala annonçait solennellement qu'elle était la sœur d'Adah Isaacs Menken ; et un écrivain plus moderne, incapable de distinguer Louis Ier de son petit-fils Louis II, nous dit qu'elle était « intime avec le roi fou de Bavière ». Pour quiconque (et il y a encore de telles personnes) qui accepte la parole imprimée comme évangile, de telles erreurs détruisent la foi.

En tant que source d'informations sur le sujet, l' *Autobiographie* (prétendue) de Lola Montez, publiée pour la première fois en 1859, ne vaut rien. La majeure partie de l'ouvrage a été écrite pour elle par un « fantôme » clérical en Amérique, le révérend Chauncey Burr, et ne fait que servir d'éventail de mensonges pittoresques et faciles à réfuter. Un certain nombre d'entre elles, ainsi que quelques broderies supplémentaires, sont exposées plus longuement dans d'autres volumes par Ferdinand Bac (qui confond Louis Ier avec Maximilien II) et par Eugène de Mirecourt et Auguste Papon, tout aussi peu fiables . Les écrivains allemands, en revanche, ont, s'ils sont capables d'être longs, au moins évité les pièges les plus évidents. Parmi les livres et brochures (pour la plupart anonymes) d'origine germanique, les suivants mériteront des recherches : *Die Gräfin Landsfeld* (Gustav Bernhard) ; *Lola Montez, Gräfin von Landsfeld* (Johann Deschler) ; *Lola Montez et d'autres romans* (Rudolf Ziegler) ; *Lola Montez et les Jésuites* (Dr Paul Erdmann) ; *Die spanische Tänzerin und die deutsche Freiheit* (J. Beneden) ; *La révolution allemande, 1848-1849* (Hans Blum) ; *Ein vormarzliches Tanzidyll* (Eduard Fuchs) ; *Abenteur der beruhmten Tänzerin* ; *Anfang et Ende de Lola Montez en Bayern* ; *Die Munchener Vergange* ; *Unter den vier ersten Königen Bayerns* (Luise von Kobell) ; et, en particulier, la monumentale *Histeriche* de Heinrich von Treitschke. Mais il faut traire une centaine de vaches pour obtenir ne serait-ce qu'un demi-litre de crème Lola Montez.

En vue de recueillir de première main des détails fiables et jusqu'ici inédits, j'ai récemment effectué des visites à Berlin, Bruxelles, Dresde, Leningrad, Munich, Paris et Varsovie, etc., dans chacune desquelles se trouve une partie du drame coloré. de Lola Montez s'est dévoilée. Toutefois, dans un certain nombre de domaines, les résultats de ces enquêtes se sont révélés décevants.

"Lola Montez... hum... quel genre d'homme était-il ?" fut la réponse d'un acteur éminent, qui m'a été recommandé comme « une autorité de premier plan dans tout ce qui touche à la scène » ; et le secrétaire d'un club de théâtre, désireux d'aider, écrit : "Désolé, mais aucun de nos membres n'a de souvenirs personnels de cette dame." Comme elle était alors dans sa tombe depuis plus de soixante-dix ans, il ne m'est pas venu à l'esprit que même le plus ancien des *jeunes premiers* d'entre eux aurait gardé d'elle des souvenirs très vifs. Pourtant, beaucoup d'entre eux étaient assez âgés pour avoir entendu parler d'elle par leurs prédécesseurs.

Mais une aide précieuse pour découvrir les faits réels liés à la carrière de cette femme remarquable et les démêler du réseau de mensonges et de fables dans lequel ils ont longtemps été empêtrés, est venue d'autres sources. Parmi ceux à qui il faut reconnaître une dette particulière, citons Edmond d'Auvergne (auteur d'une étude soigneusement documentée), *Lola Montez ( une aventurière des années quarante )* ; Gertrude Aretz (auteur de *La Femme élégante* ) ; Bernard Falk (auteur de *La Dame nue* ) ; Arthur Hornblow (auteur de *A History of the Theatre in America* ) ; Harry Price (Hon. Sec. Conseil pour les enquêtes psychiques de l'Université de Londres); Philip Richardson (éditeur de *The Dancing Times* ); et Constance Rourke (auteur de *Troupers of the Gold Coast* ) ; et de plus amples informations ont été fournies par Mme Charles Baker (Ruislip) et John Wade (Acton).

Les personnes suivantes m'ont beaucoup aidé en me fournissant des lettres et des documents importants ainsi que des détails jusqu'ici inédits relatifs au chemin tracé par Lola Montez en Amérique : Mlle Mabel R. Gillis (bibliothécaire d'État, Bibliothèque d'État de Californie, Sacramento) ; Mme Lillian Hall (conservatrice, Harvard Theatre Collection) ; Mlle Ida M. Mellen (New York) ; Mme Helen Putnam van Sicklen (Bibliothèque de la Society of Californian Pioneers) ; Mme Annette Tyree (New York) ; M. John Stapleton Cowley-Brown (New York) ; M. Lewis Chase (Hendersonville); Professeur Kenneth L. Daughrity (Delta State Teachers' College, Cleveland) ; M. Frank Fenton (Université de Stanford, Californie) ; M. Harold E. Gillingham (bibliothécaire, Société historique de Pennsylvanie) ; M. W. Sprague Holden (éditeur associé, Argonaut Publishing Company, San Francisco) ; et M. Milton Lord (directeur de la bibliothèque publique de Boston).

Outre ces experts, je dois également à Monsieur Pierre Tugal (Conservateur, Archives de la Danse, Paris) ; ainsi qu'aux directeurs et au personnel de la Bibliothèque d'Arsenal de Paris et du Musée du Théâtre de Munich, qui ont généreusement mis leurs archives à ma disposition.

Contrairement à ses collègues américains et continentaux, un bibliothécaire public anglais a déclaré (sur une carte postale) qu'il était « trop occupé pour répondre aux questions ».

# CHAPITRE I

## PRÉLUDE À L'AVENTURE

### je

Dans une chronique en larmes, intitulée « Nécrologie de l'année », un nécrologue du milieu de l'époque victorienne a écrit ainsi à propos d'une femme qui y figurait :

C'était celle qui, malgré ses mauvaises manières, eut une part dans des transactions publiques trop remarquables pour permettre que son nom soit omis de la liste des personnes célèbres décédées en 1861.

Née dans une famille anglaise ou irlandaise de rang respectable, la malheureuse jeune fille s'est révélée possédée très tôt du don fatal de la beauté. Elle est apparue pendant une courte période sur scène en tant que danseuse (pour laquelle ses proches en deuil ont pris le deuil et ont délivré des cartes de pompes funèbres pour signifier qu'elle était maintenant morte pour eux), puis s'est imposée comme la Paphienne la plus notoire d'Europe.

Si tout cela s'était produit, ces colonnes n'auraient pas inclus son nom. Mais elle a fait preuve de qualités très remarquables. Les pouvoirs naturels de son esprit étaient considérables. Elle avait une forte volonté et une certaine maîtrise des circonstances. Son caractère était généreux et ses sympathies très grandes. Ces qualités élèvent la courtisane à une position singulière. Elle est devenue une influence politique ; et exerçait sur les souverains et les ministres une fascination plus étendue que celle qu'a peut-être eu aucun autre membre du *demi-monde* . Elle dirigeait un royaume ; et il l'a gouverné, en outre, avec dignité, sagesse et capacité. L'Hypatie politique, cependant, fut sacrifiée à la populace. Son pouvoir avait disparu et elle ne pouvait plus espérer de la flatterie des hommes d'État. Elle est devenue une aventurière d'une classe inférieure. Ses intrigues, ses duels et ses coups de fouet firent d'elle un temps une notoriété à Londres, à Paris et en Amérique.

Comme d'autres favorites célèbres qui, malgré tous ses charmes personnels, mais sans avoir un aperçu d'une nature humaine meilleure, ont sacrifié la dignité de la femme à une ambition dévergondée, celle-ci s'est reprochée dans ses derniers instants sa vie gâchée ; et alors, quand toute son ambition et sa vanité furent réduites en cendres, elle comprit ce que c'était que d'avoir été le jouet des hommes et le mépris des femmes.

Au total, une suggestion quelque peu prudente de désapprobation à propos du sujet de ce mémoire particulier.

Trois ans après que les échos tonitruants de Waterloo se soient éteints et que « Boney », derrière une frange de baïonnettes britanniques, ait été interné en toute sécurité sur l'île de Sainte-Hélène, une petite fille est née dans la caserne de Limerick. Le même jour, dans la lointaine Bavière, un souverain fêtait son trente-cinquième anniversaire. Vingt-sept ans plus tard, les deux hommes devaient se rencontrer ; et à partir de cette rencontre, une grande partie de l'histoire devait être écrite.

La petite fille qui apparut pour la première fois à Limerick était la fille d'un certain enseigne Edward Gilbert, un jeune officier de bonne famille irlandaise qui avait épousé une señorita Oliverres de Montalva, « du château Oliver, Madrid ». En tout cas, elle prétendait l'être, et aussi qu'elle descendait directement de Francisco Montez, un célèbre toréador de Séville. Il y a cependant de fortes présomptions qu'elle faisait ici appel à son imagination ; et, quant au « Château Oliver » sous le soleil d'Espagne, eh bien, ce pays n'a jamais manqué de « châteaux ».

La famille Oliver, comme le souligne EB d'Auvergne dans son ouvrage soigneusement documenté *Adventuresses and Adventurous Ladies*, était en réalité d'origine irlandaise et était installée à Limerick depuis 1645. « Le pedigree familial, dit-il, ne révèle aucun trace de sang espagnol ou maure. En outre, au début du siècle dernier, la lignée principale avait expiré, dans la mesure où l'union de ses membres était bénie par l'Église, et il ne restait plus aucune descendance légitime. L'épouse de Gilbert doit donc, si elle est une véritable Oliverres, être née avec une tache considérable sur son écusson.

Pourtant, s'il n'y avait pas d'hidalgos perchés sur son arbre généalogique, Mme Gilbert avait probablement du bon sang dans les veines. En fait, il existe des preuves avancées par une parente éloignée, Miss DM Hodgson, selon lesquelles elle était en réalité la fille illégitime d'un Irlandais, Charles Oliver, de Castle Oliver (aujourd'hui Cloghnafoy), Co. Limerick, et d'une paysanne. sur son domaine. Cela est tout à fait possible, car l'époque était celle où les squiers exerçaient leurs « droits seigneuriaux » et où les colleens étaient complaisants. S'ils ne l'étaient pas, ils n'en auraient que très peu à faire.

Le mariage de Mme Gilbert avait été précipité. Pas trop pressé cependant, puisqu'il fallait convoquer le médecin et l'infirmière mensuelle presque avant que l'encre ne soit sèche sur le registre. En fait, Mme Gilbert devait aller à l'église dans la condition de dames qui aiment leurs seigneurs, car ce « gage d'affection mutuelle » est né dans la caserne de Limerick alors que la lune de miel battait encore son plein, et au sein d'un couple des mois depuis que le nœud nuptial a été noué. Elle fut baptisée Marie Dolores Eliza Rosanna, mais fut d'abord appelée par le deuxième de ces noms. Cependant, comme c'était un peu une bouchée pour un petit enfant, elle l'a rapidement attaché elle-même à la petite Lola. Le nom lui convenait et il est resté.

Bien que ces faits soient étayés par des preuves documentaires, ils ne sont pas suffisamment « romantiques » pour correspondre aux vues de certains biographes étrangers. En conséquence, ils ont indiqué le lieu de naissance de l'enfant comme, entre autres villes, Madrid, Lucerne, Constantinople et Calcutta ; et l'une d'elles a même eu assez d'audace pour en faire une fille de Lord Byron. Larousse, lui aussi, pour ne pas être en reste, dit qu'elle est « née à Séville, d'un père espagnol » ; et, alternativement, « en Écosse, d'un père anglais ». Les deux récits, cependant, insistent sur le fait que sa mère était « une jeune créole d'une beauté étonnante, qui avait épousé deux officiers, un Espagnol et un Anglais ».

Il était à l'honneur d'Edouard Gilbert de n'avoir pas rejoint l'armée avec la commission du roi en poche, mais à un titre plus humble, celui de simple soldat. Son service vaillant sur le terrain lui avait valu un avancement ; et en 1817, il fut choisi comme enseigne dans le 25e d'infanterie, échangeant ainsi son mousquet et son sac à dos contre l'épée et la ceinture d'un officier. Du 25th Foot, il fut, cinq ans plus tard, transféré au 44th Foot, commandé par le colonel Morrison. En 1822, son tour venant pour une période de service extérieur, le régiment quitta Dublin pour Chatham et s'embarqua pour l'Inde. Naviguant avec sa femme et son enfant, le jeune officier, après un voyage qui dura la meilleure (ou la pire) partie de six mois, débarqua à Calcutta et se rendit dans la caserne de Fort William. À leur arrivée, « les nouveaux arrivants », dit un récit conservé, « furent reçus avec une somptueuse hospitalité et d'une manière qui ne peut être comparée qu'aux festivités décrites dans les romans de Charles Lever ». Mais tous les rangs avaient une tête forte et n'en souffraient pas plus.

Au cours de l'été suivant, le régiment prit « la route » et reçut l'ordre de se rendre à Dinapore, un cantonnement près de Patna, sur le Gange, qui avait été fondé par Warren Hastings. C'était une station malsaine, surtout pour les jeunes fraîchement arrivés d'Angleterre. Un soleil brûlant le jour ; des nuits chaudes et étouffantes ; et aucun souffle de vent ne balayant les ghats desséchés. En quelques semaines, le redoutable choléra fit son apparition ; le roulement mélancolique des tambours assourdis se faisait entendre chaque soir au coucher du soleil ; et l'enseigne Gilbert fut l'une des premières victimes.

**Les troupes de la "John Company" en marche en Inde**

La veuve, dit-on, a été « laissée aux soins et à la protection de Mme le général Brown », l'épouse du brigadier. Mais les événements marchaient déjà vers leur fin ; et, en conséquence, cette charitable dame fut bientôt relevée de sa charge.

Laissant une jeune veuve (pas encore vingt-cinq ans) avec un enfant de cinq ans à élever et très peu d'argent pour le faire (car son mari ne touchait que 108 roupies par mois), la situation dans laquelle Mme Gilbert se trouva elle-même était difficile. « Vous ne pouvez, écrivait Lola des années après, avoir qu'une faible idée de la responsabilité. Cependant, les cœurs chaleureux étaient là pour se lier d'amitié avec elle. Le plus chaleureux d'entre eux était celui d'un frère officier de son défunt mari, le lieutenant Patrick Craigie, du 38th Native Infantry, alors cantonné à Dacca. Célibataire et disposant de moyens privés considérables, il l'invite à partager son bungalow. L'invitation a été acceptée. En conséquence, il y a eu un certain nombre de ragots. Cependant, cela fut rapidement réduit au silence par une deuxième invitation, également acceptée, à partager son nom ; et, en août 1824, Mme Gilbert, renonçant à son deuil et à son veuvage, s'épanouit à nouveau sous le nom de Mme Craigie. On raconte que la cérémonie a été célébrée par Mgr Heber, métropolite de Calcutta, qui se trouvait à ce moment-là en visite à Dacca. Très peu de temps après, Benoît reçut une nomination d'adjudant général adjoint à Simla, combinée à celle de maître de poste adjoint au quartier général. Cela lui a permis de gravir les échelons jusqu'au rang de capitaine et a apporté un ajout bienvenu à son salaire. De l'avis de la station "gup", parfois peu charitable, la veuve "s'était bien débrouillée".

Le capitaine Craigie, qui semble avoir été un individu quelque peu semblable à Dobbin, s'est révélé un mari et un beau-père affectueux. La joliesse et la précocité de la petite fille l'ont beaucoup séduit. Il ne pouvait pas en faire assez pour elle ; et il la gâta en refusant de contrôler son caractère capricieux et en encourageant ses farces espiègles. Ce n'était pas une bonne éducation ; et, comme l'habillement et la « société » remplissaient les pensées de sa mère, la « Miss Baba » fut laissée en grande partie aux soins des essaims de domestiques indigènes attachés au bungalow. Elle a été caressée par tous ceux avec qui elle est entrée en contact, depuis le bâton doré de la Maison du Gouvernement jusqu'au plus humble cipaye et porteur. Lord Hastings, le commandant en chef – un disciplinaire rigide qui avait réintroduit le « chat » lorsque Lord Minto, son prédécesseur au pouvoir, l'avait aboli – lui sourit affablement. Elle s'assit sur les genoux de généraux médaillés, vétérans d'Assaye et de Bhurtpore, et tira leurs moustaches sans contrôle ; et elle se déchaînait dans les concessions des gros bonnets civils et des nababs marchands qui, comme c'était la coutume du temps de la « John Company », avaient secoué l'arbre de la pagode pour leur propre profit considérable. Après tout, comme ils le disaient, lorsqu'une protestation s'infiltrait jusqu'à Leadenhall Street, à quoi servaient les indigènes, sinon à être exploités ; et les gens qui les prenaient à partie disaient des bêtises. Pire encore, ils étaient « déloyaux ».

Mais comme il y avait de bonnes raisons pour que les enfants ne puissent pas rester indéfiniment à la campagne, le beau-père de Lola, après mûre réflexion, décida que, puisqu'elle se déchaînait et se livrait à des espiègleries, la meilleure chose à faire avec elle serait de de la faire élever par ses proches en Écosse. Une escorte convenable ayant été trouvée et un passage engagé, à l'automne 1826, elle fut envoyée à Montrose, où vivaient son propre père, « un homme vénérable occupant la position de prévôt, et des sœurs ».

De l'Inde à l'Écosse, il y a eu un changement considérable. Ce n'est pas un changement pour le mieux, de l'avis du nouvel arrivant. La maison Montrose, dirigée par les sœurs âgées du capitaine Craigie, était austère et stricte, éclairée par une atmosphère de calvinisme sombre et froid. Toute jouissance était mal vue ; le plaisir était « mondain » et devait être sévèrement réprimé. Fini les caresses et les gâteries pour la petite fille. Au lieu de cela, un régime de bouillie, de prières et de leçons sans fin. En conséquence, l'enfant était si misérable que, convaincue que sa mère se montrerait antipathique, elle écrivit à son beau-père, le suppliant de lui renvoyer. Bien entendu, cela était impossible. Pourtant, lorsque la lettre, effacée par les larmes, lui parvint à Calcutta, le cœur du capitaine Craigie fut touché. Si elle n'était pas heureuse parmi ses parents à Montrose, il l'enverrait ailleurs. Mais où? C'était la question.

Par chance, par le même courrier, une deuxième lettre, proposant une solution au problème, arriva d'un ami anglo-indien. Il s'agissait de Sir Jasper Nicolls, KCB, un vétéran d'Assaye et de Bhurtpore, qui s'était installé en

Angleterre et cherchait une jeune fille comme compagne et pour être élevée avec sa propre fille orpheline. Les deux hommes entrèrent en correspondance ; et, les dispositions nécessaires ayant été prises, la petite Lola Gilbert, folle de joie, fut, au cours de l'été 1830, emmenée chez Sir Jasper à Bath.

"Es-tu désolé de nous quitter ?" » s'enquit l'aînée des Miss Craigie.

"Pas du tout", fut la réponse franche.

"Retenez bien mes paroles, mademoiselle, vous finirez mal", prédit l'autre avec aigreur.

# III

Mais si Bath devait être une « mauvaise fin », ce serait certainement un bon début. Là, au lieu de tristesse et de reproches constants, Lola s'est retrouvée enveloppée dans une atmosphère de chaleur et de convivialité. Sir Jasper était la gentillesse même ; et sa fille Fanny ont accueilli le nouveau venu. Les deux filles se sont aimées dès le début, partageant les plaisirs de l'autre tout en partageant leurs études. Ainsi, ils rougissaient et jaillissaient lorsque cela était nécessaire ; des échantillons cousus et des textes copiés ; appris un peu de français et de dessin ; aux prises avec les questions de Miss Mangnall *à l'usage des jeunes* ; duos et ballades pratiqués; touché les cordes de la harpe; pleuré sur les poèmes de « LEL » ; lire subrepticement Byron et ouvertement les *Sketches de Boz récemment publiés ;* admiré les "Livres de Beauté" et les "Annuels Souvenirs" somptueusement reliés, édités par la Comtesse de Blessington et l'hon. Mme Norton ; il a ri modestement des pitreries de ce vieux personnage amusant, "Romeo" Coates, lorsqu'il a pris l'air dans le Quadrant ; je me demandais pourquoi ce vétéran distingué, Sir Charles Napier, tenait à éliminer Sir Jasper Nicolls ; il faisait la révérence à la petite princesse Victoria, alors logée à l'hôtel York, et se détournait discrètement au passage de la duchesse de Berri ; et (comme ils n'étaient pas entièrement cloîtrés) assistaient, sous l'œil vigilant d'une gouvernante, à des concerts "sélectionnés" dans les salles de réunion (avec Catalini et Garsia au programme) et à une pièce de théâtre occasionnelle au Théâtre Royal, où de temps en temps ils eurent un aperçu de Fanny Kemble, Kean et Macready ; et, en bref, suivaient le programme approuvé des jeunes filles de leur position à l'époque lointaine où Guillaume IV était roi.

Bien que Sir Jasper ait un mépris sincère et haussier pour les étrangers — et en particulier pour les « Froggies » qu'il avait aidé à battre à Waterloo — il estimait qu'ils n'en avaient pas moins raison ; et qu'ils soient nés du mauvais côté de la Manche était leur malheur plutôt que leur faute. Il y eut donc un intervalle à Paris, où les deux jeunes filles furent envoyées apprendre le français. Là, en plus de la connaissance de la langue, Lola acquiert une technique qui va ensuite s'avérer précieuse dans un environnement autre et très différent. Si l'on en croit de Mirecourt (une autorité loin d'être fiable), elle fut également, durant cette période, présentée au roi Charles X par l'ambassadeur britannique. Cependant, d'après les dates, cela n'aurait pas pu être le cas, car Charles avait abandonné son sceptre et s'était enfui en Angleterre bien avant l'arrivée de Lola dans le pays.

Après un intervalle, Sir Jasper sentit qu'il devrait se rendre lui-même à Paris, ne serait-ce que pour s'assurer que sa fille et sa pupille « ne commettent pas de bêtises et n'ont pas la tête remplie d'idées ». Aussitôt dit, aussitôt fait et, posté à Douvres, il prit le paquet. Après avoir soulagé son esprit quant au bien-être des deux jeunes filles, il tourna son attention vers d'autres sujets. Comme il l'avait prévu, nombre de ses anciens camarades installés à Paris lui réservent un accueil chaleureux et se chargent volontiers de « lui faire visiter ». Il a apprécié l'expérience. La vie y était agréable, les théâtres et les cafés étaient attrayants et changeaient des austérités de Bath. Les dames aussi qu'il rencontrait lorsqu'il fumait son cigare dans les jardins du Palais-Royal souriaient affablement au « Milord anglais ». Certains d'entre eux, avec très peu d'encouragements, ont fait davantage. "Il n'y a aucune absurdité à attendre les présentations."

Mais, malgré ses commodités, Paris au début des années trente n'était pas vraiment une station balnéaire adaptée aux visiteurs britanniques. L'atmosphère politique était nettement agitée. La révolution était dans l'air. Sir Jasper renifla les changements à venir ; et était suffisamment tacticien pour éviter d'être englouti dans le maelström menacé en retournant en Angleterre avec ses jeunes protégés juste à temps. D'autres de ses compatriotes, moins chanceux ni aussi discrets, se sont retrouvés enfermés dans les prisons françaises.

De retour à la tranquillité de Bath, les choses reprennent leur cours normal. Sir Jasper soigna sa goutte (changeant son opinion sur la cuisine française, à laquelle il attribua une nouvelle crise) et les filles reprirent les fils qu'elles avaient temporairement laissés tomber.

Toujours à l'écoute de son environnement, Lola s'épanouit rapidement dans l'atmosphère sympathique de la maison Nicolls. Bientôt, Montrose, avec son « calvinisme écossais bleu », n'était plus qu'un souvenir. Au lieu d'être snobée et réprimandée, elle a été caressée et encouragée. En conséquence, elle est devenue joyeuse et vive, pleine de bonne humeur et de rire. Peut-être à cause du sang espagnol de sa mère, elle a mûri tôt. A seize ans, c'était une femme. Une femme remarquablement attirante aussi, donnant - avec ses tresses corbeau, ses longs cils violets et sa silhouette gracieuse - la promesse de la beauté mûre pour laquelle elle devait ensuite se distinguer dans deux hémisphères. D'un caractère romantique, elle avait, tout naturellement, ses *affaires* . Plusieurs d'entre eux, en l'occurrence. L'une d'elles était avec une huissière qui avait glissé des missives amoureuses dans son livre de prières. Très audacieux, il a poursuivi en portant la barbe de Sir Jasper dans sa tanière et en demandant la permission de « payer ses adresses » à sa pupille. La réponse du guerrier fut peu conciliante. Pourtant, il ne pouvait pas se mettre en colère lorsque, après avoir été interpellé, la jeune fille se moquait de lui.

"Egad!" a-t-il déclaré. "Mais d'ici peu, mademoiselle, vous allez mettre tous les hommes par les oreilles."

Paroles prophétiques.

# IV

Pendant l'intervalle qui s'était écoulé depuis leur dernière rencontre, Mme Craigie ne s'était que très peu préoccupée de l'enfant qu'elle avait envoyé en Angleterre. Cependant, quand elle reçut son portrait de Sir Jasper, accompagné d'une description élogieuse de son attrait et de son charme, la situation prit un nouvel aspect. Lola, selon elle, était devenue un atout plutôt qu'une anxiété ; et, en tant que tel, doit faire un « bon » mariage. Bath fourmillait de nuisibles, et il y avait un risque qu'une jolie fille, privée des soins vigilants d'une mère, soit kidnappée par l'un d'eux. Peut-être un fils plus jeune, sans un sou pour se bénir. Une perspective frémissante pour une mère ambitieuse. Il s'agissait donc évidemment d'emmener sa fille en Inde et de la marier à un mari riche. Plus c'est riche, mieux c'est.

Mme Craigie est allée travailler de manière professionnelle et a jeté un œil maternel sur les « éligibles » qu'elle a rencontrés à Government House. Celui d'entre eux qu'elle choisit finalement comme gendre vraiment désirable était un juge de Calcutta, Sir Abraham Lumley. C'était vrai qu'il était plus que assez vieux pour être le père de la jeune fille, et qu'il était nettement livide. Mais cela, estimait-elle, n'était pas pertinent, puisqu'il avait accumulé un grand nombre de roupies et qu'il allait bientôt prendre sa retraite avec une pension confortable.

Sir Abraham fut donc sondé. Célibataire endurci comme il l'était, un simple coup d'œil au portrait de Lola suffisait à faire monter sa tension artérielle à un point chaud. Enthousiasmé par l'idée d'une si jeune beauté si fraîche, il se déclara prêt à changer de condition et discuta de belles colonies.

Avec tout ainsi coupé et séché, comme elle le pensait, Mme Craigie a franchi l'étape suivante de son programme. Il s'agissait de quitter l'Inde pour l'Angleterre, à l'automne 1836, et d'annoncer à Lola la « bonne nouvelle » qui l'attendait. Elle devait ensuite la ramener à Calcutta et dans les bras de Sir Abraham.

L'honnête capitaine Craigie avait l'air un peu dubitatif lorsqu'il a été consulté.

"Peut-être qu'elle ne se souciera pas de lui", suggéra-t-il.

« Des bâtons de violon ! rétorqua sa femme. "N'importe quelle fille sauterait sur l'occasion d'être Lady Lumley. Pensez au poste."

"Je pense à Lola", dit-il.

# CHAPITRE II

## "Marié à la hâte"

### je

Parmi les passagers accompagnant Mme Craigie dans le long voyage vers Southampton se trouvait un lieutenant Thomas James, un jeune officier débonnaire de l'infanterie du Bengale, qui se montra très agréable avec elle et avec qui il échangea de nombreuses confidences. Il rentrait chez lui avec un congé de maladie d'un an ; et sur la suggestion de sa connaissance à bord du navire, il décida de passer le premier mois à Bath.

"Il est temps que je m'installe", a-t-il déclaré. "Qui sait, mais je pourrais peut-être chercher une femme à Bath et la ramener en Inde avec moi."

"Qui sait", a convenu Mme Craigie, son instinct de marieuse éveillé. "Bath est plein de jolies filles."

La rencontre entre la mère et la fille s'est déroulée très différemment des lignes selon lesquelles elle l'avait prévue. Contrairement à ce à quoi elle s'était attendue, Lola ne manifestait aucune volonté marquée de se joindre à eux. Peu éblouie par la perspective de devenir Lady Lumley et s'appuyant sur le sein âgé de Sir Abraham, elle alla même jusqu'à traiter le savant juge de « vieux coquin goutteux » et déclara que rien ne la pousserait à l'épouser. Ni les reproches ni les arguments n'ont eu d'effet. Elle ne montrerait pas non plus le moindre intérêt pour le trousseau pour lequel (mais à son insu) de somptueuses commandes avaient été passées.

La pauvre Mme Craigie avait du mal à en croire ses oreilles. Pour une fille, aller à l'encontre des souhaits de sa mère et claquer des doigts à l'occasion d'épouser un « titre » était quelque chose qu'elle considérait comme impossible. À quoi diable les filles venaient-elles, se demanda-t-elle. Soit l'école de fin d'études parisienne, soit l'air du Bain lui montait à la tête. Les temps étaient bouleversés et la théorie selon laquelle les filles faisaient ce qu'on leur disait était brutalement bouleversée. Tout cela était très perturbant.

Dans son étonnement et son agacement, Mme Craigie se mit au lit. Mais elle ne s'arrêta pas là longtemps, car il fallait prendre des mesures rapides. Comme il était inutile de s'attaquer à Sir Jasper Nicolls (qu'elle tenait pour responsable du bouleversement de ses projets), elle demanda conseil à quelqu'un d'autre. C'était son ami militaire qui, par hasard, se trouvait encore à Bath, où il avait visiblement découvert quelque attrait particulier. Après tout, il était un «

homme du monde » et savait quoi faire. En conséquence, elle le convoqua à une consultation et se débarrassa de la « bizarrerie » de Lola.

"Bien sûr, la fille est folle", déclara-t-elle. "Rien d'autre ne pourrait expliquer cela. Pouvez-vous imaginer une fille sensée faire le nez à un tel match ? Je n'ai jamais entendu de telles conneries. Je suis sûr que je ne sais pas ce que Sir Abraham dira. Il s'attend à ce qu'elle le fasse. rejoignez-le à Calcutta d'ici la fin de l'année. En fait, j'ai déjà réservé son passage. Le mariage doit avoir lieu depuis notre maison là-bas. Il faudra faire quelque chose. La question est, quoi ?

"Laissez-moi faire", fut la réponse aérienne. "Je vais lui parler."

Thomas James a effectivement « parlé ». Il parla avec un certain effet, mais pas du tout de la façon dont Mme Craigie l'avait prévu. Exprimant sa sympathie pour Lola, il se déclara entièrement de son côté. Elle était beaucoup trop jeune, trop jolie et attirante, disait-il, pour rêver un instant d'épouser un homme assez vieux pour être son grand-père et de s'enterrer en Inde. L'idée était ridicule. Il avait un bien meilleur plan à proposer. Lorsque Lola, souriant à travers ses larmes, lui demanda ce que c'était, il lui répondit qu'elle devait s'enfuir avec lui et qu'ils se marieraient. Ainsi le problème de son avenir serait automatiquement résolu.

Les moustaches luxuriantes et l'air fringant du lieutenant Thomas James ont fait leur travail. De plus, cette suggestion était exactement le genre de chose qui arrivait aux héroïnes des romans. Lola Gilbert, jeune, romantique et inexpérimentée, a succombé. Saisissant son opportunité, elle s'est éclipsée de la maison tôt le lendemain matin. Son amant avait une chaise de poste prête, et ils partirent pour Bristol. Là, ils prirent le paquet et traversèrent la route vers l'Irlande, où James avait des parents qui, promit-il, prendraient soin d'elle jusqu'à ce que leur mariage soit accompli.

« Fugue dans la grande vie ! » Un petit potin pour les tables de thé et pour l'argent dans les clubs. Ce n'est plus un creux endormi. Bath était dans les « nouvelles ».

Ce n'est qu'après leur départ que Mme Craigie a découvert ce qui s'était passé. Sa première réaction fut celle d'une furieuse indignation. C'était pourtant naturel, car non seulement son ambitieux projet avait échoué, mais elle avait été trompée par l'homme même en qui elle avait eu confiance. C'était plus que suffisant pour contrarier n'importe qui, d'autant plus qu'elle était également confrontée à la tâche désagréable d'écrire à Sir Abraham Lumley et de lui raconter ce qui s'était passé. En conséquence, elle a annoncé qu'elle « se laverait les mains » d'eux deux.

Même si s'enfuir était une chose, comme Lola le découvrit bientôt, se marier en était une autre. Une difficulté inattendue se présenta, car le curé qu'ils consultèrent refusa de faire la cérémonie pour une si jeune fille sans être assuré au préalable du consentement de sa mère. Mme Craigie, versant des larmes et des menaces, a refusé de le donner. Sur ce, la sœur mariée de James, Mme Watson, s'est précipitée dans la brèche et a souligné que "les choses sont allées si loin qu'il est maintenant trop tard pour reculer, si l'on veut éviter le scandale". L'argument était efficace; et, un consentement réticent ayant été obtenu, le 23 juillet 1837, la « position fut régularisée » par le frère du marié, le révérend John James, vicaire de Rathbiggon, comté de Meath. "Thomas James, célibataire, lieutenant, 21e infanterie indigène du Bengale, et Rose Anna Gilbert, conditionnelle, célibataire", était l'entrée sur le certificat.

**Her Majesty's Theatre, Haymarket, où Lola Montez a fait ses débuts**

Après une courte lune de miel à Dublin, d'abord à l'hôtel Shamrock, puis dans un logement plutôt sordide (car l'argent n'était pas abondant), Lola fut ramenée chez la famille de son mari. Ils vivaient dans un triste village irlandais au bord d'une tourbière, où la jeune mariée trouvait l'existence très ennuyeuse. De plus, lorsque le glamour de la fuite s'est estompé, il était évident que sa fuite de Bath avait été précipitée. Thomas, malgré toutes ses moustaches luxuriantes et son dynamisme, n'était, pensa-t-elle tristement, « rien d'autre que la carapace extérieure d'un homme, sans un cerveau qu'elle pouvait respecter ni un cœur qu'elle pouvait aimer ». Un triste réveil des rêves auxquels elle s'était livrée. En fait, ils n'avaient rien en commun. Le mari, qui avait seize ans l'aîné de sa femme, ne s'intéressait qu'à la chasse et à la boisson, et les goûts de Lola étaient principalement pour la danse et le flirt.

C'est à Dublin, où, à sa grande satisfaction, son époux fut envoyé en service temporaire, qu'elle découvrit un débouché facile pour ces activités.

"Cher sale Dublin" était, selon la façon de penser de Lola, une grande amélioration par rapport à Rathbiggon. En tout cas, il y avait de la « société », de jeunes officiers intelligents et des politiciens émergents, au lieu de squireens et de rustres de village avec qui parler, et des magasins où l'on pouvait examiner les nouvelles modes, et des théâtres avec de vrais acteurs et actrices londoniennes. Si seulement elle avait eu un peu d'argent à dépenser, elle aurait été parfaitement heureuse. Mais Tom James n'avait rien d'autre que son salaire, qui ne lui permettait guère de payer des cheroots et des frais de voiture. Cela ne l'empêche cependant pas de s'endetter.

Le Lord Lieutenant d'Irlande à cette époque était le comte de Mulgrave (« l'élégant Mulgrave »), ensuite marquis de Normanby. Grand admirateur des jolies femmes et aimant exercer le privilège vice-royal d'embrasser de jolies débutantes, les salons du château étaient des fonctions populaires sous son régime. Il a montré beaucoup d'attention à la jeune Mme James. Les aides de camp, parmi lesquels figuraient Bernal Osborne et Francis Sheridan, suivirent l'exemple ainsi donné par leur chef ; et les billets pour les bals, les concerts, les dîners, les tambours et les déroutes lui tombèrent dessus.

Pensant que ces compliments et attentions étaient exagérés, le lieutenant James les prit mal et choisit de devenir jaloux. Il parlait sombrement d'avoir « interpellé » l'un des admirateurs de sa femme. Mais avant qu'il y ait un coup de pistolet tôt le matin dans le parc Phœnix, une solution inattendue s'est présentée. Des troubles furent soudainement menacés à la frontière afghane ; et, à l'été 1837, tous les officiers en congé de l'Inde reçurent l'ordre de rejoindre leurs régiments. Se réjouissant à l'idée de renouer ainsi avec un pays dont elle gardait encore d'agréables souvenirs, Lola se mit au travail pour faire ses malles.

Si elle avait suivi les conseils d'un certain « manuel du voyageur », rédigé par Miss Emma Roberts, alors très populaire, elle devait avoir un bagage considérable. Ainsi, selon cette autorité, la « Liste des articles nécessaires à une dame lors d'un voyage d'Angleterre aux Indes » comprenait, entre autres articles : « 72 chemises ; 36 bonnets de nuit ; 70 mouchoirs de poche ; 30 paires de tiroirs ( ou combinaisons, au choix) ; 15 jupons ; 60 paires de bas ; 45 paires de gants ; au moins 20 robes de texture différente ; 12 châles et parasols ; et 3 bonnets et 15 bonnets du matin, ainsi que des biscuits et des confitures à discrétion, et une douzaine de boîtes de pilules apéritives. Rien d'omis. Provision pour toutes éventualités.

Les officiers devaient également se munir d'une tenue élaborée. Ainsi, la liste recommandée dans le *Voyage des Indes orientales* donne, entre autres articles nécessaires, « 72 chemises en calicot ; 60 paires de bas ; 18 paires de tiroirs ; 24 paires de gants ; et 20 paires de pantalons » ; ainsi que l'uniforme, la sellerie et l'équipement de camp ; et des bric-à-brac tels que « 60 livres de bougies de cire et plusieurs bouteilles d'encre ». Rien en revanche sur la bureaucratie.

Un indice utile fourni par Miss Roberts était qu'« une dame à bord d'un navire, habillée pour le parc ou l'opéra, ne serait qu'un objet de ridicule pour ses compagnes expérimentées. Les friperies qui seraient rejetées en Angleterre sont souvent utiles en Inde. "Les membres de mon sexe", ajoute-t-elle, "qui doivent étudier l'économie, peuvent toujours faire de bonnes affaires en acquérant à peu de frais des articles de mode qui, bien que démodés à Londres, seront suffisamment nouveaux lorsqu'ils arriveront à Calcutta."

Une dame avec des idées aussi judicieuses sur la gestion du budget intérieur que Miss Emma Roberts n'aurait pas dû rester longtemps célibataire.

# II

Ce n'était pas l'époque des lévriers océaniques, parcourant la distance entre l'Angleterre et l'Inde en quelques semaines. Il n'existait pas non plus de route du canal de Suez permettant de raccourcir les longs kilomètres à parcourir. Ainsi, lorsque Lola et son époux embarquèrent d'Angleterre à bord d'un East Indiaman, le voyage dura près de cinq mois, avec des escales à Madère, à Sainte-Hélène et au Cap, avant le cri de bienvenue « Land Ahead ! » a été entendu et l'ancre a été jetée à Calcutta.

Lola a découvert pour la première fois le récif de corail de l'Inde alors qu'elle avait cinq ans. Maintenant, elle revenait en femme mariée. Pourtant, elle avait à peine dix-huit ans. Elle ne s'arrêta pas longtemps à Calcutta, car le régiment de son mari était au Pendjaub, et un message péremptoire du brigadier l'obligeait à le rejoindre au plus vite. C'est à Kurnaul (comme on l'écrivait alors) que Lola commença son expérience de la vie de garnison. Parmi les autres officiers qu'elle rencontra, il y avait un jeune subalterne de l'artillerie du Bengale, qui, dans les années à venir, devait se faire un nom sous le nom de « Lawrence de Lucknow ».

L'année 1838 fut, tant pour les troupes de la Compagnie que pour l'Armée de la Reine, une année mouvementée en ce qui concerne l'Inde. Au printemps, Lord Auckland, le nouveau gouverneur général, a élaboré la politique insensée et mal conçue qui a conduit à la première guerre en Afghanistan. Son idée (autant qu'il en avait une) était, avec l'aide de Brown Bess et des baïonnettes britanniques, de remplacer Dost Muhammed, qui avait siégé sur le trône pendant vingt ans sans causer de problèmes réels, par son propre parvenu incompétent. nomination, Shah Shuja.

Le régiment du lieutenant James, le 21e Bengal Native Infantry, faisait partie de ceux sélectionnés pour rejoindre le corps expéditionnaire nommé pour

« défendre le prestige du Raj britannique » ; et, comme c'était l'usage à cette époque, Lola, montée sur un éléphant (qu'elle partageait avec la meilleure moitié du colonel), et suivie d'un train de chameaux en bagages et d'une meute de renards complète, accompagna son mari jusqu'à la frontière. Les autres dames comprenaient Mme McNaghten et Mme Robert Sale ainsi que les deux filles du gouverneur général. Il est tout à fait possible que Macaulay ait eu un aperçu de Lola, car une lettre contemporaine dit qu '«il s'est avéré pour souhaiter adieu à la fête».

L'« Armée de l'Indus » reçut un bon accueil de la part d'un fidèle prince indigène, Ranjeet Singh (le « Lion du Pendjaub »), qui, lors de sa marche vers le pays, divertit la colonne dans un camp de repos à Lahore avec « des spectacles spectaculaires et des activités gaies », parmi lesquels des danses nautch, des combats de coqs et des pièces de théâtre. Il avait sans doute de bonnes intentions, mais il parvint à contrarier un aumônier, qui se déclara choqué qu'une « bande de prostituées dansantes apparaisse en présence des dames de la famille d'un gouverneur général britannique ». À en juger par le récit succulent que Lola fait d'un grand durbar auquel tous les officiers et leurs épouses étaient conviés, ces restrictions n'étaient pas injustifiables. Ainsi, après que Lord Auckland (« en bleu ciel inexprimable ») et son hôte eurent prononcé des discours patriotiques (avec des allusions fleuries au « Raj britannique », au « Sahib Log » et à la « Grande Reine Blanche », et à tout le reste de it) des cadeaux ont été distribués parmi la société assemblée. Certaines d'entre elles étaient d'une description embarrassante, car elles prenaient la forme de « belles jeunes filles esclaves circassiennes, couvertes de très peu de pierres précieuses au-delà des pierres précieuses ». Cependant, au grand dam d'un certain nombre de destinataires potentiels, « le Rajah fut officiellement informé que les coutumes anglaises et les réglementations militaires ne permettaient pas aux guerriers de Sa Majesté d'accepter de telles marques de bonne volonté ».

Mais s'ils ne pouvaient pas les recevoir, les invités devaient faire des cadeaux à tour de rôle, et Ranjeet Singh, pour sa part, n'hésitait pas à les accepter. Avec une véritable politesse orientale, et « sans bouger un muscle », il se montra ravi devant une « collection diverse de bibelots d'imitation d'or et d'argent et de vieux pistolets rouillés qui lui étaient offerts au nom de l'honorable Compagnie des Indes orientales ».

Un correspondant du *Calcutta Englishman* fut très impressionné. "Le cadeau particulier", dit-il, "devant lequel le Maharajah se penchait avec la dévotion d'un *preux chevalier* était un portrait en pied de notre gracieuse petite reine, du pinceau de l'honorable Miss Eden elle-même."

Dans une lettre du secrétaire militaire de Lord Auckland, l'hon. William Osborne, il y a un récit de ces actes à Lahore :

Ranjeet nous a tous très bien divertis. Personne dans le camp n'est autorisé à acheter quoi que ce soit ; et une liste circule deux fois par semaine, dans laquelle vous inscrivez exactement ce dont vous avez besoin, et elle est fournie à ses frais. Cela lui coûte 25 000 roupies par jour. Rien ne pouvait surpasser sa libéralité et son amitié pendant toute la visite du gouverneur général.

Un deuxième durbar, organisé à Simla, était accompagné de nombreuses images fleuries, qui devaient toutes être interprétées pour le bénéfice de Lord Auckland. « Il lui fallut un quart d'heure, dit sa sœur, pour le satisfaire sur la santé du Maharadjah et s'assurer que les roses avaient fleuri dans le jardin de l'amitié et que les rossignols avaient chanté dans les berceaux de l'affection plus doux que jamais. depuis que les deux puissances se sont rapprochées. »

La campagne afghane, aussi mal conçue que mal menée, suivit le cours fixé. C'est-à-dire qu'elle fut ponctuée d'« incidents regrettables » et de querelles entre généraux (dont deux, Sir Henry Fane et Sir John Keane, n'étaient pas en bons termes) ; et, alors que les Afghans vivaient pour se battre un autre jour, un « succès des armes britanniques » fut annoncé. Sur ce, la colonne retourna en Inde, des orchestres jouant, des éléphants claironnant un salut et des canons tonnant pour la bienvenue. "La guerre", déclarait Son Excellence (qui avait reçu le titre de comte) dans une dépêche officielle, "est finie". Malheureusement, cette campagne s'est répandue partout en Afghanistan, ce qui a nécessité une nouvelle campagne l'année suivante. Cette fois-ci, même l'imagination de Lord Auckland ne pouvait pas la qualifier de « réussie ».

"Il y aura beaucoup de prix en argent", fut la manière complaisante avec laquelle Miss Eden résuma la situation. "Un autre homme a été placé sur le trône de Khelat, donc cette affaire est terminée." Mais ce n'était pas fini. Cela ne faisait que commencer. "En six mois", dit Edward Thompson, "Khelat fut repris par un fils du Khan tué, la marionnette de Lord Auckland éjectée et le commandant anglais de la garnison assassiné."

Même si l'expédition qui suivit fit l'objet d'un message hautement élogieux de la part du commandant en chef et des gros bonnets de l'état-major, un certain nombre d'« incidents regrettables » furent officiellement reconnus. En conséquence, un régiment de cavalerie légère a été dissous, « en guise de punition pour la poltronie à l'heure du procès et les ignobles ont été rayés de la liste de l'armée ».

Plus tard, lorsque Lord Ellenborough était gouverneur général, un mémorandum grandiloquent, adressé « à tous les princes, chefs et peuples de l'Inde », fut publié par lui :

"Notre armée victorieuse porte en triomphe les portes du Temple de Somnauth depuis l'Afghanistan, et le tombeau spolié du sultan Mahmood domine les ruines de Ghuznee. L'insulte de 800 ans est enfin vengée !

"Je vous confierai ce glorieux trophée de guerre réussie. Vous transmettrez vous-mêmes avec tout l'honneur les portes de bois de santal au Temple restauré de Somnauth.

« Puisse cette bonne Providence, qui m'a jusqu'ici si manifestement protégé, m'étendre encore sa faveur, afin que je puisse ainsi utiliser le pouvoir confié à mes mains pour favoriser votre prospérité et votre bonheur en plaçant l'union de nos deux pays sur des fondations qui peuvent rendez-le éternel. »

Il y en avait bien d'autres dans le même style, car Sa Seigneurie aimait composer de fleuries dépêches. Mais celui-ci reçut un mauvais accueil lorsqu'il fut renvoyé en Angleterre. " Face à cette affaire puérile ", dit Stocqueler au langage clair, " le bon sens de la communauté britannique dans son ensemble s'est révolté. Les ministres du culte ont protesté contre cela comme un hommage des plus impardonnables à un temple idolâtre. Ridiculisé par la presse indienne et Angleterre, et moqué par les membres de son propre parti au Parlement, Lord Ellenborough a fermé les portes d'Agra et a retardé l'achèvement de la monstrueuse folie qu'il avait plus que commencé à perpétrer.

Même si ces critiques étaient sévères, elles n'étaient pas imméritées. L'emphase théâtrale d'Ellenborough, comme celle de Napoléon aux Pyramides, recula sur lui, lui attirant un nid de frelons autour des oreilles et conduisant à son rappel. En fait aussi, les portes qu'il tenait avec tant de respect se révélèrent être des répliques de la paire que le sultan Mahmood avait volée à Somnauth ; et n'étaient pas du tout en bois de santal, mais en bois commun.

# III

Tout en suivant le tambour de camp en camp et de gare en gare, Lola séjourne plusieurs mois à Bareilly, ville qui jouera ensuite un rôle important dans la Mutinerie. Le colonel Durand, officier présent lors de la prise de la ville en 1858, raconte que le bungalow qu'elle y occupait a été détruit. Pourtant, les mutins, remarqua-t-il, avaient épargné les bains publics qui avaient été construits pour elle dans l'enceinte.

Pendant les fortes chaleurs de 1839, la jeune Mme James, accompagnée de son mari, partit pour un mois à Simla rendre visite à sa mère qui, cédant à la pression, avait enfin tendu le rameau d'olivier. L'accueil, cependant – à l'exception du capitaine Craigie, qui avait encore un coin chaleureux dans son cœur pour elle – fut quelque peu glacial.

Il y a une référence à cette visite dans *Up the Country* , un livre autrefois populaire de la sœur de Lord Auckland, l'hon. Emilie Eden. Cependant, suivant la mode timide de l'époque, elle s'abstenait toujours de donner un nom complet, se contentant de faire allusion aux personnes comme « Colonel A », « M. B », « Mme C » et « Mademoiselle D ». etc. Pourtant, les identités de « Mme J » et « Mme C » dans cet extrait sont assez claires :

## 8 septembre 1839.

Simla est très émue en ce moment par l'arrivée d'une Mme J, dont on a parlé toute l'année comme d'une grande beauté, et cela rend toutes les autres femmes assez distraites... Mme J est la fille d'une Mme. C, qui est elle-même encore très belle, et dont le mari est adjudant général adjoint, ou quelque autorité militaire de ce genre. Elle a envoyé cette enfant unique faire son éducation à la maison et est rentrée elle-même chez elle il y a deux ans pour la voir. Dans le même navire se trouvait M. J, un pauvre enseigne, qui rentrait chez lui en congé de maladie. Il lui a dit qu'il était fiancé , l'a consultée sur ses perspectives d'avenir et a entre-temps épousé cet enfant en privé à l'école. C'était de quoi provoquer n'importe quelle mère ; mais comme on ne peut plus rien y faire, nous essayons tous depuis un an de la persuader de se rattraper. Elle a résisté jusqu'à présent, mais a finalement consenti à les demander pour un mois, et ils sont arrivés il y a trois jours.

La précipitation sur la route était remarquable. Mais rien ne pourrait être plus satisfaisant que le résultat, car Mme J était ravissante, et Mme C lui a dressé un très grand jonpaun, avec des porteurs en belles livrées orange et brunes ; et J. est une sorte d'homme élégant avec des gilets brillants et des dents brillantes, avec un cheval voyant, et il avançait dans une attitude d'attention respectueuse envers *ma belle mère* . Dans l'ensemble, c'était un spectacle imposant, et je ne vois d'autre issue qu'une admiration magnanime.

Au cours de cette visite à Simla, le couple a été dûment invité à dîner à Auckland House, sur Elysium Hill, où ils ont rencontré Son Excellence.

"Nous avons dîné hier", a écrit leur hôtesse. " Mme J. est sans aucun doute très jolie et une fille si joyeuse et si simple. Elle n'a que dix-sept ans maintenant et n'a pas l'air si vieille ; et quand on pense qu'elle est mariée à un sous-lieutenant de l'armée indienne, quinze ans de plus que lui. elle-même, et qu'ils ont 160 roupies par mois et qu'ils doivent passer toute leur vie en Inde, je ne m'étonne pas du ressentiment de Mme C. à l'idée qu'elle ait fui l'école.

Écrivant à Lady Teresa Lister en Angleterre, Miss Eden donne un récit divertissant de Simla à cette date :

Tout le monde a été content et amusé, sauf les deux ecclésiastiques qui sont ici et qui ont commencé une série de sermons contre ce qu'ils appellent un torrent destructeur de gaieté mondaine. Ils feraient bien mieux de prêcher contre le torrent destructeur de pluie qui s'est installé depuis maintenant trois mois et qui emporte non seulement toute gaieté, mais tous les chemins, au sens littéral, qui y mènent. Je ne considère pas Simla comme un grief : un climat agréable, un endroit magnifique, un air frais constant, beaucoup de puces, pas beaucoup de société, tout ce qui est désirable.

Dans une autre lettre, cet infatigable correspondant remarque :

Ici, la société n'est pas un problème majeur, ni grand-chose d'autre. Nous organisons des dîners divers et des bals occasionnels, et avons découvert un appareil populaire. Notre groupe joue deux fois par semaine sur l'une des collines ici, et nous envoyons des glaces et des rafraîchissements aux auditeurs, et cela fait de jolies petites retrouvailles avec très peu de problèmes.

**Benjamin Lumley. Locataire du Théâtre de Sa Majesté**

Une autre référence aux commodités de la Government House à Simla pendant le régime des Auckland est instructive, car elle montre qu'il ne s'agissait pas uniquement de travail ni de divertissement :

Il y a ici environ quatre-vingt-seize dames dont les maris sont partis à la guerre, et environ vingt-six messieurs – du moins, avec un peu de chance, il y en aura à peu près ce nombre. Nous avons en ce moment un groupe d'aides de camp très dansants, et ils sont complètement désespérés à l'idée que nous n'ayons pas de couilles. Je suppose que nous devrons en commencer un dans quinze jours ; mais ce sera difficile, et il y a ici plusieurs jeunes dames dont certains de nos messieurs sont très amoureux. Comme ils n'auront pas de rivaux ici, j'ai horriblement peur que les flirts ne deviennent sérieux, et alors nous perdrons quelques aides de camp actifs, et ils se retrouveront à la solde d'enseigne avec une femme à entretenir. Cependant, ils *auront* ces couilles, donc ce n'est pas de ma faute.

Après avoir quitté Simla et sa ronde de gaietés, Lola devait avoir une nouvelle rencontre avec les hospitaliers d'Auckland. Cela s'est produit dans le camp de Kurnaul, « un grand et laid cantonnement, avec des casernes, de la poussière, des fusils et des soldats ». Miss Eden, qui accompagnait son frère lors d'une tournée à travers le district, écrivit à sa sœur en Angleterre :

## 13 novembre 1839.

Nous étions chez nous le soir, et c'était une immense fête ; mais, à part cette jolie Mme J., qui était à Simla, et qui ressemblait à une star parmi les autres, les femmes étaient toutes simples.

Quelques jours plus tard, elle a ajouté quelques détails supplémentaires :

Nous avons quitté Kurnaul hier matin. La petite Mme J. était si mécontente de notre départ que nous lui avons demandé de venir passer la journée ici et que nous l'avons amenée avec nous. Elle est allée de tente en tente, a bavardé toute la journée et a rendu visite à son amie, Mme M, qui est au camp. Je lui ai offert une robe de soie rose, et ce fut évidemment un jour très heureux pour elle. Cela s'est terminé par son retour à Kurnaul sur mon éléphant, avec EN à ses côtés et M. J assis derrière. Elle n'était jamais montée sur un éléphant auparavant et trouvait cela délicieux.

Elle est très jolie et une bonne petite chose apparemment. Mais ils sont très pauvres, et elle est très jeune et très vive, et si elle tombe entre de mauvaises mains, elle se moquera d'elle-même. Actuellement, le mari et la femme s'aiment beaucoup, mais une fille qui se marie à quinze ans sait à peine ce qu'elle aime.

Lorsqu'elle écrivit ce passage, Miss Eden aurait pu être une Sibylle, car ses paroles allaient devenir tout à fait vraies.

# IV

Sauf en service actif, les officiers de l'armée de la Compagnie n'étaient pas surchargés de travail. Tout était laissé aux sergents et aux caporaux ; et, tandis que Thomas Atkins et Jack Sepoy marchaient péniblement dans la poussière et transpiraient et s'entraînaient dans leurs absurdes crosses et leurs tuniques serrées, les officiers, flânés dans les casernes, tuaient les longues heures à leur guise.

Conformément à sa forme, le capitaine James (les affaires afghanes lui avaient valu un échelon dans le grade) s'adonnait à un certain nombre de tirs au tigre et de piqûres de cochons, ainsi qu'à une bonne dose de brandy, combinés à des jeux de cartes et de jeux d'argent. En tant que mari, il n'a pas connu un succès retentissant. « Il dormait, se plaignait Lola, se sentant délaissée, comme un boa constrictor, et, pendant les intervalles de veille, il buvait trop de porter. Le résultat fut qu'il y eut des querelles au lieu de faire l'amour, car ils avaient tous deux du caractère.

"Les matchs en fuite, comme les chevaux en fuite", avait écrit Lola, "sont presque sûrs de se terminer par une bagarre." Dans ce cas-ci, il y a eu une « bagarre », car Tom James ne dormait pas et ne buvait pas toujours. Il avait d'autres activités. S'il aimait un verre, il aimait aussi une jeune fille. Celle d'entre eux pour laquelle il manifestait une affection particulière était une Mme Lomer, épouse d'un frère officier, adjudant de son régiment. Sa partialité était réciproque.

Un matin, alors que, sans aucun soupçon de ce qui les attendait, Mme James et l'adjudant Lomer se sont assis devant leur *chota-hazree* , deux membres du petit-déjeuner habituel manquaient à l'appel. Une enquête ayant été ouverte, il fut établi que le capitaine James et Mme Lomer étaient partis tôt pour une promenade. Cela a dû être long, pensa le camp, car ils ne se présentèrent pas au dîner ce soir-là. Les messagers envoyés à leur recherche revinrent avec un rapport inquiétant. C'est ainsi que le couple s'était glissé vers les collines de Nilgiri et avait décidé de s'y arrêter.

Le lendemain matin, un indigène haletant apporta une lettre de la dame errante adressée à son époux furieux. Cette missive est (sans expliquer comment il l'a obtenue) reproduite par un journaliste américain, T. Everett Harré, dans une série d'articles, *The Heavenly Sinner* : « Je vous suggère, lit-on dans un extrait, de reprendre vos esprits et de me donner ma liberté... Je pars avec un homme de qualité qui sait donner à une femme les attentions dont elle a besoin, et est lui-même heureux de se débarrasser d'une jeune femme d'épouse trop stupide pour l'apprécier.

Une sensation de première classe. Le cantonnement tout entier palpitait et bourdonnait d'excitation. Le colonel fulminait ; l'adjudant maudit ; et il fut question de traduire le capitaine James de Don Juan devant une cour martiale pour « conduite indigne d'un officier et d'un gentleman ». Mais Lola, comme à son habitude, le prit avec philosophie, pensant sans doute qu'elle était bien débarrassée d'un conjoint dont elle ne se souciait plus, et retourna chez sa mère à Calcutta.

Le cœur maternel de Mme Craigie aurait dû être touché par la situation malheureuse de sa fille. Ils n'ont pas été essorés. Le mariage clandestin, avec le bouleversement de ses propres projets, la dérangeait toujours et restait impardonnable et inoubliable. Ainsi, lorsqu'elle a demandé refuge et sympathie, Lola a reçu un accueil très glacial. Son beau-père, cependant, prit son parti et déclara que son bungalow lui était ouvert jusqu'à ce que d'autres dispositions puissent être prises pour son avenir. N'ayant pas beaucoup d'imagination, son idée était qu'elle quitte temporairement l'Inde et s'arrête quelques mois en Ecosse avec son frère, M. David Craigie, homme de substance et prévôt de Perth. Après un moment de réflexion, il sentit que les divergences d'opinions apparues entre son mari et elle allaient s'ajuster et que le jeune couple renouerait avec les relations conjugales. En conséquence, il écrivit à son frère, lui demandant de la rencontrer à son arrivée à Londres et de l'escorter à Perth.

Lola, cependant, tout en se déclarant entièrement d'accord, avait d'autres opinions quant à son avenir. Elle ne souhaitait ni une réconciliation avec son mari ni une seconde expérience de vie avec la famille Craigie en Écosse. Une telle réponse avait été plus que suffisante, mais elle se gardait bien de dire un mot à ce sujet. Elle a suivi ses propres conseils et a mûri ses propres projets.

# CHAPITRE III

## LA COUR CONSISTOIRE

### je

Naviguant de Calcutta pour Londres à bord d'un East Indiaman, à la fin de 1840, Lola fut confiée par son beau-père aux « soins particuliers » d'une Mme Sturgis qui faisait partie des passagers. Il sentait visiblement la séparation. « De grosses larmes salées, raconte Lola, coulaient sur ses joues » lorsqu'il lui souhaitait un dernier adieu. Il lui a également donné sa bénédiction ; et, ce qui était plus négociable, un chèque de 1 000 £. Les deux ne se sont plus jamais revus.

Mais bien qu'elle ait quitté la côte corallienne de l'Inde, un souvenir d'elle y est resté pendant de nombreuses années. A ce propos, Sir Walter Lawrence raconte qu'il s'est retrouvé un jour dans un cantonnement déserté depuis si longtemps qu'il a été englouti par la jungle qui avançait sans cesse. "Un villageois desséché", dit-il, "se souvenait d'une belle et pleine d'entrain, la jeune épouse d'un officier, qui rampait et le poussait dans l'eau. 'Ah,' dit-il avec un sourire affectueux, "elle était *méchante* , mais elle a toujours été très gentille avec moi." Elle était plus connue par la suite sous le nom de Lola Montez. »

A Madras, un certain nombre de nouveaux arrivants rejoignirent le bon navire *Larkins* sur lequel Lola se dirigeait vers l'Angleterre. Parmi eux se trouvait un certain capitaine Lennox, aide de camp de Lord Elphinstone, le gouverneur. Un jeune homme agréable et très différent des missionnaires et des fonctionnaires qui formaient le gros des autres passagers masculins. Lola et lui furent bientôt en bons termes. "Trop bien", furent les commentaires acides des dames en compagnie desquelles le capitaine Lennox ne montrait aucun intérêt. Le couple était inséparable. Ils étaient assis à la même table dans le salon ; ils arpentaient le pont ensemble, bras dessus bras dessous, pendant les longues nuits chaudes, préférant les coins sombres et peu fréquentés ; leurs chaises étaient contiguës ; leurs cabines étaient contiguës ; et, ainsi courait le murmure choqué, ils prenaient parfois l'un pour l'autre.

"N'importe qui peut se tromper dans l'obscurité", dit Lola, lorsque Mme Sturgis, se souvenant des injonctions du capitaine Craigie et résolue à tout prix à honorer sa confiance, se hasarda à une remontrance.

Il y a quatre-vingt-dix ans, les voyageurs devaient « vivre à la dure » ; et les conditions régissant un voyage de l'Inde en Angleterre étaient très différentes de celles qui prévalent aujourd'hui. Aucun des équipements modernes n'avait sa place dans la routine acceptée. Ainsi, pas de sport de pont ; pas de groupe de jazz ; pas de piscine ; pas de bar à cocktails ; pas même un tirage au sort sur la course de la journée.

Mais il fallait tuer le temps ; et, en tant que jeune veuve, Mme James pensait que le flirt était le meilleur moyen de s'en sortir. Le capitaine Lennox était le seul homme à bord du navire avec lequel elle avait quelque chose en commun. Il était sympathique, beau et attentif. Il a également juré qu'il était "fou amoureux d'elle". La vieille, vieille histoire ; mais il a fait son travail. Avant que le navire n'accoste aux quais de Londres, Lola avait pris une décision. Une décision capitale. Elle laisserait tomber David Craigie et, écoutant ses flatteries, se joindrait à George Lennox.

"Je vais m'occuper de toi", dit-il d'un ton rassurant. "Faites-moi confiance pour ça, ma chérie."

Lola lui faisait confiance. En fait, elle lui faisait tellement confiance qu'en arrivant à Londres, elle s'arrêta avec lui à l'Imperial Hotel de Covent Garden ; et puis, lorsque la directrice de cet établissement a pris sur elle de formuler des critiques pointues, dans ses appartements de Pall Mall.

Naturellement, ce genre de choses ne pouvait pas rester longtemps étouffée. Ce qui signifie que des hochements de tête et des clins d'œil ont accueilli le fringant Lennox lorsqu'il est apparu dans son club. Les langues remuèrent vivement. Certains d'entre eux se sont même mobilisés dans la lointaine Calcutta, où ils ont été entendus par le mari de Lola. Ignorant sa propre aventure amoureuse avec l'épouse d'un frère officier, il a choisi de se sentir blessé. Résolu à s'affirmer, il prit contact avec ses notaires londoniens et leur chargea d'entreprendre les démarches préliminaires pour dissoudre son mariage. La première d'entre elles consistait à intenter une action pour ce qui était alors poliment surnommé « crime. con ». contre l'homme qui, selon lui, lui avait « fait du tort ».

Les avocats ne seraient pas pressés ; et les choses avançaient tranquillement. Pourtant, ils se dirigèrent vers la fin qui leur était assignée ; et, les formalités administratives nécessaires étant dénouées, les interrogatoires administrés et les témoignages de femmes de chambre et de domestiques d'hôtel indiscrets recueillis et examinés, en mai 1841, le cas de James contre Lennox fut inscrit sur la liste et fut entendu par Lord Denman et un tribunal spécial. jury à la Cour du Banc de la Reine. Sir William Follett, solliciteur général, fut informé au nom du plaignant, et Frederick Thesiger comparut pour le capitaine Lennox.

Dans son discours d'ouverture, Sir William Follett (qui n'avait pas été très bien instruit) a déclaré au jury que le pétitionnaire et sa femme "avaient vécu très heureux ensemble en Inde et que le retour de Mme James en Angleterre était dû à une chute". de son cheval à Calcutta. Alors qu'il était sur le chemin du retour, a-t-il poursuivi, en retirant son *vox humana* stop, le navire a touché à Madras, où l'accusé est monté à bord ; et, "au cours du long voyage, une intimité s'est développée entre Mme James et lui qui s'est développée d'une manière qui n'a laissé au mari indigné d'autre choix que d'engager la présente procédure pour obtenir des dommages-intérêts pour avoir été privé sans raison de l'affection et de la société de sa compagne."

À ce stade, l'avocat du capitaine Lennox (qui, de façon pusillanime, avait aimé et pris le large, plutôt que de s'arrêter et d'aider la femme qu'il avait compromise) coupa court à l'éloquence larmoyante de son éminent ami en admettant qu'il était prêt à accepter un verdict, avec 1 000 £ de dommages et intérêts. Comme le juge l'a reconnu, l'affaire a été brusquement close.

Mais ce n'était que le premier tour. En décembre de l'année suivante, l'étape suivante fut franchie et une action en divorce fut intentée devant le tribunal du consistoire. Comme ni Mme James ni le capitaine Lennox, semblable à Lothario, ne se sont présentés, le Dr Lushington, se déclarant convaincu qu'une faute avait été commise, a prononcé un décret *a mensa et thoro* . Tout cela n'était qu'une simple séparation judiciaire.

Le reportage *du Times* ne comptait qu'une douzaine de lignes. Considérant que le journal coûtait cinq pence l'exemplaire, ce n'était pas une allocation très libérale. Pourtant, les lecteurs ont eu une meilleure valeur en ce qui concerne une autre action de la « grande vie » entendue le même jour, celle de Lord et Lady Graves, à laquelle une chronique complète lui était réservée.

## II

C'est tout ce que le public savait de l'affaire. Il ne semblait pas y avoir de quoi ternir la réputation d'une jeune épouse. Le Dr Lushington, juge de la Cour du Consistoire, en savait cependant beaucoup plus sur l'affaire que le grand public. En effet, lors de l'audience préliminaire, tenue quelques mois plus tôt et à laquelle assistaient uniquement des avocats et des solicitors, un certain nombre de faits préjudiciables étaient apparus.

Mme James, a déclaré l'avocat du pétitionnaire, "s'est rendue coupable d'un comportement qui ferait trembler et rougir un crocodile". Une accusation sérieuse à porter contre une jeune femme. Pourtant, en réponse au juge, il a déclaré qu'il disposait de suffisamment de preuves pour étayer son affirmation. Son premier témoin était un fonctionnaire à la retraite, un certain M. Browne Roberts, qui avait connu le mari de l'intimé, d'abord comme célibataire en Inde, puis comme homme marié à Dublin. Au début de 1841, il avait reçu un appel, dit-il, d'un major McMullen à qui le capitaine Craigie avait écrit, lui demandant de prendre en charge sa belle-fille à son arrivée à Londres et de l'accompagner chez ses proches en Écosse. . Cependant, lorsque le major offrit cette hospitalité, celle-ci fut refusée. Sur ce, M. Roberts s'était fait appeler à l'Hôtel Impérial de Covent Garden et lui avait suggéré de venir s'arrêter avec sa femme ; et cette invitation fut également refusée.

Pas grand-chose peut-être, mais beaucoup dans ce qui a suivi. Mme Elizabeth Walters, la directrice de l'Hôtel Impérial, a déclaré que le 21 février 1841, "une dame et un homme sont arrivés dans un fiacre, avec des bagages marqués G. Lennox et Mme James, et ont réservé une chambre double". Mme Walters ne les avait pas, a-t-elle admis, « réellement découverts déshabillés ou partageant le lit », mais « elle n'aurait pas été surprise de le faire ». En conséquence, lorsque son compagnon de voyage est parti le lendemain matin, elle a accusé Mme James de mauvaise conduite. Après lui avoir dit de « s'occuper de ses affaires », Mme James avait déclaré qu'elle et le capitaine Lennox étaient sur le point de se marier, puis avait fait ses valises et quitté l'établissement.

« Qu'a-t-elle dit exactement ? demanda le juge.

"Elle a dit : 'Ce que je choisis de faire est ma propre affaire et celle de personne d'autre.'"

En quittant l'hospitalité quelque peu aride de l'hôtel Covent Garden, Mme James s'était installée dans un hôtel situé juste à côté de Pall Mall, où elle s'est arrêtée pendant un mois. Mme Martin, la propriétaire, a déclaré au tribunal que, pendant cette période, le capitaine Lennox réglait la note et "y passait tous les jours, s'arrêtant souvent jusqu'à toute heure de la nuit".

Le témoignage de Mme Sarah Watson, la sœur du capitaine James, était que son frère lui avait écrit à l'automne 1840, lui disant que sa femme avait été éjectée de son cheval et qu'elle venait en Angleterre pour se faire soigner ; et qu'il avait écrit à sa tante, Mme Rae, d'Édimbourg, lui suggérant de rester avec elle. Mme Watson, après avoir « entendu des choses », a ensuite rendu visite à Mme James à Covent Garden. « Je lui ai parlé, dit-elle, de la rumeur choquante selon laquelle le capitaine Lennox y avait passé une nuit avec elle, et je lui ai signalé la ruine indicible qui résulterait de la continuation d'une conduite aussi déplorable. Je l'ai priée de se confier à elle. les soins de Mme Rae. Mes supplications ont été inefficaces. Elle a déclaré positivement, affirmant sous serment, qu'elle ne ferait rien de tel.

Parmi les passagers à bord du East Indiaman par lequel Mme James avait voyagé en Angleterre se trouvait Mme Ingram, la femme du capitaine. "La conduite de Mme James", a-t-elle déclaré, "était extrêmement incontrôlée et son comportement général était ce qu'on appelle parfois du flirt." Le capitaine Ingram, qui le suivait, avait à raconter une histoire encore plus troublante. « A plusieurs reprises, dit-il, j'ai entendu Mme James s'adresser au monsieur qui nous avait rejoint à Madras en l'appelant « Cher Lennox », et elle l'admettait même dans l'intimité de sa cabine pendant que les autres passagers assistaient au service divin. deck. Quand je lui en ai parlé, elle m'a répondu d'une manière très cool.

Tout cela était clairement préjudiciable. La vraie sensation, cependant, a été fournie par Caroline Marden, une hôtesse de l'air.

"Pendant le voyage depuis Madras", dit-elle au juge étonné, "j'ai vu plus d'une fois le capitaine Lennox lacer les baleines de Mme James."

"Avez-vous vu autre chose ?" un conseil hésitant.

"Oui, je l'ai aussi vue enfiler ses bas pendant que le capitaine Lennox était dans sa cabine !"

Il y avait des limites aux intimités entre les sexes. C'était clairement parmi eux. Qu'un homme aide à ajuster le corset d'une femme et la regarde changer ses bas ne pourrait, de l'avis du savant et expérimenté Dr Lushington, conduire qu'à un seul résultat. Le pire résultat. Il n'eut donc aucune difficulté à prononcer le décret demandé par le mari.

# III

Tout ce que James avait obtenu en échange de ses activités en intentant son action, c'était un divorce *a mensa et thoro* , c'est-à-dire « du lit et de la pension ». Mais même si c'était tout ce qu'il obtenait, cette mesure de soulagement était probablement tout ce qu'il souhaitait, car il n'envisageait pas une seconde expérience de mariage, ni avec Mme Lomer, ni avec quelqu'un d'autre. En ce qui concerne sa femme abandonnée, elle devrait se débrouiller seule. Elle n'avait plus aucun droit légal sur lui ; elle ne pourrait pas non plus se remarier de son vivant. Sa position était quelque peu pathétique. Ainsi, elle était seule et sans amis ; terni par sa réputation; abandonnée par son mari; et abandonnée par son amant. Mais elle avait encore sa jeunesse et son courage.

Le Londres des années 1840, où Lola se retrouva à la dérive, était un microcosme curieux et plein de contrastes. Un mélange de canaille sans vergogne et de pruderie cloîtrée ; de lits doubles et de confort ; de fumisterie et de franchise ; de liberté et de retenue; de luxure et de licence; de jeux de chevaux brutaux passant pour de l'esprit et de franchise marchant avec le dévers. Les classes ouvrières ne s'appropriaient guère leur âme ; des femmes et des enfants exploités sans pitié par des profiteurs suffisants ; la « Chanson de la chemise » ; Gradgrind et Boanerges organisent une grande fête ; Tom et Jerry (à bout de souffle) et Corinthiens arrachant les heurtoirs et bouleversant les policiers ; et Exeter Hall et les cidres en plein essor. Bref, un mauvais lieu de séjour pour une jeune femme sans protection.

On ne sait pas exactement comment celle-ci a subvenu à ses besoins au cours des mois suivants, car, si elle a tenu un journal, elle ne l'a jamais publié. Cependant, selon un journal du dimanche, "elle a impliqué le vertueux comte de Malmesbury dans une sorte de correspondance délicate dans un journal, une affirmation ayant été faite en public selon laquelle elle rendait visite à ce pieux noble dans sa propre maison". Une curieuse histoire (d'origine américaine, et tout à fait infondée) veut que, vers cette époque, elle prenne contact avec un certain Jean François Montez, « un individu d'une immense richesse qui lui prodiguait une fortune » ; et Edward Blanchard, un dramaturge de Drury Lane, apporte la remarque quelque peu inutile : « Elle est devenue bohème ». Peut-être qu'elle l'a fait. Mais il lui fallait découvrir une seconde carrière qui apporterait un peu plus d'eau au moulin. Une telle démarche était impérative, car le solde des 1 000 £ que son beau-père lui avait donné ne durerait pas indéfiniment. En regardant autour d'elle, elle sentit que, tout bien considéré, la scène offrait les meilleures perspectives de gagner sa vie. Ce n'est pas une décision très nouvelle. Aujourd'hui, en tant que jeune femme séduisante, avec un petit capital en sa possession, elle aurait eu plus de choix. Ainsi, elle aurait pu ouvrir une boutique de chapeaux, diriger des salons de thé, élever des chiens de compagnie, devenir mannequin ou hôtesse d'un club de danse, ou même « aller au cinéma ». Mais aucune de ces possibilités d'accès à l'emploi féminin n'existait dans les années 1840. C'était donc les feux de la rampe ou rien.

# Lola Montez, "Danseuse espagnole". Débuts au Théâtre de Sa Majesté

Elle a eu le bon sens de se remettre entre les mains d'une monitrice. Celle qu'elle a choisie était Fanny Kelly (« la seule femme à qui Charles Lamb avait eu assez de courage pour proposer le mariage »), qui dirigeait une école de théâtre. Honnête et compétente, Miss Kelly a pris très rapidement la mesure de la future Ophélie.

"Vous ne ferez jamais une actrice", fut sa décision. "Tu n'as aucun talent pour ça."

Mais, si la candidate n'avait aucun talent, l'autre voyait qu'elle avait autre chose. Il s'agissait d'une paire de jambes galbées qui, comme une danseuse de ballet, pouvaient pourtant scintiller sous la rampe.

Cet avis étant partagé par sa destinataire, elle ne tarda pas à l'adopter. Au préalable, elle s'est rendue à Madrid. Là, sous la direction d'experts, elle apprend à faire vibrer les castagnettes, et pratique le boléro et la cachucha, ainsi que les arabesques et entrechats classiques et la technique qui les accompagne. Mais elle n'avança pas beaucoup au-delà des degrés les plus simples, car le temps dont elle disposait était court, et l'art de la ballerine ne s'acquiert pas sans des années d'études incessantes.

Selon un journaliste français, un « Milord anglais » aurait fait la connaissance de Lola à Madrid. Il s'agissait de Lord Malmesbury, « qui fut si ébloui par la pureté de son accent espagnol qu'il l'adopta comme compagne *de voyage* et partagea avec elle les horreurs de la mauvaise cuisine et les joies des nuits de Grenade ». Mais ce fait, s'il existe, ne se retrouve pas dans le volume de « Mémoires » qu'il publia par la suite.

Pourtant, il semble que Lord Malmesbury ait rencontré Lola. Son propre récit de l'incident est que, à son retour de l'étranger en Angleterre, au printemps de l'année 1843, le consul espagnol à Southampton lui demanda d'escorter à Londres une jeune femme qui venait d'y débarquer. Il a trouvé en elle, dit-il, « une personne d'une beauté remarquable, qui portait un profond deuil et qui paraissait dans une grande détresse ». Alors qu'ils étaient seuls dans le wagon, il profita de l'occasion et arracha à sa compagne de voyage le récit de sa vie.

« Elle m'a informé, dit-il, dans un mauvais anglais qu'elle était la veuve de Don Diego Leon, récemment fusillé par les carlistes après avoir été fait prisonnier, et qu'elle se rendait à Londres pour vendre une propriété espagnole qui elle possédait et donnait des leçons de chant, car elle était très pauvre.

Malgré sa formation diplomatique, Lord Malmesbury a avalé cette histoire, ainsi que bien d'autres choses dont elle était ornée. Une chose mène à une autre; et la connaissance ainsi commencée par hasard dans un wagon de chemin de fer se poursuivit à Londres. Là, il organisa pour elle un concert dans sa maison de ville, où, en plus de chanter des ballades castillanes, sa protégée vendait au public des voiles et des éventails ; et il lui a également présenté un directeur de théâtre, avec des résultats qu'aucun d'eux n'avait prévu.

---

# CHAPITRE IV

## ÉVASEMENT DES FEUX À PIEDS

### je

Le temps change. Lorsque Lola revint à Londres, le passage par le tribunal du divorce n'était pas considéré comme une qualification nécessaire pour les aspirants au stade. Aussi, sachant bien que, pour assurer un bon accueil, un nom à consonance étrangère était souhaitable, celle-ci a décidé d'adopter celui de Lola Montez. Selon elle, cela permettrait, entre autres avantages, de masquer efficacement son identité avec celle de Mme Thomas James, une identité dont elle tenait à se débarrasser.

Ses plans furent bientôt réalisés. Le lendemain de son arrivée, elle présenta sa lettre d'introduction à l'impressario du Her Majesty's Theatre, à Haymarket. Cette position était occupée par un hébreu affable, un certain Benjamin Lumley, un ancien notaire, qui avait abandonné ses parchemins et ses notes de frais et acquis un bail de Sa Majesté. La maison avait longtemps été considérée comme une sorte d'éléphant blanc dans la jungle théâtrale ; mais Lumley, étant agressif et compétent, constitua bientôt une clientèle précieuse et remit l'établissement sur pied.

Par chance, l'entretien de Lola avec lui tombait à point nommé, car il alternait le ballet et l'opéra et avait besoin d'une nouvelle attraction. Convaincu qu'il l'avait reconnu chez son interlocuteur (ou, peut-être, soucieux de plaire à Lord Malmesbury), il lui proposa de s'engager sur-le-champ pour danser un *pas seul* entre les actes *du Barbiere di Seviglia* .

"Si vous réussissez," dit-il, "vous aurez un contrat pour le reste de la saison. Tout dépend de vous."

Lola, ne voulant rien de mieux, a quitté le bureau de direction en marchant dans les airs.

Comme c'était son habitude, Lumley cultivait les critiques et les recevait dans son sanctuaire chaque fois qu'il avait une nouvelle attirance à soumettre.

"J'ai une surprise pour vous dans mon prochain programme", dit-il après avoir discuté du champagne et des cigares. "C'est que j'ai retenu Donna Lola, une danseuse espagnole, venue directement de Séville. Elle est, je vous l'assure, délicieusement belle et remarquablement accomplie. Je vous jure, messieurs, qu'elle fera ici un scandale positif . "

En 1843, les critiques dramatiques ont le privilège d'assister aux répétitions et de pénétrer dans les coulisses. L'un d'entre eux, adoptant le pseudonyme de "Q", a raconté la manière dont il a rencontré Lola Montez pour la première fois. Il avait appelé Lumley pour bavarder et avait été invité par cette autorité à descendre sur scène et à regarder sa nouvelle acquisition y pratiquer une danse.

"A cette époque", dit-il, "sa silhouette était encore plus attrayante que son visage, si charmant que soit ce dernier. Souple et gracieux comme un jeune faon, chaque mouvement qu'elle faisait était instinctif de mélodie. Ses yeux sombres étaient flamboyants et brillants. avec enthousiasme, car elle sentait que j'étais prêt à l'admirer... Tandis qu'elle parcourait la scène, sa taille fine se balançait au rythme de la musique, et sa tête et son cou gracieux se courbaient comme une fleur qui se plie sous l'impulsion donnée. à sa tige par le caractère capricieux du vent.

Lumley a eu assez de tact pour laisser le journaliste seul avec la star. Comme celui-ci lui promettait de « lui donner une bonne bouffée dans son journal », Lola, qui ne manquait jamais une occasion, se rendait particulièrement agréable avec lui. Ses yeux brillants faisaient leur travail. "Lorsque nous nous sommes séparés", dit "Q" dans ses souvenirs, "je me suis retrouvé tête baissée dans les profondeurs profondes de ce que les Français appellent une *grande passion* ."

L'étape suivante de Lumley fut de rédiger une annonce de la nouveauté promise à inclure dans le programme :

**HER MAJESTY'S THEATRE**
June 3, 1843
**SPECIAL ATTRACTION !**
Mr. Benjamin Lumley begs to announce that, between the acts of the Opera, Donna Lola Montez, of the Teatro Real, Seville, will have the honour to make her first appearance in England in the Original Spanish dance El Oleano.

THÉÂTRE DE SA MAJESTÉ

3 juin 1843

ATTRAIT SPÉCIAL !

M. Benjamin Lumley a l'honneur d'annoncer que, entre les actes de l'Opéra, Donna Lola Montez , du Teatro Real de Séville, aura l'honneur de faire sa première apparition en Angleterre dans la danse originale espagnole El Oleano.

Une fois la liste des acteurs établie, le reste des lectures du programme a été consacré à la publicité. Certains d'entre eux semblent avoir été sélectionnés plutôt au hasard. Quoi qu'il en soit, leur attrait particulier auprès des mélomanes était un peu difficile à suivre. Ainsi, l'un concernait «les machines à lavement brevetées de Jackson, utilisées par la noblesse (des deux sexes) lorsqu'elles voyageaient»; un autre des « séjours anatomiques pour dames de Mme Rodd (qui assurent à celle qui les porte une figure d'une symétrie étonnante » ;) et un autre d'une « brillante ballade burlesque, « Get along, Rosey », chantée avec le triomphe le plus positif chaque soir par Madame Vestris. ".

Avec beaucoup de satisfaction, le directeur Lumley, jetant un premier coup d'œil à la salle bondée, a constaté qu'un public particulièrement « intelligent » était réuni dans la nuit du 3 juin. La liste des « à la mode » qu'il a remise aux journalistes ressemblait à un extrait des pages de MM. Burke et Debrett. Ainsi, la loge royale était honorée par la reine douairière, avec pour invités le roi de Hanovre et le prince Édouard de Saxe-Weimar ; et, répartis autour du rez-de-chaussée (alors la partie à la mode de la maison), se trouvaient le duc et la duchesse de Wellington, le marquis et la marquise de Granby, Lord et Lady Brougham, et la baronne de Rothschild, avec le ministre belge, le comte Esterhazy, et le baron Talleyrand. Même les occupants de la fosse ont dû accepter l'annonce officielle selon laquelle "seuls les pantalons noirs seront autorisés". Sa Majesté avait un étendard et Lumley insistait pour qu'il soit respecté.

Ce lieu familier depuis longtemps, « Fops' Alley », ayant disparu de l'auditorium, la mode pour les hommes seuls était de constituer une fête et de louer une loge omnibus ; et depuis cette position, prononcer un jugement sur les jambes des danseurs pirouettant dans une gaze vaporeuse sur scène. Puis, lorsque le rideau tomberait, ils auraient le privilège de pénétrer dans les coulisses et de discuter avec les coryphées.

Le soir des débuts de Lola, l'une des loges omnibus était occupée par Lord Ranelagh, un roué raffiné du milieu de l'époque victorienne, qui avait amené avec lui un groupe restreint de « Corinthiens » en chemises à volants et gilets fleuris. On a observé qu'il ne prêtait qu'une attention langoureuse à l'opéra. Mais dès que la nouveauté promise, *El Oleano* , fut atteinte, il montra un soudain intérêt et poussa sa chaise en avant.

"Nous verrons du plaisir dans un instant", murmura-t-il. « Attention, les gars, restez silencieux jusqu'à ce que je vous donne le mot. »

## II

Il est peut-être un peu inquiétant que l'entrepreneur de Haymarket porte le même nom que le juge de Calcutta qui lui avait demandé la main en vain.

Mais Lola n'a eu aucun scrupule. Alors qu'elle se tenait dans les ailes, dans un corsage de satin noir et une jupe en soie rose à nombreux volants, attendant son signal, Lumley la dépassa avec un signe de tête d'encouragement.

"Capital", dit-il en se frottant les moustaches. "Très attirant. Vous aurez un grand succès, ma chère."

Alors qu'il s'éloignait, une cloche tinta dans le coin le plus rapide. En réponse, le conducteur a levé son bâton ; les lourds rideaux étaient tirés ; et, sous un feu croisé de jumelles, Lola bondit sur scène et exécuta sa première piroutte. Il y eut un silence soudain tandis qu'à la fin du numéro, elle se dirigeait vers la rampe et attendait le verdict. Avait-elle réussi ou non ? En un instant, cependant, elle sut que tout allait bien, car une tempête d'applaudissements et de applaudissements remplit l'air. Lumley, depuis sa place dans les coulisses, rayonnait d'approbation. Son entreprise devait être récompensée. La débutante a été un succès. Aucun doute là dessus. Elle devrait avoir un contrat de sa part avant qu'un autre manager n'intervienne et ne la recrute.

Nous ne croyons pas (a griffonné un critique en notant à la hâte ses impressions, pour le développer à son retour à son bureau) que Donna Lola ait souri une seule fois tout au long de sa prestation. Au fur et à mesure qu'elle se retirait, de nombreux bouquets tombaient sur la scène. Mais le fier de Séville ne daignait pas revenir les chercher, et un des messieurs en livrée fut délégué à cet effet. Cependant, lorsque sa mesure fut rappelée, elle descendit de son sommet et condescendit effectivement à accepter un bouquet supplémentaire qui avait été lancé par une belle d'une boîte.

On peut dire maintenant que le Théâtre de Sa Majesté (a ajouté un collègue) est dans son plein zénith de grandeur et de perfection de beauté et de splendeur, de variété et de renommée du ballet. Une nouvelle Donna espagnole a été présentée. Bien que la visite n'ait pas été annoncée par les trompettes habituelles *sur les dits*, elle a été extrêmement réussie. La jeune femme est venue, a vu et a conquis. De nombreuses offrandes florales lui furent adressées en guise de compliment, et l'utile M. Coulos, toujours présent en pareille urgence, aida avec beaucoup d'industrie à les ramasser. Quant à *El Oleano*, c'est une sorte de cachucha ; et cela donne certainement à Donna Lola Montez l'occasion de se présenter au public sous un aspect très captivant... Un joli tableau à contempler. Vous avez devant vous la perfection même de la beauté espagnole : la grande et belle silhouette, l'œil plein et brillant, le visage joyeux et animé et les tresses sombres de corbeau. Vous contemplez la Donna avec ravissement et admiration.


C'est juste après le troisième point de son programme et alors qu'elle se tenait devant le rideau, s'inclinant et souriant pour saluer, qu'il y eut une interruption inattendue. Un sifflement menaçant fendit soudain l'air. Le son provenait des occupants de la loge dans laquelle Lord Ranelagh et son groupe s'étaient installés. Comme à un signal convenu, les occupants de la loge d'en face le reprirent et le répétèrent. Le public resta bouche bée et se tourna vers Lord Ranelagh pour trouver une solution. Il en a fourni un rapidement. "Egad!" s'exclama-t-il d'une voix forte, "ce n'est pas du tout Lola Montez. C'est Betsy James, une Irlandaise. Mesdames et messieurs, nous sommes véritablement escroqués !"

« Escroqué » était un vilain mot. La fosse et la galerie, se sentant mystérieusement fraudées, suivirent le signal ainsi donné, et un volume de sifflements et de cris jaillit des gorges qui, un instant plus tôt, avaient poussé des acclamations bruyantes. Le grand Michael Costa, qui dirigeait, laissa tomber sa baguette avec étonnement et, refusant de la reprendre, quitta son pupitre. Il existe une théorie selon laquelle c'est cet incident fâcheux qui l'a amené à se transférer de Haymarket à Covent Garden. Tout à fait possible. Les musiciens sont des gens capricieux.

Il restait à Lumley le soin de gérer la situation. Il le fit en baissant le rideau, tandis que Lola, en larmes et en colère, se précipitait vers sa loge.

# III

Peut-être sont-ils partis tôt, mais aucun des critiques n'a rien vu de ce *dénouement* . Ce qu'ils ont cependant vu, ils l'ont décrit en termes ravis, pour ne pas dire fleuris :

On voyait, comme dans un rêve (déclarait l'un d'eux), une Elssler ou une Taglioni descendre des nuages, sous les traits d'une nouvelle danseuse, dont les fervents admirateurs lui prodiguaient tout l'enthousiasme et les applaudissements avec lesquels la rare perfection de son ses prédécesseurs ont été récompensés.

Samedi dernier, entre les actes de l'opéra, Donna Lola Montez a été annoncée au programme de Sa Majesté. Un millier de spectateurs ardents étaient fébrilement impatients de la voir. Donna Lola a enchanté tout le monde. Il y avait partout un mouvement gracieux des bras, sans aucun angle discernable, une douceur indescriptible dans son attitude et une souplesse dans ses membres qui, développés dans mille positions (sans enfreindre les lois de l'Opéra), étaient les plus enivrantes et les plus féminines qui puissent exister. être imaginé. Nous ne nous souvenons jamais d'avoir vu les *habitués* , jeunes et vieux, surpris plus agréablement que ne l'excitait la charmante dame. Elle fut bercée avec ravissement et la scène semée de bouquets.

Lord Ranelagh et ses amis ont dû sourire en lisant ce jaillissement.

"J'ai vu Lumley immédiatement après la chute du rideau", raconte un journaliste admis en coulisses. " Il était entouré des professeurs de morale de l'omnibus-box, qui disaient que Donna Lola ne devait absolument pas reparaître. Ils lui faisaient remarquer qu'il était absolument indispensable de n'avoir dans le ballet que des personnages exemplaires ; mais ils ne le firent pas. dites-lui où il trouverait des femelles qui n'auraient aucune objection à exhiber leurs jambes dans des gaines de soie rose. Comme Lumley ne pouvait pas se permettre d'offenser ses clients, il fut obligé d'accepter le fiat *de* ces descendants vertueux d'une aristocratie morale et ultra-scrupuleuse. ... Carlotta Grisi aurait pu avoir une vingtaine d'amants; mais, alors, elle n'avait jamais levé son charmant petit nez à mon seigneur Ranelagh.

C'était une époque où le théâtre devait se prosterner devant le public. À moins que Monseigneur ne l'approuve, M. Crummles n'avait d'autre choix que de baisser le rideau. Comme la faction Ranelagh désapprouvait catégoriquement, Lumley fut obligée de donner à la recrue ses ordres de marche.

*La première* de Lola était ainsi devenue sa *dernière* .

À propos, un journal du dimanche, écrivant quelque temps après, s'est rendu coupable d'une grave erreur dans son récit de l'épisode et a confondu Lord Ranelagh avec le duc de Cambridge. "La nouvelle venue", dit ce critique, "a été reconnue comme Mme James par un prince du sang et ses compagnons dans la loge de l'omnibus. Sa beauté ne pouvait la sauver de l'insulte, et, pour se venger de M. Lumley, pour se piquer, ces gentlemen chevaleresques anglais des classes supérieures ont hué une femme depuis la scène.

Qu'est-ce qui se cache derrière l'attaque lâche de Lord Ranelagh contre le débutant ? Il y avait une explication simple, et aucune qui ne relevait en rien de son honneur. C'était que, pendant sa période « bohème », il s'était efforcé de remplir la niche vide laissée dans ses affections par le départ de cette lumière d'amour, le capitaine Lennox, et avait été repoussé pour ses douleurs. Mauvais perdant, mon Seigneur nourrissait du ressentiment. Il apprendrait à une simple danseuse de ballet à claquer des doigts sur lui. Son opportunité s'est présentée plus tôt qu'il ne l'imaginait. Il en a profité au maximum.

Aussi passionné qu'il fût de mordre, Lord Ranelagh fut, quelques années après, lui-même mordu. Il a joué un rôle de premier plan dans un scandale peu recommandable qui a fait rage dans les pigeonniers du milieu de l'époque victorienne, lorsqu'une « spécialiste de la beauté » de Bond Street, connue sous le nom de Madame Rachel, a été jetée en prison pour avoir escroqué une veuve riche et amoureuse. C'était une Mme Borrodaile, que « Madame » avait trompée en déclarant que le seul désir de Lord Ranelagh était de partager sa couronne avec elle. Bien que le pair crasseux ait nié toute complicité, il ne s'en est pas très bien sorti.

« L'importance particulière qu'il a atteinte, » remarqua un nécrologue, « n'a pas toujours été d'une description enviable. Il y a probablement peu d'hommes qui ont fait l'objet d'autant d'accusations de la nature la plus variée et la plus désagréable. il avait ainsi été exposé est formidable, et cela n'a pas non plus disparu, comme cela aurait dû le faire, avec les accusations elles-mêmes.

Mais il s'agissait là d'une perspective d'avenir. Les commentaires de 1843 vinrent en premier. "Dans les clubs ce soir-là", lisons-nous, "les mâles et les sangs ont ri de bon cœur en discutant de l'accident de la fière beauté qui avait méprisé les avances de mon Seigneur." Lola Montez, cependant, n'a pas trouvé de quoi rire. Elle avait peut-être, comme elle se vantait, un peu de sang espagnol dans les veines, mais elle n'avait certainement pas celui de George Washington, car elle s'assit immédiatement et écrivit une lettre circulaire à tous les journaux de Londres. Elle cherchait ainsi à corriger ce qu'elle qualifiait de « fausse impression ». L'avalant comme un évangile, un certain nombre d'entre eux l'imprimèrent intégralement :

*À l'éditeur.*

MONSIEUR :

Depuis que j'ai eu l'honneur de danser au Her Majesty's Theatre, le samedi 3 inst. (quand j'ai été reçue par le public anglais d'une manière si gentille et si flatteuse) J'ai été cruellement ennuyée par les rumeurs selon lesquelles je ne suis pas vraiment la personne que je prétends être, mais que je suis connue depuis longtemps à Londres comme une femme de mauvaise réputation. personnage. Je vous supplie, Monsieur, de me permettre, par l'intermédiaire de votre respecté journal, de vous assurer, ainsi que le public, de la manière la plus positive et la plus absolue, qu'il n'y a pas un mot de vérité dans une telle déclaration.

Je suis originaire de Séville ; et en 1833, quand j'avais dix ans, j'ai été envoyé chez une dame catholique à Bath, où je suis resté sept mois, puis j'ai été ramené chez mes parents en Espagne. Depuis cette période, jusqu'au 14 avril, date à laquelle j'ai débarqué en Angleterre, *je n'ai jamais mis les pieds dans ce pays, et je n'ai jamais vu Londres de ma vie.*

En m'excusant de la faveur que je vous demande, je suis sûr que vous considérerez gentiment mon souci et celui de mes amis de retirer du public toute impression défavorable à mon égard. Mon avocat a reçu instruction de poursuivre toutes les parties qui m'ont calomnié.

Croyez que je suis votre obéissant et humble serviteur,

LOLA MONTEZ.
*13 juin 1843.*

On ne peut pas demander aux danseurs de ballet, lorsqu'ils font leurs débuts, de se souvenir de tout ; et celle-ci avait visiblement oublié son séjour en Inde, tout comme elle avait oublié son mariage avec Thomas James (et l'action ultérieure devant le Consistoire), ainsi que sa liaison amoureuse avec le capitaine Lennox au cours de l'année précédente.

"Malgré l'accueil encourageant réservé à Donna Lola Montez, elle n'a plus dansé", a remarqué une critique dans l' *Examiner* . "Quelle est la raison?"

Lumley aurait pu fournir l'information. Il le fit, quelques années après, dans son livre *Réminiscences de l'Opéra* :

Je n'ai pas l'intention de raconter les histoires mondiales de cette femme étrange et fascinante. Peut-être suffira-t-il de dire franchement que j'ai été, dans ce cas, assez « dupé ». Un noble seigneur (plus tard étroitement lié au ministère des Affaires étrangères) avait présenté la dame à mon attention comme la fille d'un célèbre patriote et martyr *espagnol* , représentant ses mérites de danseuse sous un jour si fort que son « apparence » était accordée.

... Mais cette fausse dame espagnole n'avait aucune connaissance réelle de ce qu'elle professait. Toute cette affaire était une imposture ; et le soir même de sa première comparution, la vérité éclata. Après avoir découvert la vérité, j'ai refusé de permettre à l'aventurière anglaise, telle qu'elle était, de réapparaître sur mes planches. Malgré les protestations des « amis » de la dame, malgré les lettres désobligeantes dans lesquelles elle niait avec véhémence son origine anglaise, malgré le désir exprimé en haut lieu d'assister à son étrange performance, je restais inflexible.

Le « Noble Seigneur » ainsi mentionné dans cet avertissement pompeux était Lord Malmesbury.

## IV

Si elle avait un caractère colérique, Lola Montez avait bon cœur, et était toujours prête à prêter main forte aux autres. À ce propos, Edward Fitzball, un dramaturge avec qui les choses n'allaient pas bien, raconte comment elle s'est portée volontaire pour assister à un spectacle-bénéfice qui était organisé pour le remettre sur pied. Il était difficile de trouver des attractions ; et le bénéficiaire, comprenant que, comme c'était l'habitude en pareil cas, il devrait combler lui-même tout déficit, se sentait déprimé.

« Cet avantage, dit-il, dont je m'attendais à ce qu'il se révèle être une perte décisive, m'a malheureusement ennuyé. Je me promenais le long de Regent Street lorsque j'ai rencontré Stretton, le chanteur populaire, dont le propre avantage venait juste de se terminer. qu'il avait obtenu toutes les attractions dignes du public, et qu'il n'y avait aucun espoir pour moi, « à moins, ajouta-t-il, que vous ne puissiez obtenir Lola Montez ».

« Je vous prie, qui est-ce ? » Dis-je dans mon ignorance.

"'Lola Montez est une dame qui est apparue l'autre soir au Her Majesty's Theatre en tant que danseuse, mais, en raison de troubles aristocratiques, elle est partie avec dégoût. Les journaux en étaient pleins. Je lui ai offert 50 £ pour danser pour moi, et j'ai rencontré un refus catégorique. Par conséquent, je ne vois aucun espoir pour vous.

Fitzball, cependant, estimant que cela valait la peine de tenter sa chance, se précipita vers le logement de Lola et la supplia de contribuer au programme qu'il proposait. Il ne s'attendait pas à réussir, car il savait qu'elle souffrait d'un sentiment de blessure. Cependant, à sa grande surprise et à sa grande joie, elle lui promit ses services et refusa d'accepter tout paiement.

Fou de joie du succès de son ambassade, Fitzball se précipita chez l'imprimeur et fit recouvrir les panneaux publicitaires de factures, attirant une attention particulière sur la nouveauté :

> THEATRE ROYAL, COVENT GARDEN
> Monday, July 10, 1843.
> COLOSSAL ATTRACTION!
> (For the Benefit of Mr. Fitzball)
> EXTRAORDINARY COMBINATION OF TALENT!
>
> During the evening the celebrated DONNA LOLA MONTEZ (whose recent performance created so pronounced a sensation at Her Majesty's Theatre) will execute, by special request, her remarkable dance, " El Oleano."
>
> N.B.—This will positively be the Donna's only appearance in London, as she departs on Thursday next for St. Petersburg.

THEATRE ROYAL, COVENT GARDEN<br>
Lundi 10 juillet 1843.

ATTRACTION COLOSSALE !(Au profit de M. Fitzball)

COMBINAISON EXTRAORDINAIRE DE TALENTS !

Au cours de la soirée, la célèbre DONNA LOLA MONTEZ (dont la récente prestation a fait sensation au Her Majesty's Theatre) exécutera, sur demande spéciale, sa remarquable danse "El Oleano".

NB — Ce sera certainement la seule apparition de Donna à Londres, puisqu'elle part jeudi prochain pour Saint-Pétersbourg.

"Le théâtre", dit Fitzball, dans son récit de la soirée, "était bondé. Lola Montez est arrivée dans une magnifique voiture, accompagnée de sa femme de chambre. Lorsqu'elle fut habillée, elle me demanda si je pensais que son costume serait approuvé. J'ai J'ai vu des sylphes et des formes féminines de la plus éblouissante beauté dans les ballets et les drames féeriques, mais la forme la plus éblouissante et la plus parfaite que j'aie jamais vue était celle de Lola Montez dans sa tenue blanche et dorée parsemée de diamants. signal d'applaudissements et d'admiration générale. À la fin de sa performance, il y a eu un appel ravi et universel pour sa réapparition.

---

# CHAPITRE V

## UN PÈLERINAGE PASSIONNÉ

### je

Le « départ pour Saint-Pétersbourg » était un bout de l'imagination de Fitzball. Lola n'est pas allée en Russie lorsqu'elle a quitté l'Angleterre, mais en Belgique. La visite ne fut pas un succès, car aucun des théâtres bruxellois auprès desquels elle sollicita un engagement ne manifesta d'intérêt pour les danseuses de ballet, qu'elles viennent de Séville ou d'ailleurs. Une période de malchance s'ensuivit ; et, si l'on en croit son propre récit de cette période, elle en fut réduite à un tel état d'abandon que, dans la capitale belge, elle se familiarisa avec l'intérieur des prêteurs sur gages et dut chanter dans les rues pour trouver un logement. Mais cette activité de « chanter dans les rues », même si elle était pittoresque, n'était pas une touche originale. Il est toujours utilisé activement, comme élément de base de l'équipement autobiographique de chaque héroïne de scène et de cinéma qui veut de la « publicité ». De plus, si Lola Montez a déjà fait quelque chose de ce genre, ce n'était pas pour longtemps. Un « homme riche » — elle avait le don d'établir le contact avec eux — vint aussitôt à la rescousse ; et, aidée, dit-on, du mystérieux Jean François Montez, qui l'avait suivie depuis Londres, elle secoua de ses pieds la poussière inhospitalière des boulevards de Bruxelles.

C'est à Berlin que, à l'automne 1843, la fortune longtemps retardée lui sourit. Une nouveauté étant recherchée, elle s'engage à danser lors d'une fête organisée par Frédéric-Guillaume IV en l'honneur de son gendre, le tsar Nicolas, et d'un groupe de grands-ducs alors en visite à Potsdam. L'autocrate de toutes les Russies s'est déclaré très satisfait des efforts du nouveau venu. Les Berlinois emboîtèrent le pas. Lola était « faite » ; et chaque soir, pendant un mois, elle devait danser quelque part.

Alors qu'elle se trouvait dans la capitale allemande, elle aurait eu affaire à la justice. L'histoire raconte que, montée sur un cheval de sang, elle assista à une revue tenue en l'honneur du roi et du tsar ; et son cheval, quelque peu courageux, la portait à toute allure à travers le terrain de parade et au milieu du groupe royal rassemblé au point de salut.

Quand un policier indigné, beuglant *Verboten !* à haute voix, se précipita et s'accrocha à la bride, il reçut pour ses douleurs un vigoureux coup de fouet. Le lendemain matin, une convocation fut adressée à l'audacieuse Amazone, lui ordonnant de comparaître devant un magistrat et de répondre d'une accusation d'« outrage à l'uniforme ». Là-dessus, Lola, sentant que l'ambiance générale était défavorable, fit ses malles. Elle a réussi à s'enfuir juste à temps, alors qu'un mandat d'arrêt contre elle était en cours d'émission. Mais si elle ne quitta pas Berlin avec tous les honneurs de la guerre, il est en tout cas écrit qu'« elle quitta cette ville aux cochons la tête haute et en faisant claquer son éventail ».

L'Odyssée continue. Le prochain endroit où elle s'arrêta fut Dresde. Là, le pèlerin a nagé dans l'orbite de Franz Liszt, qui donnait par hasard une série de récitals. Né en 1811, « l'année de la comète », il était au sommet de son art lorsque Lola Montez apparut sur son chemin. Lors d'un premier séjour en Angleterre, en tant que « garçon prodige », il avait récolté des lauriers considérables. Le château de Windsor lui avait souri et il avait joué le rôle de George IV et de la reine Victoria. La rencontre fortuite avec Lola fut fatidique pour eux deux. Mais il se trouve que le virtuose se félicitait à ce moment-là de la perspective d'une nouvelle intrigue. Las du romantisme de la phalange d'admiratrices féminines qui se rassemblaient autour de lui comme des abeilles, il trouva que celle-ci, par sa beauté et son charme vif, avait pour lui un attrait particulier. Il y répondit avec avidité. Les deux sont devenus inséparables.

Un soir, pendant que *Rienzi* était joué, son dernier charmeur accompagna Liszt à l'Opéra et, pendant un entracte, le rejoignit dans la loge de Josef Tichatschek, le ténor. Apprenant qu'il était là, Wagner venait lui parler, "quand il vit que sa compagne était une femme peinte et ornée de bijoux, aux yeux insolents". Là-dessus, si l'on en croit son biographe, « le compositeur s'est retourné et s'est enfui ». Lola avait mis « Rienzi » en déroute.

Les musiciens seront des musiciens ; et Liszt ne faisait pas exception. Avec ses amours et son long catalogue de « conquêtes » dans la moitié des capitales d'Europe, il était généralement considéré comme un Don Juan du clavier. James Huneker raconte qu'en quittant Dresde, Lola le rejoignit à Constantinople. Dans ses mémoires, elle ne parle pas de ses promenades en sa compagnie sur les rives du Bosphore. Pourtant, elle parle beaucoup de Sir Stratford Canning, l'ambassadeur britannique, par qui, déclare-t-elle, elle reçut une lettre au chef des eunuques, l'admettant dans le harem du sultan. Mais cela, comme beaucoup d'autres déclarations, doit être pris avec une généreuse pincée de sel.       .

Au cours de cet été mémorable, Liszt fut spécialement invité à Bonn pour dévoiler le monument de Beethoven qui y avait été érigé. La cérémonie a attiré un rassemblement distingué en présence du roi et de la reine de Russie, ainsi que de la reine Victoria et du prince Albert. Lola Montez, qui accompagnait Liszt, en a également été témoin. Elle fut rapidement reconnue par Ignatz Moscheles ; et, lorsqu'ils découvrirent sa présence, le comité de réception fut si bouleversé qu'on lui fit exclure l'accès à l'hôtel où des chambres avaient été réservées pour l'invité d'honneur. Mais il en fallait plus pour la maintenir en retrait. Pendant que les discours battaient leur plein, elle pénétra de force dans la salle du banquet et conquit les bourgeois prudes en sautant sur la table et en dansant sur eux.

Le Prince Consort a été choqué par la « liberté ». Frédéric-Guillaume, cependant, étant plus large d'esprit, lança une plaisanterie teutonique.

"Lola est une Lorelei !" » déclara-t-il, avec un sourire reconnaissant, lorsque l'épisode lui fut rapporté. "Que va-t-elle faire ensuite ?"

Le résultat inévitable des badinages de Liszt avec sa nouvelle Calypso dans les différentes capitales qu'ils visitèrent ensemble au cours des mois qui suivirent fut de briser les relations qui existaient depuis des années entre lui et Madame d'Agoult. Le virtuose s'en sortait mal, car la femme qu'il avait abandonnée sommairement pour une femme plus jeune et plus séduisante avait sacrifié pour lui son nom et sa réputation, et lui avait en outre offert trois gages d'affection mutuelle. Furieuse de son insensibilité, elle, sous le nom de "Daniel Stern", a ensuite soulagé ses sentiments indignés dans un roman ("écrit pour calmer son âme agitée"), *Nélida* , où Liszt, sous un déguisement transparent, figurait comme "Guermann Regnier".

Mais le rythme était trop chaud pour durer. Pourtant, c'est Liszt, et non Lola, qui s'est calmé le premier. "Chez Lola, comme chez d'autres, connus et inconnus, c'était", observe William Wallace, " *Da capo al Segno* ". Le récit de leur rupture définitive, tel que le raconte Guy de Pourtales, a quelque chose de farfelu :

Liszt se laissa faire l'amour avec lui et s'amusa avec cette dangereuse amoureuse. Mais sans aucune conviction, sans réelle curiosité. Elle l'agaçait, elle l'énervait pendant ses heures de travail. Bientôt, il projeta de s'enfuir et, après avoir tout arrangé avec le portier de l'hôtel, il partit sans laisser d'adresse, mais non sans avoir au préalable enfermé dans sa chambre cette ennuyeuse des amoureuses. Pendant douze heures, Lola souleva un tumulte épouvantable, brisant tout ce qui lui tombait sous la main.

Mais Liszt, flairant cette possibilité, avait réglé la note d'avance.

Mais l'incident ne fait pas honneur à son honneur, car le spectacle d'un artiste distingué soudoyant un laquais pour le faire sortir clandestinement d'un hôtel et emprisonner dans sa chambre la femme avec laquelle il vivait est désolant.

## II

En ayant assez de l'Allemagne pour le moment, Lola décide de voir ce que la France a à offrir. "Le seul endroit pour une femme d'esprit", a-t-elle dit un jour, "c'est Paris". En conséquence, elle s'y rendit. Dès son arrivée, elle s'installe dans un modeste hôtel près du Palais Royal ; et, consciente de ses limites, prend des cours de danse auprès d'un maître de ballet de la rue Lepelletier. Lorsqu'elle eut pris ce qu'elle jugeait suffisant, elle fit appel à Léon Pillet, le directeur de l' *Académie* .

"Vous avez bien sûr déjà entendu parler de mon immense succès à Londres", annonça-t-elle d'un air assuré.

M. Pillet n'en avait pas entendu parler. Mais cela n'avait pas d'importance. Comme cela avait été le cas avec Lumley avant lui, le sourire ravissant de Lola enflamma son cœur sensible ; et il l'engagea aussitôt pour danser dans le ballet qui devait suivre *Il Lazzarone de Halévy* , alors en répétition active.

Les débuts de Lola comme *première danseuse* eurent lieu le 30 mars 1844. Ils ne furent pas une réussite. Loin de là. Le fait est que les Parisiens, habitués aux pirouettes rêveuses et sylphides de Cerito, d'Elssler, de Taglioni et de leur propre Adèle Dumilâtre, ne pouvaient apprécier les vigoureuses *cachuchas* et *boléros* qu'on leur offrait désormais. Lorsqu'ils ont exprimé leur désapprobation, Lola a perdu la seule chose qu'elle ne pourrait jamais garder : son sang-froid. Elle fit une *moue* à l'assistance ; et, si l'on en croit de Mirecourt, elle ôta ses jarretières (une seconde autorité parle d'un vêtement plus intime) et les jeta avec un geste de mépris parmi la foule moqueuse de la première rangée d'étals.

Comme on peut l'imaginer, la presse s'est montrée antipathique à l'égard de cette « manifestation ».

"Nous éviterons de nuire par nos rigueurs", notait *Le Constitutionnel* dans son prochain numéro, "à une jolie jeune femme qui, avant de faire ses débuts, n'a visiblement pas eu le temps d'étudier nos préférences".

Une critique bien plus dévastatrice a été publiée dans *Le Journal des Débats* par Jules Janin. Il a effectivement fait tout son possible pour être franchement offensant. Théophile Gautier, qui, dans son célèbre gilet de velours cramoisi, était présent à cette soirée mouvementée, n'a pas non plus beaucoup apprécié les efforts de la future ballerine pour conquérir Paris.

Au-delà, écrit-il, d'une magnifique paire d'yeux noirs, Mademoiselle Lola Montez n'a rien de suggestif andalou dans son apparence. Elle parle mal l'espagnol, presque pas le français et seulement un anglais passable. La question est : à quel pays appartient-elle réellement ? On peut affirmer qu'elle a de petits pieds et des jambes galbées. Mais la mesure dans laquelle ces dons lui sont utiles est une toute autre histoire.

Il faut avouer que la curiosité du public suscitée par ses altercations avec la police du Nord et ses exploits fulgurants auprès des gendarmes prussiens n'a pas été satisfaite. On imagine que Mademoiselle Lola ferait mieux à cheval que sur scène.

Un étrange récit, intitulé : « Débuts singuliers de Lola Montez à Paris », a été envoyé à New York par un journaliste américain :

"Quand, il y a quelques jours, on annonçait que deux danseuses étrangères, Mlle Cerito et Mlle Lola Montez, venaient d'entrer dans les murs de Paris, les triomphes remportés par la ballerine italienne ne pouvaient éclipser les exploits de cravache de Mlle Lola. « Donnons-nous Lola Montez ! » s'exclamèrent les stalles et la fosse. Nous voulons voir si son pied est aussi léger que sa main ! Jamais on n'assista à une *entrée* plus étonnante... Après son premier bond, elle s'arrêta net sur la pointe des pieds, et, par un mouvement d'une rapidité prodigieuse, détacha une de ses jarretières d'un membre souple adjacent à sa cuisse frémissante (innocente de *lingerie*) et l'a jeté aux occupants du premier rang de l'orchestre... Malgré l'effet produit par cette excentricité piquante, Mlle Lola n'a pas reçu l'accueil qu'elle espérait ; et il a été jugé opportun par la direction de dispenser avec sa réapparition.

Mais donner à Lola son *congé* de vive voix était une tâche que M. Pillet ne voulait pas entreprendre. "Le fouet de l'Amazone hautaine était tellement redouté qu'une lettre de licenciement fut prudemment délivrée. Le sang fut ainsi évité; et Mlle Lola se console en pensant qu'elle a été victime de la cabale machiavélique de la Russie. toujours en colère contre la déroute des gendarmes moscovites à Varsovie.

A propos de l'épisode de Varsovie, la négligée de Mirecourt raconte qu'elle y dansait en 1839. Mais à cette date, elle n'était pas plus près de Varsovie que de Calcutta. Elle y est néanmoins allée, mais ce n'est qu'après avoir quitté Paris après son échec à l'Académie Royale. Selon elle, le tsar Nicolas, qui se souvenait d'elle à Berlin, l'invita à visiter Saint-Pétersbourg et, ayant un mois à perdre, elle accepta un engagement préliminaire dans la capitale polonaise.

Cela commença assez bien, car, si ses capacités terpsichoréennes laissaient encore à désirer, les critiques de Varsovie, toujours sensibles aux charmes féminins, s'extasièrent positivement sur ses attraits personnels. L'un d'eux est en effet devenu presque lyrique sur le sujet :

"Ses cheveux doux et soyeux", selon l'opinion de cette autorité, "retombent en une richesse luxuriante dans son dos, leur teinte scintillante rivalisant avec celle de l'aile du corbeau ; sur un cou mince et délicat - dont la blancheur éclipse le duvet de cygne - se tient un joli visage. .... Côté proportions, les petits pieds de Lola se situent entre ceux d'une jeune fille chinoise et ceux de la plus délicate Parisienne imaginable. Quant à ses mollets envoûtants, ils évoquent les marches d'une échelle de Jacob qui transporte au ciel ; et sa ravissante silhouette ressemble à la Vénus de Cnide, ce chef-d'œuvre immortel sculpté par le ciseau de Praxitèle lors de la 104e Olympiade. Quant à ses yeux, son âme même est enchâssée dans leurs profondeurs bleues.

Il y en avait beaucoup plus – plusieurs colonnes supplémentaires – dans une souche similaire.

Comme on pouvait s'y attendre, un tel hommage a attiré l'attention du prince Ivan Paskievich, vice-roi de Pologne. Il avait un faible pour les jolies femmes ; et, après la longue succession de ballerines bossues et aux pieds lourds occupant la scène de Varsovie, cette nouvelle arrivée semblait prometteuse. Lorsqu'un émissaire de confiance lui rapporta que les critiques « n'avaient pas dit la moitié de ce qu'elles auraient pu dire », il résolut de faire sa connaissance. Son premier geste fut de lui envoyer, par l'intermédiaire de Madame Steinkeller, épouse d'un banquier, une invitation à dîner avec lui dans sa maison particulière.

Lola, flattée par l'invitation et moins lucide que d'habitude, se montre suffisamment confiante pour accepter. Mais elle découvrit bientôt que les intentions de Son Excellence étaient strictement déshonorantes, car il lui faisait, dit-elle plus tard, « une proposition des plus indélicates ». Sa réponse fut de lui rire au nez et de lui dire qu '«elle n'avait aucune envie de devenir son jouet». Alors Paskievich, furieux d'un tel refus (et peu habitué à être contrarié par qui que ce soit, encore moins par une danseuse de ballet), la renvoya en la menaçant de représailles. La première d'entre elles a pris la forme d'une visite du colonel Abrahamowicz, responsable chargé de « préserver la moralité dans les théâtres de Varsovie ». Il semble qu'il ait interprété ses fonctions de responsabilité d'une manière qui laissait à désirer, car Lola se plaignait que « sa conduite était si libre que je m'y opposais sérieusement ».

Paskievich a ensuite distribué sa carte suivante. Il s'agissait de demander à son sous-officier de remplir le théâtre de canaille et de la faire siffler hors de la scène. Lola, cependant, était à la hauteur de la situation. S'avançant vers la rampe, avant que le directeur terrorisé ne puisse l'arrêter, elle montra du doigt le colonel Abrahamowicz, assis dans une loge, et s'écria : « Mesdames et messieurs, voici le salaud qui tente de se venger d'une femme pure qui a méprisé ses infâmes suggestions ! Je demande votre protection !

Accompagnée de M. Lesniowski, rédacteur en chef de la *Gazette de Varsovie*, elle rentra chez elle, se demandant ce qui allait se passer ensuite. Elle ne tarda pas à le découvrir, car le colonel en colère et une escouade de police arrivèrent avec un mandat d'arrêt contre elle comme « indésirable ». Cependant, lorsqu'ils annoncèrent leur intention, elle leur brandit un pistolet au visage et déclara qu'elle tirerait une balle dans le premier d'entre eux qui s'approcherait d'elle. Réalisant qu'elle pensait ce qu'elle disait et ne désirant pas se qualifier pour un martyre bon marché, le colonel Abrahamowicz était suffisamment tacticien pour se retirer. Pendant ce temps, le public, apprenant ce qui s'était passé, s'est rangé du côté de Lola et a poussé des cris vigoureux : "A bas le vice-roi ! Vive les Montez !"

Paskievich, qui avait écrasé d'une main de fer la rébellion de 1831, avait un comportement court et vif avec les révolutionnaires naissants ; et, appelant les troupes, dégagea les rues à la pointe de la baïonnette. Pendant qu'ils étaient ainsi occupés, Lola s'éclipsa auprès du consul de France et lui proposa de lui accorder sa protection de ressortissante. Avec une galanterie caractéristique, il exauça ses souhaits. Elle dut néanmoins quitter Varsovie le lendemain matin, sous escorte jusqu'à la frontière.

Il y a eu des représailles contre un certain nombre de ceux qui avaient pris son parti. Ainsi, le directeur du théâtre et le rédacteur en chef de la *Gazette de Varsovie* furent licenciés ; M. Steinkeller fut emprisonné ; et une douzaine d'étudiants ont été fouettés en public.

"La tranquillité a été rétablie", telle était la vision officielle de la situation.

Selon Lola elle-même (qui n'est d'ailleurs pas une autorité très solide), elle est allée directement de Varsovie et des griffes du lubrique Paskievich à Saint-Pétersbourg. Mais étant donné que la Pologne était à cette époque sous la domination du tsar, il est très improbable qu'après son expulsion, elle ait pu mettre les pieds en Russie sans passeport. Si elle avait eu l'audace de faire l'expérience, elle aurait certainement été enchaînée et expédiée en Sibérie.

**Abbé Liszt : musicien et amoureux**

La devise de Lola était « Courage et battons les cartes ». Ne se laissant pas décourager par son précédent échec, elle retourne à Paris pour tenter sa chance une seconde fois.

La chance ne tarda pas à lui venir, car à peine arrivée dans la capitale, elle rencontra un jeune Anglais, M. Francis Leigh, ancien officier du 10e Hussards. En une semaine, les deux hommes étaient si intimes qu'ils organisèrent le ménage ensemble. Mais l'harmonie fut brusquement brisée par Lola qui, dans un accès de jalousie, tira un jour un coup de pistolet sur son « protecteur ». Comme c'était plus que ce à quoi il pouvait s'attendre, M. Leigh, décidant qu'ils ne pouvaient pas continuer à vivre sous le même toit, a rompu la relation.

# III

En 1845, le Paris de Louis-Philippe était, lorsque Lola en reprenait la connaissance, une ville agréable à vivre. L'étoile du baron Haussmann n'était pas encore apparue ; et la vulgarisation de la capitale sous le Second Empire n'avait pas encore commencé. John Bull s'en éloignait encore largement ; et, à l'exception de quelques spécimens égarés, il n'y avait pas de hordes de touristes bouche bée devant les « Froggies ». Tout était bon marché ; et la plupart des choses étaient sympas. Paris, c'était vraiment *La ville lumière* . Un soin terne avait été donné à ses ordres de marche. Tout ce qu'on exigeait d'un homme, c'était qu'il soit spirituel, et d'une femme, qu'elle soit divertissante. Le monde des boulevards – avec ses cafés, ses restaurants et ses théâtres – était le point de ralliement habituel des auteurs et des poètes, des peintres et des musiciens, et les lumières scintillant dans les firmaments théâtraux et journalistiques, les hommes en vestes de velours et à revers. pantalons, les femmes en jupes à volants, en châles et en bottes à côtés élastiques. La mode du moment.

Lola s'est installée parmi eux et a été chaleureusement accueillie. Parmi les autres avec qui elle entretint bientôt des relations amicales, il y avait la célèbre (ou, peut-être, vaudrait-il mieux dire, la notoire) Alphonsine Plessis. La Dame aux Camélias avait un grand cœur et un large cercle ; et Liszt, également de retour à Paris, se retrouve parmi les invités qui assistent à ses « réceptions » chez elle, boulevard de la Madeleine. Lola, qui n'avait jamais nourri de rancune, était prête à laisser le passé derrière elle et renouait avec lui. Mais cette fois, ils furent de courte durée, car le maestro se tournait déjà vers un autre charmeur et, comme à son habitude, partit pour Weimar sans lui dire au revoir. Lola a pris sa défection avec philosophie. En fait, elle s'en félicitait plutôt, car cela résolvait une situation qui menaçait rapidement de devenir délicate. C'était qu'elle-même avait désormais noué une intimité avec quelqu'un d'autre.

Sa nouvelle connaissance était Charles Dujarier, un jeune homme de vingt-cinq ans, journaliste assez distingué, étant copropriétaire et rédacteur de feuilletons de *La Presse* . Lola l'a rencontré dans l'ambiance conviviale d'un café bohème, où les présentations formelles n'étaient pas exigées. Comme c'était l'usage dans une telle atmosphère, l'amitié mûrit rapidement. Une semaine après leur première rencontre, les deux hommes s'installèrent ensemble rue Lafitte. Bientôt, on parla de mariage. Mais cela n'allait pas au-delà des paroles, car Lola s'était mise une fois la tête dans le nœud coulant matrimonial – à son avis, une fois de trop – et elle n'avait aucune envie de le faire une seconde fois. En dehors de cette considération, elle était probablement bien consciente que son divorce avec le coureur de jupons Thomas James n'avait jamais été achevé.

Maîtresse reconnue de Dujarier, Lola était acceptée sans hésitation comme l'une des leurs par le « décor » littéraire et artistique qui se pressait dans les cafés et les salons qu'elles fréquentaient. Gautier et Sue, avec Claudin, Méry et Dumas, étaient les habitués qu'elle voyait le plus ; et Ferdinand Bac (mais personne d'autre) dit qu'elle entretenait des relations intimes avec l'austère M. Guizot.

Gustave Claudin déclare avoir rencontré Lola Montez à Paris au printemps 1841. Qu'elle l'ait marqué, cela ressort d'un passage de ses *Souvenirs* :

Lola Montez était une charmeuse. Il y avait dans son apparence quelque chose, je ne sais trop quoi, de provocateur et de voluptueux, qui attirait. Elle avait une peau blanche, des cheveux évoquant les vrilles de chèvrefeuille et une bouche qui pouvait être comparée à une grenade. A cela s'ajoutaient une silhouette ravissante, des pieds charmants et une grâce parfaite. Malheureusement, en tant que danseuse, elle avait très peu de talent.

Vers l'année 1845, l'auteur de ces notes la vit beaucoup. Elle voulait qu'il écrive ses mémoires et lui donna du matériel pour les écrire... Elle est née à Séville en 1823, avec pour parrain un officier français et (comme c'est la coutume en Espagne) pour marraine la ville de Séville. . Les aventures de sa vie ont été écrites par elle dans un cahier. Elle me raconta que, lors d'un bal à Calcutta, elle avait refusé une fois de valser avec un riche gentleman tellement incrusté de diamants qu'il ressemblait à une tabatière. Lorsqu'il lui a demandé la raison de son refus de danser, elle a répondu : "Monsieur, je ne peux pas danser avec vous parce que vous m'avez blessé au pied." Le futur valseur était podologue !

En écrivant, comme il l'a fait, près de cinquante ans après l'épisode auquel il fait ainsi référence, la mémoire de Claudin était un peu fragile. Ainsi Lola Montez est née à Limerick en 1818 et non, comme il le dit, à Séville en 1823 ; Claudin n'aurait pas non plus pu la rencontrer à Paris au printemps 1841, puisqu'elle n'avait pas alors quitté l'Inde.

Dujarier, selon Lola, fut très impressionné par son sens politique et l'employa aux « services secrets » du gouvernement, lui confiant au préalable une « mission à Saint-Pétersbourg ». L'histoire est une concoction évidente, ne serait-ce que parce que Dujarier, n'étant qu'un simple bidouilleur, n'avait aucun pouvoir pour employer qui que ce soit à une telle tâche. Pourtant, Lola s'y est toujours tenue. Pourtant, il est tout à fait possible qu'elle soit partie en Russie à cette époque, car Nicolas s'intéressait à l'art du ballet et accueillait des représentants étrangers de Terpsichore d'où qu'ils viennent. Il était un personnage familier dans les salons verts de sa capitale. Il fréquentait Taglioni et Elssler et était toujours prêt à combler tout déficit de recettes au box-office. Cela signifiait simplement réduire davantage son armée de serfs.

Si elle est effectivement allée de Paris en Russie, Lola n'y a pas perdu son temps car, dit-elle, elle a « failli épouser le prince Schulkoski », qu'elle avait déjà rencontré à Berlin. Ceci, ajoute-t-elle, fut « l'une des romances de sa vie ». Mais quelque chose n'allait pas, car le prétendant princier, « tout en télégraphiant furieusement des baisers trois fois par jour », s'aperçut qu'il appréciait la compagnie d'un autre charmeur. Lola pouvait supporter beaucoup de choses. Il y avait cependant des limites à sa tolérance, et celle-ci en faisait partie. Tout d'abord, Tom James ; puis, George Lennox ; et maintenant le prince Schulkoski. Les promesses masculines n'étaient pas plus substantielles qu'une croûte à tarte. La pauvre Lola vivait un triste réveil. Il n'est pas remarquable qu'elle ait conclu que les hommes étaient « toujours des trompeurs ». Après une telle expérience, rien d'autre n'était possible.

Parmi les autres éléments de son répertoire sur les événements présumés survenus en Russie à cette époque, il y en avait un qui demande certainement beaucoup de temps à être avalé. C'est ainsi qu'au cours d'une « audience privée » avec le tsar lui-même et le comte Benkendorf (le chef de la police secrète), un visiteur important fut annoncé. Alors, et pour que sa présence ne soit pas connue du nouveau venu, elle fut enfermée dans un placard et laissée là pendant plusieurs heures. Lorsque le tsar revint, il fut « plein d'excuses et insista pour qu'elle accepte de lui un cadeau de mille roubles ».

D'autres détails suivent :

"Un grand magnat la conquiert à Saint-Pétersbourg; les grands-ducs font leurs tours; et les princes circassiens meurent pour elle. Mais bientôt elle en a assez de caviar et de vodka. A quoi bon, se demande-t-elle, se embrouiller avec des ivrognes et gaspiller de précieux temps sur des Asiatiques à moitié civilisés ?

Ce n'était pas bon du tout, telle fut la décision de Lola. En conséquence, elle fit ses adieux à l'hospitalité russe et, renonçant à toute perspective de porter le diadème moscovite, retourna à Paris et à Dujarier. L'influence de son amant lui assure un engagement dans *La Biche au Bois* au Théâtre de la Porte Saint-Martin ; mais, comme cela s'était produit à l'Académie Royale, elle fut un « échec ». Les critiques l'ont dit sans équivoque ; et le manager a annoncé

qu'il était d'accord avec eux. Il est donc clair que le ballet n'était pas son *métier*
.

"Eh bien, la danse n'est pas tout", a déclaré Lola, qui prenait toujours le contrepied d'un point de vue philosophique.

---

# CHAPITRE VI

## UNE "AFFAIRE D'HONNEUR"

## je

La soirée du 7 mars 1845 fut pour Dujarier une soirée lourde de destin. Il avait reçu et accepté une invitation à un souper au restaurant des Frères-Provençaux, donnée par Mlle Anaïs Liévenne, une jeune comédienne de la compagnie du Vaudeville. Parmi les autres *convives réunis autour de la table de fête se trouvaient un quatuor de jolies demoiselles, Atala Beauchene, Victorine Capon, Cécile John et Alice Ozy, avec, pour leur tenir compagnie, un trio de flâneurs* typiques de Rosemond de Beauvallon ( un créole basané de Guadaloupe, qui ambitionnait d'être considéré comme un romancier), Roger de Beauvoir (ami d'Alphonse Karr, et dont l'autre titre de distinction était d'avoir un jour défié Balzac), et Saint-Agnan (un individu qualifié par les journalistes d'« homme-en ville »). Au total, un rassemblement tout à fait représentatif du théâtre, de la presse, du monde et du demi-monde.

Lola a été invitée à se joindre à la fête ; mais, à la demande particulière de Dujarier, elle s'excusa. Mais si elle l'avait accompagné, le drame dont cette soirée allait être responsable aurait pu être évité. Pourtant, personne ne peut regarder vers l'avenir.

Pendant un certain temps, tout s'est déroulé joyeusement comme la cloche du mariage. Les dames n'étaient pas trop strictes ; les soins ennuyeux étaient bannis. Nourriture et boisson sans restriction ; musique, lumières et rires ; des yeux brillants et de jolis visages. Les bouchons de champagne éclatèrent ; des toasts ont été offerts ; les plaisanteries étaient fêlées ; et les langues remuèrent.

Mais cela n'a pas duré. Les nuages s'amoncelaient ; et bientôt l'harmonie fut interrompue. Dujarier était responsable. Incapable de bien porter son alcool, ou bien, sous le charme de ses yeux brillants, il alla jusqu'à dire à son hôtesse : « Ma chère Anaïs, figure-toi que dans six mois nous coucherons ensemble toi et moi. ". Le cavalier reconnu de la demoiselle, de Beauvallon, soucieux des convenances, prit cela mal et déclara cette affirmation injustifiée. Les mots ont suivi. Des mots chaleureux. Cependant Mlle Liévenne, étant de bonne humeur, se contenta de rire, et la paix fut rétablie.

Mais cette trêve rapiécée n'était que temporaire. Le sentiment était toujours aussi fort. Quelques minutes plus tard, de Beauvallon se dispute à nouveau avec Dujarier, se plaignant cette fois d'avoir négligé de publier un de ses feuilletons, *Mémoires de M. Montholon* , qu'il avait accepté. Comme on pouvait s'y attendre, le fait de harceler le sous-éditeur à un tel moment fut de recevoir la réponse acerbe qu'il « devait attendre son tour et qu'entre-temps, il y avait des auteurs plus importants que lui à prendre en considération. "

Dans l'idée de calmer les nerfs à vif, quelqu'un a suggéré qu'ils s'ajournent tous pour un battement à Lansquenet, puis évincé l'écarté. La proposition a été acceptée ; et, les fêtards s'étant installés, Saint-Agnan, ayant le portefeuille le mieux garni, prit la banque.

La fortune ne sourit pas à Dujarier. La chance semblait contre lui ; et quand la fête se terminait au petit matin, il perdait quelques milliers de francs. Pire encore, il ne pouvait régler ses pertes qu'après avoir emprunté les billets nécessaires au maître d'hôtel. En conséquence, son humeur était aigre, ses nerfs à vif. Aussi, lorsque de Beauvallon eut la maladresse de le contrarier à nouveau, il « répondit un peu brusquement ».

Mais ce n'était pas tout. Le "vin étant dedans, l'esprit était sorti". Un nom de femme surgit, celui d'une certaine Madame Albert, une jeune actrice dans les affections de laquelle Dujarier avait, avant l'entrée en scène de Lola Montez, été évincé par de Beauvallon. Le souvenir le dérangeait et il fit quelques allusions ironiques au sujet. Avec un effort évident, l'autre garda son sang-froid et dit sèchement : « Vous aurez de mes nouvelles demain, Monsieur », quitta le restaurant.

# II

"On aurait pu penser", commente Larousse, "qu'une fois la fièvre du vin apaisée, ces événements et le souvenir des paroles indécentes qui les accompagnaient seraient, le lendemain matin, oubliés."

Mais ils n'ont pas été oubliés. On s'est souvenu d'eux. Le lendemain après-midi, alors que Dujarier était dans son bureau, déplorant de s'être ridiculisé et se demandant comment il allait expliquer la situation à Lola, deux visiteurs furent annoncés. L'un d'eux était le comte de Flers et l'autre le vicomte d'Ecquevillez. Avec des saluts cérémonieux, ils exprimèrent le but de leur appel. C'est qu'ils représentaient de Beauvallon, qui « exigeait satisfaction des insultes qu'il avait reçues de M. Dujarier ».

Il s'agit cependant en réalité d'une querelle entre deux journaux rivaux, *La Presse* et *Le Globe* , qui sont depuis longtemps à couteaux tirés. Granier de Cassagnac, rédacteur en chef *du Globe* , était le beau-frère de de Beauvallon, et Emile de Girardin, propriétaire de *La Presse* , l'avait systématiquement ridiculisé dans ses colonnes. Ainsi, lorsque la nouvelle de la bagarre des restaurants s'est répandue parmi les commérages des cafés, le résultat a été que tout le monde a dit : « il n'y a eu qu'une voix pour dire 'c'est le Globe qui veut se battre avec *la* Presse . ' "

Dujarier, qui n'avait pas envie de se battre – sauf avec son stylo – aurait reculé s'il l'avait pu. Mais il ne pouvait pas. Les choses étaient déjà allées trop loin. Il renvoya donc les visiteurs à ses amis Arthur Bertrand (un filleul de l'Empereur) et Charles de Boignes, puis s'empressa de les consulter lui-même.

"Pistolets pour deux et café pour un", fut leur décision lorsqu'ils entendirent ce qu'il avait à leur dire. Il n'y avait, insistaient-ils, aucun autre moyen par lequel il pouvait satisfaire son « honneur ». Le code l'exigeait.

S'agrippant à une paille, Dujarier demande ensuite conseil à Alexandre Dumas.

"Je ne sais pas pourquoi je me bats", a-t-il déclaré.

S'il en était ainsi, Dumas partageait son ignorance. Il a néanmoins insisté sur le fait qu'une "réunion" était inévitable.

Ce fut le cas. Pour un Français, refuser de « sortir » — pour quelque raison que ce soit — serait encourir l'ignominie sociale. Il serait considéré comme un paria ; pas une main ne lui serait offerte ; et il se faisait couvrir de paquets de plumes blanches par ses anciennes connaissances.

Tout cela était très ridicule. Il faut cependant rappeler que « l'époque était celle où les journalistes singeaient les bons messieurs et se suicidaient pour rien ». Ferdinand Bac déclare que cette pratique était « en grande partie la faute de Dumas, qui, dans ses romans, décrivait de jolies femmes se jetant entre les combattants pour opérer leur réconciliation ».

Puisqu'une réunion pouvait être une affaire sérieuse, les seconds étaient naturellement soucieux de se protéger. Ainsi, tous les quatre, réfléchissant ensemble, rédigèrent un document qui, en cas de conséquences fâcheuses, les dégagerait, pensaient-ils, de toute responsabilité :

" Nous, soussignés, déclarons qu'à la suite d'un désaccord, M. de Beauvallon a provoqué M. Dujarier d'une manière qui lui permet de refuser une rencontre. Nous avons nous-mêmes fait tout notre possible pour réconcilier ces messieurs. et ce n'est que sur la demande pressante de M. de Beauvallon que nous procédons en cette affaire.

En tant que partie contestée, Dujarier avait le choix des armes. Mais ce privilège ne lui valait pas grand-chose. Il n'avait jamais manié l'acier froid, alors que son adversaire était un escrimeur expert, et il était aussi un si mauvais tireur qu'il n'aurait pas pu être sûr de toucher une botte de foin à vingt mètres. Pourtant, il pensait que, même s'il était peu probable que de Beauvallon le rate avec une rapière, il pourrait peut-être le faire avec une balle. En conséquence, il a opté pour les pistolets.

Lorsque Dujarier revint vers elle ce soir-là, Lola, avec une intuition féminine, comprit qu'il lui était arrivé des ennuis. Sous la pression, il a admis qu'il était sur le point de se livrer à un duel pour lequel il n'avait pas le courage. Mais en même temps, il lui faisait croire que son adversaire était de Beauvoir et non de Beauvallon.

Ayant ainsi calmé ses craintes, car elle savait que de Beauvoir n'était pas plus cracheur de feu que lui-même, il partit consulter à nouveau ses seconds.

« Je ne rentrerai que tard, dit-il, car je soupe avec Dumas. Il ne faut pas s'arrêter pour moi.

Mais au lieu de revenir ce soir-là, Dujarier, sentant qu'il ne pouvait pas faire face à Lola et lui dire la vérité, s'arrêta avec un de ses seconds. Là, il écrivit et cacheta quelques lettres, chargeant de Boignes de « les remettre si les circonstances l'exigeaient ». La première s'adressait à sa mère :

Si cette lettre vous parvient, ce sera que je serai mort ou bien gravement blessé. Demain matin, je sors me battre avec des pistolets. Ma position l'exige ; et, en tant qu'homme d'honneur, j'accepte le défi. Si vous, ma bonne mère, avez à pleurer, il vaut mieux verser des larmes pour un fils digne de vous que pour un lâche. Je vais au combat dans l'esprit d'un homme calme et sûr de lui. La justice est de mon côté.

Une lettre plus difficile, bien que moins flamboyante, à écrire était la deuxième, car son destinataire serait la femme qui lui avait donné son cœur : et qui attendait déjà avec impatience son retour :

MA TRÈS CHÈRE LOLA :

Je veux t'expliquer pourquoi j'ai dormi seul et je ne suis pas venu te voir ce matin. C'est parce que je dois me battre en duel. Tout mon calme est requis, et te voir m'aurait bouleversé. Cet après-midi, à 14 heures, tout sera fini.

Mille adieux affectueux à la chère petite fille que j'aime tant et dont les pensées m'accompagneront pour toujours.

Après avoir écrit ses lettres, il entreprit de rédiger son testament. Ce document laissait, parmi des legs spécifiques à sa mère et à sa sœur, certaines actions qu'il détenait au Palais Royal à Lola Montez.

# III

La date de la réunion était le 11 mars et le rendez-vous était dans un lieu retiré du bois de Boulogne. Une matinée glaciale, avec de la neige au sol et de gros nuages dans un ciel plombé. Comme l'horloge sonnait l'heure dite, Dujarier, accompagné de ses seconds, et de M. de Guise, médecin, arrivèrent en fiacre. Ils furent les premiers arrivés.

Après plus d'une heure d'attente, Dujarier était dans un tel état de nervosité que ses seconds déclaraient qu'il serait justifié de quitter le terrain, puisque son adversaire n'avait pas respecté le rendez-vous. Mais au lieu de sauter sur l'occasion, il but une gorgée d'une flasque de cognac. Cet esprit puissant lui donna une certaine dose de courage hollandais et ses dents cessèrent de claquer.

"Je me battrai", annonça-t-il avec grandiloquence. "Je suis Français et mon honneur m'est très cher."

Cela devait être mis à l'épreuve, car quelques minutes plus tard de Beauvallon et ses seconds arrivèrent, avec des excuses tardives.

Au nom de leur mandant, les seconds de Dujarier lancent alors un dernier appel pour un règlement à l'amiable. Elle fut reçue froidement ; et on leur a dit que « l'insulte offerte était trop grave pour être effacée par des mots ». N'ayant rien d'autre à faire, on discuta des préliminaires, les conditions du combat étant que les adversaires se tiendraient à trente pas l'un de l'autre, avanceraient de six pas, puis tireraient.

Les pistolets étaient fournis par d'Ecquevillez, et il avait été expressément stipulé que son directeur n'en aurait pas manié jusqu'à ce moment. Cependant, lorsque Bertrand examina les deux, il remarqua que, comme les canons étaient noircis et encore chauds au toucher, il était évident que quelqu'un s'était déjà entraîné avec eux. Cependant, comme d'Ecquevillez jurait qu'ils n'avaient pas été jugés par de Beauvallon, la protestation fut retirée.

La distance étant mesurée et les adversaires placés en position, les secondes s'écartèrent. Puis, à un signal, le mot fut donné. Le premier à tirer fut Dujarier. Il était cependant si agité qu'il envoya une balle hors du but. De Beauvallon, en revanche, était parfaitement calme et serein. Il leva son arme et visa avec une telle précision que de Boignes, incapable de se retenir, cria avec enthousiasme : « *Mais, tirez donc, Monsieur !* » D'un signe de tête, de Beauvallon appuya sur la gâchette. Il y eut un éclair de réponse et un rapport ; et, tandis que la fumée s'éloignait, Dujarier chancela et tomba, le sang jaillissant de sa bouche et de ses narines.

Lorsque le docteur de Guise l'examina, il parut grave. Il vit immédiatement que la blessure était grave. En fait, Dujarier était mort avant leur retour à Paris.

Alors que le fiacre atteignait la maison de la rue Lafitte, Lola, qui attendait là, dans un suspense angoissant, entendit un grondement de roues. Se précipitant en bas, elle recula en poussant un cri de terreur, car trois hommes portaient un lourd fardeau dans le hall. Instinctivement, elle comprit que le pire était arrivé, que son suspense touchait à sa fin.

— Mademoiselle, nous avons de mauvaises nouvelles pour vous, dit de Boignes.

"Je le sais", dit Lola. "Dujarier est tué. J'étais sûr que cela arriverait. Vous n'auriez pas dû le laisser se battre."

Les funérailles de Dujarier, qui eurent lieu quelques jours plus tard au cimetière de Montmartre, se déroulèrent dans le faste caractéristique. Le drap de velours au-dessus de son cercueil était tenu par Balzac, Dumas et Joseph Méry, et un « discours » fleuri prononcé au bord de la tombe par Emile de Girardin :

« Qu'elle ne dure qu'un seul jour, ou qu'elle soit profonde et prolongée, la douleur de l'homme est toujours stérile et sans profit. Elle ne peut rendre à une mère inconsolable, déplorant sa perte prématurée, le fils pour lequel elle pleure, ni le rendre à ses amis. .... Que les paroles écrites par Dujarier : "Je vais me battre en duel pour la plus absurde et la plus futile des causes", ne s'effacent jamais de notre mémoire. Adieu, Dujarier ! Repose en paix ! Emportons loin du au tombeau l'espoir que le souvenir d'une fin si lamentable durera assez longtemps pour en préserver d'autres d'une pareille. Que toutes les mères, encore étonnées et tremblantes, tirent de cet espoir quelque part de confiance, et prient Dieu de toutes leurs forces pour le pauvre Dujarier. la ferveur de leurs âmes ! »

Comme on peut l'imaginer, les discussions ont suivi. On en parle beaucoup, dans les journaux et ailleurs. « Le sujet fut discuté, lit-on, à la table royale elle-même par la famille de Louis-Philippe ; et la reine Amélie et la tante Adélaïde stigmatisèrent en termes sévères la conduite de cette méchante coquine, Lola Montez.

# IV

Après une telle expérience, Lola sentit qu'elle en avait assez de la France pour un temps. En conséquence, elle est retournée en Allemagne. Là, elle reprend ses relations avec Liszt, qui l'emmène à un deuxième Festival Beethoven à Bonn. Même s'il était possible de tenir compte du tempérament artistique, cela était considéré comme le mettant à rude épreuve et des propos caustiques à ce sujet parurent dans la presse.

Durant l'absence de Lola à Paris, les proches de Dujarier n'avaient pas chômé. Des chuchotements désagréables se firent entendre selon lesquels le mort n'était pas tombé au cours d'un combat loyal ; et que la balle mortelle provenait d'une arme avec laquelle son adversaire s'était déjà entraîné. Comme cela était contraire aux conditions de la rencontre, le bras de la justice se tendit, et de Beauvallon et ses seconds furent appelés à s'expliquer. Celui qu'ils leur ont fourni a été jugé adéquat par les autorités. Pourtant, si «

l'honneur était satisfait », les amis de la victime de Beauvallon ne l'étaient pas. En conséquence, ils se mirent au travail et, tirant de nouvelles ficelles, réussirent à renverser la décision officielle.

**Fanny Elssler. Prédécesseur de Lola Montez à Paris**

Un article sur le sujet paru dans *Le Droit* prend un ton sévère :

"Les motifs imputés à cette déplorable affaire", déclarait un éditorial, "étaient tout à fait frivoles. En conséquence, le ministère public a chargé un juge d'instruction d'enquêter sur toutes les circonstances et une autopsie sera pratiquée. Elle Il est possible que d'autres mesures soient adoptées."

D'autres mesures *ont été* adoptées.

« Tous les duels, commentait austère le juge d'instruction qui dirigeait l'enquête, sont marqués par la folie, et certains par la bassesse délibérée. Là où il s'agissait de celui-ci, il faisait allusion à quelque chose de sinistre et posait des questions pointues sur les pistolets que d'Ecquevillez avait eu la obligeance de fournir. La réponse fut qu'ils appartenaient à M. de Cassignac, qui, de son côté, déclarait que, jusqu'au jour même de la réunion, ils avaient été sous la garde de l'armurier chez qui il les avait achetés. Mais l'armurier, M. Devismes, dit que ce n'était pas le cas ; et un autre témoin déclara qu'il avait vu de Beauvallon s'entraîner un peu subrepticement avec eux dans le jardin.

Ensuite, avant que l'enquête magistrale soit terminée, de Beauvallon et d'Ecquevillez quittèrent précipitamment Paris. Pendant leur absence, il a été décidé d'abandonner la procédure faute de preuves. Se croyant en sécurité, de Beauvallon revint alors. Mais il n'était pas en sécurité. La Cour suprême a annulé la décision du juge inférieur et a annoncé qu'il serait jugé pour meurtre.

Alors que l'opinion publique était vive et que l'on estimait qu'un jury impartial n'aurait pas pu être assuré à Paris, le procès a eu lieu à Rouen. C'était le 26 mars 1846. Attiré par les circonstances particulières de l'affaire, le tribunal était bondé.

« Presque tous ceux qui étaient présents, dit Claudin, appartenaient au monde des boulevards. Albert Vandam était parmi les spectateurs ; et avec lui pour compagnon se trouvait un personnage bien plus distingué, Gustave Flaubert.

# V

Tout étant prêt, et le décor planté pour le drame qui allait se dérouler, les juges, en robes rouges traditionnelles, prirent place, avec M. Letendre de Tourville comme président de la Cour. M. Salveton, procureur de la République, et M. Rieff, avocat général, représentaient le gouvernement ; et Maître Berryer et M. Léon Duval comparurent respectivement pour l'accusé et pour la mère et la sœur du défunt.

Comme on avait laissé entendre que de Beauvallon était arrivé volontairement en retard sur le terrain, afin de s'entraîner au préalable, on lui demanda de rendre compte de ses mouvements du matin du duel.

« Je me suis levé à sept heures, dit-il, et je suis descendu avec les pistolets qui m'attendaient chez le concierge lorsque je suis rentré chez moi la veille au soir.

— Le concierge ne se souvient de rien de cela, interrompit M. Duval. "C'est un fait nouveau. Nous devons certainement le considérer. Que s'est-il passé ensuite ?"

"Je suis parti en fiacre chez M. d'Ecquevillez et je lui ai remis les pistolets. À dix heures et demie, je rentrais chez moi pour attendre mes seconds. Nous arrivions à terre à onze heures et demie. M. de Boignes nous reçut froidement, les mains dans les poches, et nous dit : " Vous faites bien de nous faire attendre ainsi. Nom de Dieu ! ce n'est pas un matin d'été. Nous pensons qu'il n'y a pas de motif suffisant pour combattre un duel.' J'ai répondu froidement, mais poliment, que je n'étais pas d'accord avec lui et que j'étais entre les mains de mes seconds.

- Mais l'un d'eux, M. de Flers, dit le président, a trouvé la querelle insignifiante et l'a dit. Autre chose. Pourquoi M. d'Ecquevillez nous a-t-il dit que les pistolets lui appartenaient ? Rappelez-vous qu'il nous a donné des détails sur l'endroit où il les a obtenus.

"J'ignore les détails", fut la réponse noble.

"Si vous le faites, nous ne le ferons pas", répliqua le juge.

De Beauvallon a vigoureusement nié la suggestion selon laquelle il connaissait les pistolets utilisés dans le duel. Pour convaincre le jury qu'il ne fallait pas le croire, l'avocat adverse leur a alors dit qu'il avait un jour mis en gage une montre appartenant à quelqu'un d'autre. Lorsque le juge s'est montré choqué par une telle dépravation, de Beauvallon, dit un rapport, "a baissé la tête et a pleuré".

D'Ecquevillez, l'autre accusé, n'a pas non plus fait bonne figure. On disait que son vrai nom était Vincent, et des critiques ont été émises quant à son droit de se surnommer « comte ». Il jura qu'il n'avait jamais avoué que les pistolets lui appartenaient et que de Beauvallon les avait empruntés à l'armurier Desvismes. Mais ce dernier, appelant le ciel à l'appui, déclara que cette déclaration était une « méchante invention ».

Croyant à l'efficacité du nombre pour faire valoir leur cause, quarante-six témoins ont été réunis par l'accusation. Mlle Lièvenne, la première d'entre elles interrogée, apportait avec elle une atmosphère de théâtre, "adoptant un costume tape-à-l'œil, d'un déplorable mauvais goût". « Cela, dit un chroniqueur, prenait la forme d'une robe de velours bleu, d'un châle écarlate et d'un manteau gris perle. » Au total, une palette de couleurs saisissante. Mais cela ne l'a pas aidée. À l'indignation du conseil d'instruction, elle feignit de ne se souvenir de rien, déclarant qu'elle avait été « trop occupée à table, à s'occuper de la société ».

Les autres jeunes femmes, décrites comme « plus ou moins actrices », également présentes, semblaient souffrir d'une perte de mémoire similaire. Leurs esprits, protestèrent-ils, étaient absolument vides quant à ce qui s'était passé au restaurant et on ne pouvait pas leur en extraire très peu. Après avoir déposé, ils cherchèrent des sièges dans le corps du tribunal. Mais les dames de Rouen, ayant des normes un peu rigides, ne leur permettaient pas de s'asseoir entre le vent et leur convenance.

« Les choses prennent une belle tournure, déclaraient-ils, lorsque les actrices de théâtre s'imaginent pouvoir s'asseoir à côté de femmes respectables comme nous.

Alors les demoiselles déconfites se retirèrent sur les bancs durs de la tribune publique.

Dumas, cité à comparaître, fit tout le chemin depuis Paris dans une calèche à quatre chevaux, avec Méry pour compagnon de voyage. Lorsqu'il prit place à la barre, M. de Tourville, affectant l'ignorance judiciaire, s'enquit de sa profession.

— Si, reprit l'autre en prenant une attitude, je ne me trouvais pas ici par hasard au pays de l'illustre Corneille, je me qualifierais de dramaturge.

"C'est tout à fait vrai", fut la réponse caustique, "mais il y a des degrés parmi les dramaturges".

Prenant cela comme un encouragement, Dumas se lança dans une dissertation sur l'histoire du duello à travers les âges qui fut presque aussi longue qu'un de ses propres feuilletons. Au beau milieu, un membre du jury, soucieux d'être à l'honneur, lui a posé une question.

« Comment se fait-il, demanda-t-il, que Dujarier, qui considérait qu'un homme à la mode doit se battre au moins un duel, ne se soit jamais préparé en apprenant à tirer et à tirer ?

"Je ne peux pas vous le dire", fut la réponse. "Mon fils m'a cependant raconté qu'il l'avait accompagné une fois dans un stand de tir. Sur vingt coups, il n'a touché la cible que deux fois."

Dumas a fait une sortie aussi dramatique que son entrée.

« Je prie, dit-il, que l'honorable Cour me permette de retourner à Paris, où j'ai une nouvelle tragédie en cinq actes qui se joue ce soir.

Lola Montez, vêtue d'un lourd deuil, a été ensuite convoquée pour témoigner.

«Quand, dit quelqu'un qui était là, elle leva son voile et ôta son gant pour prêter le serment prescrit, un murmure d'admiration parcourut l'assemblée.» A cela, un journaliste impressionné ajoute : "Ses beaux yeux sont apparus aux juges d'un noir plus profond que ses volants en dentelle."

Le juge qui présidait n'a eu aucun scrupule à lui demander son âge ; et elle n'avait aucune hésitation à rogner cinq ans et à déclarer qu'elle n'avait que vingt et un ans. Elle n'élevait pas non plus d'objection à ce qu'on la qualifie, avec une franchise gauloise, de « maîtresse de Dujarier ».

Lors de son témoignage, Lola Montez, probablement coachée par Dumas, a fait exactement ce qu'on attendait d'elle. Ainsi, elle versa des larmes abondantes, prit des attitudes pathétiques et parut plusieurs fois sur le point de s'effondrer. Mais ce qu'elle avait à dire était très peu de chose. En fait, il ne s'agissait que d'affirmer qu'il existait des mésententes entre Dujarier et de

Cassagnac, le beau-frère de Beauvallon, et que la querelle était liée à une prétendue dette.

Dujarier, disait-elle, lui avait interdit de faire la connaissance de Beauvallon, ni d'assister au souper au restaurant. Il en était revenu le lendemain matin à 6 heures tout excité et lui avait dit qu'il devrait relever un défi.

« J'en ai été troublée, dit-elle, toute la journée. Sans l'assurance de M. Bertrand que la rencontre aurait lieu avec M. de Beauvoir, j'aurais été à la police. Voyez-vous, de Beauvoir était un haut gentilhomme d'esprit, et n'aurait pas daigné profiter du manque d'habileté du pauvre Dujarier.

"N'avez-vous pas dit," s'enquit l'avocat, "je suis une femme de courage et, si la réunion est en règle, je ne l'arrêterai pas" ?

"Oui, mais c'est parce que j'ai compris que ce serait avec de Beauvoir, et qu'il n'aurait pas volontairement fait de mal à Dujarier. Quand j'ai appris que ce serait avec de Beauvallon, je me suis exclamé : " Mon Dieu ! Dujarier est comme mort ! '"

« Moi-même, ajoutait-elle, je saurais manier un pistolet avec plus de précision que le pauvre Dujarier ; et, s'il avait voulu obtenir satisfaction, j'aurais bien voulu sortir moi-même avec M. de Beauvallon.

Un murmure d'applaudissements répondit à cette assurance. L'attitude de Lola a séduit les spectateurs. C'était clairement une femme d'esprit.

Au cours des débats qui suivirent, des choses acerbes furent dites sur M. Granier de Cassagnac, beau-frère de l'accusé. Certains d'entre eux étaient si amers qu'il finit par protester.

« Monsieur le Président », s'est-il exclamé avec chaleur. "Je ne peux plus supporter ces abominables attaques contre moi-même."

"Si vous ne pouvez pas les supporter, vous pouvez toujours quitter le tribunal", fut la réponse.

"L'indignation de ce monsieur ne me dérange pas le moins du monde", a déclaré le procureur de la République. "J'en ai déjà fait l'expérience et je considère que c'est artificiel."

# VI

Après que tous les témoins eurent été interrogés et contre-interrogés, intimidés et menacés de la manière approuvée, Maître Duval s'adressa au jury au nom des proches du mort. Au cours de cela, il prononça un discours puissant, plein de passion et d'invectives, faisant un parallèle entre cette *affaire d'honneur* et celle historique entre Alceste et Oronte dans le drame de Molière. Selon lui, Dujarier était un brillant exemple, tandis que de Beauvallon était un véritable scélérat, avec un « passé » de la pire description imaginable. Ayant un jour, des années plus tôt, mis en gage une montre qui ne lui appartenait pas, il n'avait « aucun droit de défier qui que ce soit, encore moins un homme de lettres distingué, comme le noble Dujarier ». Les diverses causes de la querelle furent ensuite discutées. L'avocat ne leur accordait que peu d'importance.

De Beauvallon s'était plaint que Dujarier l'avait « coupé ». - Est-ce un délit, demanda M. Duval, qu'un homme en évite un autre ? Ma parole, M. de Beauvallon sera obligé de tuer plusieurs personnes s'il veut tuer tous ceux qui déclinent l'honneur de sa compagnie. ". Quant à la querelle de jeu, elle n'était pas grave. Ce qui était grave cependant, c'est que, le matin de la rencontre, de Beauvallon s'était rendu dans un stand de tir et s'était entraîné en privé avec les pistolets mêmes qui furent ensuite utilisés. Cela lui a donné un avantage injuste. « Si, » fut le dernier effort de l'avocat pour obtenir un verdict, « M. de Beauvallon est acquitté, le résultat sera non seulement une victoire pour un duel mal conduit, mais la coutume même du duel sera déshonorée par un tel procès. décision."

Léon Duval s'étant assis, le Président se tourna vers l'avocat du prévenu.

"La parole est à vous, M. Berryer", dit-il.

Maître Berryer, maître de l'oratoire médico-légal, a commencé son discours en affirmant que les duels n'étaient pas interdits par la loi française. Il cite à l'appui le mot de Guizot : « Là où les barbares tuent, le Français cherche le combat honorable ; la législation en la matière est inutile ; et il le faut, puisque le duel est le complément de la civilisation moderne. »

Les juges n'étaient pas prêts à accepter ce point de vue d'emblée ; et, après avoir consulté les évaluateurs, le président insista sur le fait que, quoi qu'en dise M. Berryer, les duels étaient illégaux en France. Bien qu'il ne le lui ait pas dit, c'était tout aussi illégal en Angleterre, où Lord Cardigan avait, un peu plus tôt, justement échappé à une condamnation pour participation à une telle affaire grâce à une combinaison de faux serments et de soumission de son frère. pairs.

Pas du tout contrarié, M. Berryer avance un autre point. Comme on pouvait s'y attendre de la part d'un avocat aussi accompli, il n'eut aucune difficulté à démolir l'hypothèse élaborée, mais spécieuse et non étayée, construite par l'autre camp. Les faits concrets ont eu plus d'effet sur le jury de Rouen, impassible et sans imagination, que les broderies pittoresques.

"Est-ce que l'accusation est vraie ?" » a demandé le président.

"Sur mon honneur et sur ma conscience, devant Dieu et devant les hommes", annonça le président, "la déclaration du jury est que ce n'est pas vrai."

À la suite de cette conclusion, de Beauvallon a été acquitté de l'accusation de meurtre. Mais il ne s'en sort pas sans sanction puisqu'il est condamné à verser 20 000 francs de « dédommagement » à la mère et aux proches de Dujarier.

"Il était le fils unique de sa mère et elle était veuve." Convaincus qu'il y avait eu une erreur judiciaire et de nombreux faux serments, les amis du défunt se sont mis au travail pour recueillir d'autres preuves. Par un heureux hasard, ils se mirent en rapport avec un jardinier, qui raconta avoir vu de Beauvallon, en compagnie de d'Ecquevillez, s'exercer subrepticement au pistolet, le matin du duel. Sur ce, les deux hommes ont été de nouveau arrêtés et jugés pour parjure. Ayant été reconnu coupable, d'Ecquevillez fut condamné à dix ans de prison et de Beauvallon à huit ans. Mais aucun des deux couples ne s'est arrêté très longtemps. La révolution de 1848 leur ouvre les portes de la Conciergerie et ils réussissent leur fuite, l'un vers l'Espagne, l'autre vers ses parents créoles en Guadeloupe.

# CHAPITRE VII

## "ACCROCHER UN PRINCE"

### je

Immédiatement après le procès de Rouen, Lola quitte la France pour retourner de nouveau en Allemagne. Peut-être que la souche irlandaise dans son sang la rendait un peu superstitieuse. En tout cas, juste avant de commencer, elle a consulté une voyante. Elle sentait qu'elle en avait pour son argent, car la Sibylle déclarait qu'elle « exercerait une grande influence sur un monarque et sur la destinée d'un royaume ». Un projet de longue haleine et, en l'occurrence, plutôt judicieux.

Son intention étant, comme elle l'avait dit franchement à Dumas, d'« accrocher un prince », elle étudia l'*Almanach de Gotha* et se familiarisa avec les positions et les revenus des différents « notables » qui y occupaient des niches.

L'Allemagne était évidemment le meilleur terrain à exploiter, car ce pays était alors plein de princes. En effet, ils n'étaient pas moins de trente-six qui attendaient d'être « accros ». Le premier endroit où elle fit cette course fut Bade, où, selon Ferdinand Bac, elle « ensorcela le futur empereur Guillaume Ier. Le prince, cependant, étant averti de son sort de sirène, sourit et s'en alla ».

La vagabonde eut plus de chance lors de sa prochaine tentative d'établir un contact intime avec un membre du *hoch geboren*, Henry LXXII. Sa principauté, Reuss-Lobenstein-Ebersdorf (plus tard fusionnée avec la Thuringe), avait le nom le plus long, mais la plus petite superficie de tous les royaumes, car elle n'avait que la taille d'un mouchoir de poche. Mais pour Lola, cela n'avait pas grande importance. Ce qui importait cependant, c'est qu'il était millionnaire (en thalers) et possédait un cœur inflammable.

Grand soucieux de l'étiquette, il publia un jour l'avis suivant dans sa *Court Gazette* :

"Depuis vingt ans, j'ai expressément ordonné que chaque fonctionnaire soit toujours désigné par son titre correct. Cette injonction, cependant, n'a pas toujours été respectée. À l'avenir, j'imposerai donc une amende d'un thaler à tout membre. de mon personnel qui néglige de désigner un autre par son titre ou sa description."

Mais que le Prince puisse se déchaîner à l'occasion est révélé par une autre notification à ses sujets :

"Son Altesse Sérénissime et Son Très-Haut a daigné approuver la conduite des six membres de la milice de Reuss qui ont récemment aidé à éteindre un incendie. De sa propre main Très-Haute, il est (sur production d'une naissance satisfaisante certificat) prêts même à ébranler celui du plus âgé d'entre eux."

Au risque d'être poursuivi pour *lèse-majesté* , un lauréat local a décrit l'incident en vers émouvants. Un extrait de cet effort, traduit par le professeur JG Legge, dans son ouvrage *Rhyme and Revolution in Germany* , est le suivant :

## HONNEUR À QUI L'HONNEUR EST DÛ

Tout récemment, dans
la milice de Reuss, lors d'un incendie
(je suis sûr que cela vous réjoüira),
un grand crédit a été acquis.

Lorsque cela, par un mémorial,
leur gracieux prince de droit
l'avait appris ; ces territoriaux
qu'il lui a invités.

Et lorsque les hommes de bien
se levèrent timidement devant lui, chacun d'eux fit l'éloge
de Sa Gracieuse Altesse
dans un discours gracieux.

Un affidavit solennel
(avec les noms et la date des parents)
Chacun l'a ensuite produit et remis —
Son acte de naissance.

Son Altesse demanda alors
l'aîné de la bande,
et serra cette main cornée
de sa main la plus haute.

Maintenant, ce grand acte enregistré,
Qui ne résiderait pas pour le choix
Où les héros sont récompensés
Comme au pays de Reuss ?

En ce qui concerne Lola, elle a très vite mis le feu au cœur inflammable, bien qu'arrogant, du prince Henry et, en conséquence, elle a reçu l'ordre de l'accompagner à sa cour miniature d'Ebersdorf. Elle ne s'arrêta cependant pas là bien longtemps, car, par son attitude impérieuse et son mépris de l'étiquette, elle dérangeait à tel point les petits fonctionnaires et les bourgeois qui l'entouraient, qu'ils portèrent des plaintes formelles à Sa Haute-et-Puissance. Au début, il n'entendit pas un mot à ce sujet. La position de sa favorite était telle que la critique de ses actions frôlait dangereusement *le lèse-majesté* et entraînait des représailles. Cependant, dès que le prince amoureux découvrit que son solde en banque était en train de s'épuiser considérablement au-delà du montant qu'il avait prévu dans son budget, il souffrit d'un soudain spasme de vertu et donna l'ordre de marche au « Fair Impur », alors que son mari, choqué et choqué, Les Ebersdorfiens aux lignes droites surnommaient l'intrus parmi eux. Un jardinier suggérait également qu'elle avait l'habitude de prendre un raccourci à travers les parterres de fleurs princiers lorsqu'elle était pressée. C'était la goutte d'eau qui a fait déborder le vase.

"Quittez mon royaume immédiatement", s'écria Henry furieux. "Tu n'es qu'un diable féminin !"

Pas du tout déconcertée par ce changement d'opinion, Lola riposte en présentant un récit long et détaillé des « services rendus » ; et, lorsqu'elle fut rencontrée (et pas avant), elle secoua la poussière de Reuss-Lobenstein-Ebersdorf de ses jolis pieds.

"Vous pouvez garder votre Thuringe", fut son dernier mot. "Je ne l'aurais pas en cadeau."

Les endroits suivants où elle s'arrêta furent Homburg et Carlsbad, deux stations balnéaires commençant alors à devenir populaires et attirant une foule riche à la recherche d'un « remède » promis à leurs divers maux. Mais trouvant les barons avares et les jeunes lieutenants intelligents sans un *pfennig* en poche à frotter contre un autre, Lola reprit bientôt son voyage.

En septembre 1846, elle se retrouva dans le Wurtemberg où, à son grand dam, elle découvrit qu'une certaine Amalia Stubenrauch, une demoiselle avenante, qu'on appellerait maintenant une chercheuse d'or, avait conquis les affections du roi Guillaume. dont Lola elle-même avait des projets. Mais ce monarque au grand cœur n'avait en ce moment que peu d'affection pour qui que ce soit, car, lorsqu'elle le rencontra à Stuttgart, il était sur le point de se marier avec la princesse Olga de Russie. Un correspondant de l' *Athenæum* , qui était là pour raconter les festivités du mariage pour son journal, a exprimé sa désapprobation face à sa présence dans le quartier. "De la capitale du Wurtembourg", annonça-t-il avec aigreur, "Lola Montez est partie par le *schnellpost* pour Munich, sans aucun bagage." Quelqu'un d'autre, cependant (peut-être un observateur plus attentif), insiste sur le fait qu'elle "est partie avec trois charrettes pleines de malles". Comme elle a toujours eu une garde-robe considérable, cela est tout à fait possible.

## II

Lorsque, sur proposition du baron Maltitz (une connaissance de Homburg qui lui avait suggéré de "tenter sa chance à Munich"), Lola partit pour la Bavière, ce pays était gouverné par Louis Ier. Filleul de Marie-Antoinette, et fils du prince Max Joseph de Zweibrucken et de la princesse Augusta de Hesse-Darmstadt, il était né à Salzbourg en 1786 et avait succédé à son père en 1825. Jeune homme, il avait servi dans les troupes bavaroises sous Napoléon et détestait le expérience, avait conçu une haine pour tout ce qui est militaire. Cette haine était si forte qu'il ne permettait pas à ses fils de porter l'uniforme. Sous son régime, les estimations militaires étaient réduites à l'essentiel. L'armée, disait-il, était un « gaspillage d'argent », et il regrettait chaque *pfennig* qu'elle coûtait au budget annuel. Il fit de son mieux pour abolir la conscription, mais dut y renoncer. Même s'il était le filleul de Marie-Antoinette, il n'aimait pas la France.

**Théâtre de la Porte Saint-Martin, Paris, où Lola a fait un "flop"**

La sœur de Ludwig, Louisa, échangeant sa religion contre une couronne d'époux, était l'épouse du tsar Alexandre Ier ; et lui-même était marié à la princesse Thérèse de Saxe-Hildburghausen, une dame décrite comme « simple, mais exemplaire ». Pourtant, en termes d'apparence personnelle, Ludwig lui-même n'était pas Adonis. Nestitz, en effet, l'a décrit comme « ayant une mâchoire édentée et un visage sans expression ». Mais son épouse a fait son devoir ; et, à intervalles convenus, il lui présenta un carquois de quatre fils et trois filles. Parmi ses fils, l'un d'eux, Otto, fut, à l'âge de seize ans, choisi par le Congrès de Londres pour devenir roi de Grèce, à la grande fureur du tsar Nicolas, qui considérait qu'il s'agissait là d'une stratégie rusée, bien que diplomatique. tentative de créer un empire byzantin parmi les Hellènes. « Si je, disait-il dans une dépêche à ce sujet, je consentais à une telle démarche, je m'annulerais aux yeux de mon Église. Nesselrode, cependant, était d'un autre avis. « Il est inconvenant, » osa-t-il dire à son maître, « que l'empereur de Russie remette en question une mesure sur laquelle les Grecs eux-mêmes ne sont pas entièrement d'accord. Une déclaration remarquable. Les hommes politiques étaient allés en Sibérie pour moins cher. Palmerston eut également gain de cause et Otto, escorté par un navire de guerre, quitta sa patrie. En arrivant à Athènes, les grelots retentirent et les colonnes du Parthénon furent illuminées. Mais le choix n'était pas du goût populaire ; et il ne fallut pas longtemps pour qu'Otto s'éteigne, ainsi que les lumières. Par l'ironie du sort, il retourna à Munich le jour même où Louis avait érigé un arc dorique pour commémorer les activités de la maison de Wittelsbach dans la libération de la Grèce.

Malgré cet événement fâcheux, Ludwig resta un ardent Phil-Hellene ; et, en tant que tel, conçut l'idée de transformer sa capitale en un mélange d'Athènes et de Florence et une métropole de tous les arts. Sous ses soins nourriciers, Munich fut accouchée d'une succession de temples et de colonnes, et de piliers et de portiques poussèrent dans toutes les directions. Les bidonvilles, les ruelles et les agglomérations de maisons de l'ancienne enceinte ont été balayés et remplacés par de larges boulevards bordés de musées, d'églises et de galeries de tableaux. Pour la plupart des principaux édifices publics, il s'est tourné vers de bons modèles. Ainsi, l'un d'eux, le Königsbau, a été copié sur le palais Pitti ; un deuxième de la Loggia de' Lanzi ; et un troisième de Saint-Paul à Rome. Il fit également construire un Walhalla, à Ratisbonne, pour conserver les effigies de ses compatriotes les plus distingués. Pourtant, même s'il était de grande envergure, il n'y avait aucune niche pour Luther.

Dans son mécénat des beaux-arts, Louis suivit les traces des Médicis. Durant son régime, il fit beaucoup pour élever le niveau de goût de ses sujets. Martin Wagner et von Hallerstein furent chargés par lui de voyager en Grèce et en Italie et d'obtenir des sculptures et des tableaux de choix pour ses galeries et musées. Les meilleurs d'entre eux trouvèrent logement à la Glyptothèque et à la Pinacothèque, deux énormes bâtiments de style dorique, dont il payait le coût avec sa bourse privée. Un autre de ses passe-temps était de jouer les Mécènes ; et tout auteur ou artiste en herbe qui venait chez lui avec un manuscrit en poche ou une toile sous le bras était sûr d'être le bienvenu.

Nous avons tous nos petites faiblesses. Celle de Louis de Bavière était qu'il était poète. Il en était si sûr qu'il produisit non seulement des mètres de vers turgescents, défiant toutes les lois de la construction et de la métrique, mais il en fit même imprimer une partie. Un volume de sélections de sa muse, intitulé *Walhalla's Genossen* , fut publié pour lui par le baron Cotta et, comme les châles indiens de la reine Victoria, faisait régulièrement office de cadeau de mariage. Un effort était dédié « À moi-même en tant que roi » et un autre « À ma sœur, l'impératrice d'Autriche » ; et un certain nombre d'extraits de choix ont été traduits et parus dans un guide anglais.

Ignorant la divinité qui aurait dû protéger leur auteur, Heine se montra très caustique à propos de cet assaut royal contre le Parnasse. Ludwig a riposté en le bannissant de la capitale. Néanmoins, s'il désapprouvait celui-ci, il ajouta à sa bibliothèque la production d'autres bardes, pas forcément allemands. Mais pendant que Browning était là, Tennyson n'avait pas sa place sur ses étagères. On en a cependant trouvé un pour Martin Tupper.

Ludwig entretenait des relations amicales avec l'Angleterre et faisait tout ce qu'il pouvait (dans certaines limites) pour promouvoir une *entente* . Ainsi, à l'occasion d'une visite fortuite à Munich de Lord Combermere, il « envoya au distingué voyageur un message selon lequel un cheval et une sellerie, avec aide de camp complet, étaient à son service ». Son compagnon, cependant, un membre du personnel du ministère des Affaires étrangères, qui avait oublié d'emballer son uniforme – ou, à la manière de John Bull, avait refusé de le faire – ne s'en sort pas aussi bien, puisque son nom a été rayé de la liste des « éligibles ». pour assister aux fonctions du palais. Sur ce, dit Lord Combermere, il « écrivit une lettre de colère au chambellan, commentant l'absurdité de la restriction ».

Mais l'opinion de Ludwig à l'égard des diplomates était également quelque peu peu flatteuse, car, à propos d'une certaine ambassade visitée par lui au cours de son voyage, il écrivit :

" Autrefois un théâtre, et maintenant la demeure d'un ambassadeur.
Pourtant, tu es ce que tu étais : la demeure de la tromperie. "

Étrange mélange d'Henri IV et de Haroun-al-Raschid, Louis de Bavière était un homme de contradictions. À un moment donné, il s'est montré extrêmement généreux ; à un autre, incroyablement méchant. Il pouvait être un autocrate jusqu'au bout des doigts et insister sur le respect des règles d'étiquette les plus minutieuses ; et il pourrait aussi être aussi démocrate que quiconque a déjà brandi un drapeau rouge. Ainsi, il se promenait souvent dans les rues en tant que simple citoyen et sans escorte. Pourtant, ce faisant, il a insisté pour être reconnu et recevoir des compliments. Il a fallu bloquer la circulation et retirer les chapeaux à son approche.

De nos jours, il aurait probablement été placé dans un musée comme une curiosité.

Tel était donc le monarque dont le chemin allait être croisé, avec des conséquences historiques et inattendues pour chacun d'eux, par Lola Montez.

# III

En arrivant à Munich, Lola fait appel au directeur du Théâtre Hof. Comme cet individu était déjà au courant de son fiasco parisien, au lieu d'un engagement de sa part, elle essuya une rebuffade. Cependant, sans être troublée par une telle expérience, elle courut au palais et ordonna au portier étonné de la conduire directement chez le roi.

Le laquais la renvoya au comte Rechberg, aide de camp de service. Avec lui, Lola eut plus de succès. L'audace a conquis là où la timidité aurait échoué. Après un rapide coup d'œil, le comte Rechberg décida que le requérant était éligible à l'admission à la « Présence » et rapporta le fait à son maître.

Mais Ludwig savait déjà quelque chose du candidat aux honneurs terpsichoréens. En effet, le matin même, il avait reçu de M. Frays, directeur du Théâtre Hof, une lettre lui annonçant que, sur les conseils de sa *première danseuse* , Fräulein Frenzal, il avait refusé de lui donner un engagement. La description ornée de ses charmes par le comte Rechberg a cependant décidé Sa Majesté à utiliser son propre jugement. Mais il n'a pas cédé facilement.

"Est-il suggéré," demanda-t-il acide, "de recevoir toutes ces aspirantes ballerines et de les mettre à l'épreuve ? Elles viennent ici par douzaines. Pourquoi suis-je troublé par de telles absurdités ?"

" Sire, " répondit Rechberg, très audacieux, mais avec le magnétisme de Lola toujours sur lui, " vous ne le regretterez pas. Je vous assure que celle-ci est une exception. Elle est charmante. C'est le seul mot pour cela. Je n'ai jamais vu personne pour l'égaler. Une telle grâce, un tel charme, un tel... "

"Caca!" interrompit Ludwig, coupant court aux rhapsodies menacées, "ton cygne est probablement une oie. La plupart le sont. Pourtant, maintenant qu'elle est là, laisse-la entrer. Si elle ne va pas bien, je l'enverrai bientôt à son sujet. entreprise."

Des paroles courageuses, mais qui ne lui ont servi à rien. Ludwig jeta un coup d'œil à la femme qui se tenait devant lui et capitula complètement.

Un frisson soudain le parcourut. Ses soixante ans s'écoulèrent en un éclair. Une rivière de sang déferla dans ses artères sexagénaires. Sa vantardise retombait sur lui-même. Rechberg ne l'avait pas trompé.

"Qu'est-ce qui m'est arrivé ?" marmonna-t-il faiblement. "Je suis ensorcelé." Puis, alors que la nouvelle venue lui souriait dans toute sa chaleur et sa beauté, il trouva sa langue.

" Mademoiselle, vous dites que vous savez danser. Eh bien, laissez-moi voir ce que vous pouvez faire. Comte Rechberg, vous pouvez nous quitter. "

"Est-ce que je danse ici, dans cette pièce, Votre Majesté ?"

"Certainement."

Lola ne voulait rien de mieux. L'occasion qu'elle avait imaginée et manigancée depuis son départ de Paris était enfin venue. Eh bien, elle en profiterait au maximum. Pas le moins du monde perturbée par le fait qu'il n'y avait ni accompagnement ni public autre que Sa Majesté, elle exécuta sur-le-champ un *pas seul* . Ce fut une « performance royale » et extrêmement réussie. Ses pieds trébuchèrent légèrement sur le sol ciré et dansèrent droit dans le cœur de Ludwig.

"Vous danserez devant le public", annonça-t-il. "Je donnerai moi-même des ordres au directeur du Théâtre Hof."

Luise von Kobell, lorsqu'elle était écolière, la rencontra par hasard juste après son arrivée et consigne ainsi l'impression qu'elle reçut :

Alors que je me promenais dans la Briennerstrasse, non loin du château de Bayersdorf, j'ai aperçu une dame voilée, vêtue d'une robe noire et portant un éventail, venir vers moi. Quelque chose traversa mon champ de vision, et je restai soudain immobile, complètement ébloui par les yeux dans lesquels je regardais et qui brillaient sur un visage pâle qui s'éclairait d'une expression rieuse devant mon étonnement. Puis elle m'a dépassé; et moi, oubliant ce que ma gouvernante avait dit à propos de regarder autour de moi, je la suivis des yeux jusqu'à ce qu'elle disparaisse... "Ça," dit mon père, quand je rentrai chez moi et racontai mon aventure, "ça devait être Lola Montez, la danseuse espagnole. ".

Le lendemain soir, la petite Fräulein von Kobell la revit au Théâtre Hof, où eut lieu sa première apparition devant le public munichois le 10 octobre 1846.

Lola Montez a pris le devant de la scène. Elle n'était pas vêtue des collants et des jupes courtes habituels d'une ballerine, mais d'un costume espagnol de soie et de dentelle, dans lequel brillait par intervalles un diamant. Il semblait que du feu sortait de ses merveilleux yeux bleus, et elle s'inclinait comme une des grâces devant le roi dans la loge royale. Elle dansait à la manière de son pays, se penchant sur les hanches et alternant une posture avec une autre, chacune rivalisant de beauté avec la première.

Pendant qu'elle dansait, elle retenait l'attention de tous ; Les yeux de tous suivaient ses mouvements sinueux, tantôt révélateurs d'une passion éclatante, tantôt d'une folie. Ce n'est que lorsqu'elle cessa ses balancements rythmiques que le sort fut interrompu. Le public est devenu fou de ravissement et toute la danse a dû être répétée encore et encore.

Ludwig, installé dans la loge royale, ne pouvait la quitter des yeux. Au cours d'un *entr'acte,* il griffonna un vers :

Des mouvements heureux, clairs et proches,
Sont dans ta grâce vivante.

Souple et tendre, comme
tu es un cerf, de race andalouse !

« *Wunderschön !* » déclara un aide de camp admiratif à qui il le montra.

" *Kolossal !* " répéta un second, pas en reste pour reconnaître le titre de lauréat.

Comme cependant les acclamations se mêlaient à quelques sifflements (« à cause de la rumeur selon laquelle le nouveau venu était un franc-maçon anglais et voulait détruire la religion catholique »), le lendemain soir la direction prit la précaution de remplir la fosse avec un *claque à* fentes de cuir et à mains cornées . Cette fois, l'affiche consistait en une comédie, *Der Weiberseind von Benedix* , suivie d'une cachucha et d'un fandango avec Herr Opsermann pour partenaire de danse.

Le succès de Lola était assuré ; et Herr Frays, qui avait commencé par refuser de la laisser paraître, était maintenant plein d'excuses rampantes. Il lui a proposé un contrat. Mais Lola, ayant d'autres idées sur la manière d'employer son temps à Munich, ne l'accepta pas.

"Merci pour rien", dit-elle. "Quand je vous ai demandé des fiançailles, vous m'avez dit que je n'étais pas assez bon pour danser dans votre théâtre. Eh bien, j'ai maintenant prouvé à Fräulein Frenzal et à vous-même que je le suis. C'est tout ce qui m'importe, et je ne le ferai pas. dansez encore, soit pour vous, soit pour quelqu'un d'autre.

Si elle avait suffisamment connu l'allemand, elle aurait probablement ajouté : "Mettez ça dans votre pipe et fumez-la !"

À cette époque, Munich devait attirer les personnes aux revenus modestes. Ainsi, Edward Wilberforce, qui y passa quelques années, dit que la viande coûtait cinq pence la livre, la bière deux pence et demi le litre et le salaire des domestiques huit shillings par mois. Mais il y avait des inconvénients.

« La ville, dit un guide anglais de cette époque, a la réputation d'être une capitale très dissolue ». Pourtant, elle fourmillait d'églises. La police exerçait également une surveillance stricte sur les registres des hôtels ; et, du fait de leurs activités, un « visiteur français a été séparé de sa compagne pour des raisons de moralité publique ».

"Pas de ton relâchement parisien pour nous !" dirent les Pères de la Ville.

Mais Lola semble avoir évité une censure aussi rigide. En tout cas, un certain Auguste Papon (un mélange de proxénète et *de souteneur* ), qu'elle avait rencontré à Paris, se trouvait à Munich en même temps qu'elle. L'intimité était ravivée ; et comme il ne possédait pas l'entrée de la cour, ils vécurent ensemble pendant quelques semaines à l'hôtel Maulich. Au printemps 1847, un jeune garde se trouva dans la ville, alors qu'il revenait de Kissengen vers l'Angleterre. Il raconte que, ne sachant pas qui elle était, il s'est assis un soir à côté de Lola Montez à un dîner et donne un exemple de son caractère colérique. « Sur le sol, entre nous, dit-il, il y avait un seau à glace avec une bouteille de champagne. Une querelle soudaine eut lieu avec son voisin, un lieutenant bavarois ; et, appliquant son pied sur le seau, elle l'envoya voler longueur de la pièce. »

**IV**

Lola a certainement fait la course. Cinq jours après sa première rencontre, Ludwig convoqua tous les fonctionnaires de la Cour et les étonna (et choqua) en la présentant avec la remarque : « Messieurs, j'ai l'honneur de vous présenter mon meilleur ami. vous lui accordez tout le respect possible. Il obligea également son épouse qui souffrait depuis longtemps à l'admettre dans l'Ordre des Chanoines de Sainte-Thérèse, distinction à laquelle - compte tenu de son «passé» quelque peu sinistre - cette nouvelle récipiendaire n'était guère éligible.

Lorsqu'il apprit que des instructions avaient été données pour lui faire des compliments particuliers, M. *Punch* manifesta une sévère désapprobation.

"C'est une bonne plaisanterie", remarqua-t-il, "d'appeler les autres à défendre la dignité de quelqu'un qui est toujours à la merci d'un phénomène ou d'un autre pour s'abaisser."

Lorsqu'elle a navigué pour la première fois de façon spectaculaire dans l'orbite du souverain de Bavière, Lola Montez n'avait que vingt-sept ans. En plein midi de sa beauté et de son attrait, elle était bien dotée de ce que le jargon moderne appelle le sex-appeal. Avec une poitrine généreuse et des courbes généreusement gonflées, "sa forme", dit Eduard Fuchs, "était la provocation incarnée". Fuchs, qui était un expert en matière d'attirance féminine, savait de quoi il parlait. " Sans vergogne et impudente ", ajoute Heinrich von Treitschke, " et aussi insatiable dans ses désirs voluptueux que Sempronia, elle pouvait converser avec charme entre amis, diriger des chevaux courageux, chanter de façon passionnante et réciter des poèmes amoureux en espagnol. Le roi, un admirateur de la beauté féminine, céda à sa magie. C'était comme si elle lui avait offert un philtre d'amour. Pour elle, il s'oublia lui-même ; il oublia le monde ; et il oublia même sa dignité royale.

Le fait que Lola portait toujours un collier Byronic a conforté la théorie, répandue par beaucoup, selon laquelle elle était la fille du poète. Mais la véritable raison pour laquelle elle a adopté ce style était qu'elle avait un joli cou, ce qui le mettait en valeur de manière optimale. Elle a étudié l'art vestimentaire et lui a apporté d'immenses soins. En ce qui concerne cette affaire, aucun problème ni souci n'était de trop. Sa matière de prédilection était le velours, qu'elle considérait, à juste titre, comme exerçant un effet érotique sur les hommes d'un certain âge. Elle insistait également pour que les contours de sa silhouette (« ses cuisses tremblantes et tous les domaines adjacents ») soient clairement révélés, et d'une manière nettement provocante. Bien entendu, cela n'était pas très éloigné de l'exhibitionnisme. En conséquence, l'opinion bourgeoise s'est indignée. Les femmes des petits fonctionnaires faisant leurs courses sur la Marienplatz frissonnaient et agrippaient leurs amples jupes lorsqu'elles la voyaient ; des mères anxieuses demandaient aux Fräuleins trapues de « ne pas ressembler à la femme étrangère ». Il n'existe aucun document faisant autorité indiquant que l'un d'entre eux l'ait fait.

# CHAPITRE VIII

## LUDWIG L'AMANT

### je

Lola Montez avait fait mieux que « accrocher un prince ». Beaucoup mieux. Elle avait désormais « accroché » une souveraine. Sa beauté mûre et chaude envoya le sang mince couler à nouveau dans les veines paresseuses de Ludwig. Là, il a fait un miracle. Il avait soixante ans, mais il en avait seize.

La conversation de Robert Burns aurait « balayé une duchesse de ses pieds ». Peut-être que oui. Mais celle de Lola Montez a eu un effet similaire sur un monarque. Sous la magie de son sort, celle-ci rajeunit. Les années lui furent retirées ; il était redevenu un garçon. Avec sa charmante à ses côtés, il se promenait dans les bois de Nymphenburg et sous les ormes de l'Englischer Garten, lui racontant ses rêves et ses fantaisies. Sa passion pour la Grèce était oubliée. Périclès était désormais Roméo.

*In dem Suden ist die Liebe,*
*Da ist Licht et da ist Glut !*

c'est,

Au sud il y a l'amour,
Il y a la lumière et il y a la chaleur,

chantait Ludwig.

Pourtant, Lola Montez n'est en aucun cas la première à faire irruption dans le cœur réactif de Louis Ier. Elle y eut de nombreux prédécesseurs. L'une d'elles était une sirène italienne. Mais le fait que Lola l'ait bientôt évincée ressort clairement de l'effort poétique dont le troubadour royal était délivré. Cela commence :

*Tropfen der Seligkeit und ein Meer von bitteren Leiden*
*Die Italienerin gab—Seligkeit, Seligkeit nur*
*Lässest Du mich entzündend, begeistert, befändig empfinden,*
*In der Spanierin fand Liebe und Leben ich nur !*

Une interprétation libre de ce battement de cœur passionné se lirait comme suit :

Des gouttes de bonheur et une mer de chagrin amer
La femme italienne m'a donné. Bonheur, seulement bonheur,
Tu as donné mon cœur, mon âme et mon esprit ravis.
Dans la femme espagnole seule j'ai trouvé l'Amour et la Vie !

Ludwig avait un plus joli nom pour son inamorata que le « diable féminin » d'Henri LXXII de Reuss. Il l'appelait la « Belle Andalouse » et la « Femme d'Espagne ». Elle lui inspire également de nouvelles envolées poétiques. L'un d'eux a couru :

Tes yeux sont bleus comme des voûtes célestes
Touchés par l'air embaumé ;
Et comme le plumage du corbeau sont
tes cheveux sombres et brillants !

Il y avait plusieurs autres versets.

Une des caractéristiques du Residenz Palace était une collection de maîtres anciens. Voulant y ajouter une jeune maîtresse, Ludwig attribua parmi eux une place d'honneur à un portrait de Lola Montez, du pinceau de Josef Stieler. Le travail était bien fait, car l'artiste s'est inspiré de son sujet ; et il la peignit vêtue d'un costume de velours noir, avec une touche de couleur ajoutée par des œillets rouges dans sa coiffure.

Le cœur de Ludwig étant grand, *la Schönheitengalerie* (comme on appelait la « Galerie des Beautés ») remplissait deux pièces séparées. La seule qualification pour obtenir une niche sur les murs étant un joli visage, la collection comprenait la princesse Alexandra de Bavière (fille du roi de Grèce), l'archiduchesse Sophie d'Autriche et la baronne de Krüdener (cataloguée comme la « sœur spirituelle » " du Tsar Alexandre Ier), une actrice populaire, Charlotte Hagen, une danseuse de ballet, Antoinette Wallinger, et les filles du boucher de la Cour et du crieur municipal. A ceux-ci s'ajoutèrent un quatuor de femmes anglaises, en Lady Milbanke (l'épouse du ministre britannique), Lady Ellenborough, Lady Jane Erskine et Lady Teresa Spence. C'est dans cette galerie que Ludwig avait l'habitude de se retirer quelques heures chaque soir, pour « méditer » sur les charmes de ses occupants. Mais étant doté d'instincts généreux et toujours prêt (dans certaines limites) à partager ses bonnes choses, le public était admis le dimanche après-midi.

**Souper-Soirée chez Les Frères Provençaux. Premier acte d'une tragédie**

Mais Ludwig pouvait gratter aussi bien que ronronner. Un jour, il rencontra par hasard une dame qui figurait parmi les occupants du *Schönheiten* . Elle avait largement dépassé la première bouffée de jeunesse, et Ludwig, exerçant sa prérogative, affectait de ne pas se souvenir d'elle.

"Mais, Sire," protesta-t-elle, "j'étais dans votre galerie."

"Cela, madame", fut la réponse, "cela devait être il y a très longtemps. Vous n'y seriez certainement pas là maintenant."

# II

De son modeste hôtel, où, bientôt lassée de sa société, elle laissa Auguste Papon seul, Lola s'installa dans une petite villa que le roi avait mise à sa disposition dans la Theresienstrasse, boulevard commodément proche du Hofgarten et le palais. Bien qu'assez confortable, il s'agissait simplement d'un arrangement temporaire. Il n'y avait pas assez de place pour que Lola puisse déployer ses ailes. Elle souhaitait fonder un *salon* et donner des réceptions. En conséquence, elle exigeait quelque chose de plus approprié. Cela signifiait dépenser de l'argent, et Ludwig avait déjà, pensa-t-il, dépensé beaucoup d'argent pour ses caprices et ses fantaisies. Pourtant, sous la pression, il revint à lui et, convenant qu'il devait y avoir un nid approprié pour son inséparable (avec un perchoir pour lui-même), il convoqua son architecte, Metzger, et lui demanda d'en construire un dans le plus la Barerstrasse à la mode.

"Aucune dépense ne doit être épargnée", a-t-il déclaré.

Aucun n'a été épargné.


La nouvelle demeure, qui jouxtait la Karolinen Platz, était en réalité un palais bijou, calqué sur le style italien. Tout y était excellent, car Ludwig avait de l'argent et Lola avait du goût. Ainsi, sa toilette était en argenterie ; sa porcelaine et son verre venaient de Dresde : les pièces étaient remplies de bibelots coûteux ; miroirs et armoires et vases et bronzes ; des livres richement reliés sur les étagères ; et de précieuses tapisseries et tableaux sur les murs. L'élégance française, ajoutée à l'art munichois, avec une touche de confort anglais solide sous la forme de fauteuils et de canapés.

Pour contrer l'habitude ludique qu'avait la foule munichoise de jeter des briques à travers eux, quand ils avaient bu plus de bière qu'ils ne pouvaient en transporter, les fenêtres étaient équipées de grilles en fer. Par mesure de précaution supplémentaire, un officier à cheval accompagnait toujours la châtelaine de la Barerstrasse lorsqu'elle se promenait en public, et des sentinelles se tenaient à la porte, pour tenir les curieux à distance respectueuse.

Une description du nid de la Barerstrasse a été envoyée à Londres par un journaliste privilégié qui l'avait inspecté :

"Le style de luxe dans lequel Lola Montez vit ici dépasse toutes les limites. Rien d'égal n'a été rencontré à Munich. On pourrait presque ressembler au palais d'Aladdin ! Les murs de sa chambre sont tendus de guipure et de satin coûteux. le mobilier est d'époque Louis XV et la cheminée est en porcelaine précieuse de Sèvres. Le jardin est rempli de fleurs rares, et les voitures et les chevaux dans les écuries font l'émerveillement et l'envie des honnêtes bourgeois.

"La Reine elle-même ne pourrait pas être mieux logée", dit Lola ravie, en voyant tout le luxe dont elle était désormais la maîtresse.

"Tu es ma reine", déclara affectueusement Ludwig.

Tandis que Lola, pour plaire à son patron, se débattait avec les subtilités de la langue allemande, Ludwig, pour plaire à son charmeur, prenait auprès d'elle des cours d'espagnol. Elle est restée fidèle à son éducation andalouse et l'aurait présenté (mais le rapport manque de confirmation) à Kempis. Il s'agit cependant probablement d'une erreur d'impression pour Don Quichotte. Néanmoins, son inspiration était telle que son élève pouvait écrire :

Tu ne blesses pas ton amant avec des ruses cruelles ;
Et tu ne joues pas non plus avec lui sans raison.

Tu n'es pas pour toi-même ; ta nature est généreuse et bonne.
Mon bien-aimé! Tu es magnifique et immuable.

---

"Donnez-moi du bonheur!" J'ai supplié avec un désir féroce.
Et le bonheur que j'ai reçu de toi, toi, Femme d'Espagne !

Malgré la suggestion qu'implique cette assurance, Lola a toujours insisté sur le fait que ses relations avec le roi étaient purement platoniques. Bien que ce point de vue soit un peu difficile à accepter, il est significatif que l'épouse légitime de Ludwig ne se soit jamais opposée à leur « amitié ». Sa Majesté, cependant, était d'un tempérament placide. Peut-être aussi pensait-elle que cette fantaisie ne durerait pas. Si tel était le cas, elle avait tort car, au fil du temps, la nouvelle venue consolidait manifestement sa position. « Lola Montez, célèbre pour cravacher les chevaux », remarque un journaliste, « semble gagner en popularité à la Cour de Bavière. La Reine l'appelle « Ma chère », et les dames considèrent qu'il est de leur devoir de caresser celui qui a tout le monde de Munich à ses pieds."

Pendant l'été, Louis, se dépouillant des soucis de l'État, se retira dans son château de Bruckenau, pittoresquement situé dans la forêt de Fulda ; et Lola, accompagnée d'un escadron de cuirassiers, l'accompagna à cette retraite. Là, comme dans le parc de Nymphenburg, Ludwig faisait des rêves, tandis que Lola s'amusait avec les officiers de l'escorte. Des jours et des nuits paisibles. Ils ont inspiré à Sa Majesté un autre « poème » :

CHANSON DE WALHALLA

À travers le dôme sacré, oh venez,
frères, promenons-nous ;
Que le bourdonnement de mille gorges
s'élève, comme des rivières, rapide et fort !

Quand les notes seront éteintes,
tenons-nous la main ;
Et, au ciel, prions
Pour notre très chère Patrie !

Même si elle lui accordait toute sa valeur, Lola Montez ne dépendait pas de la simple beauté pour son pouvoir. Elle avait une veine nettement sadique dans sa composition ; et, lorsqu'elle était ennuyée, n'hésitait pas à s'étendre à droite et à gauche avec un fouet à chien qu'elle portait toujours. Un laquais impudent serait fouetté pour se soumettre, ou attaqué par un féroce dogue qu'elle tenait à ses trousses. Les hautes fonctions non plus ne signifiaient rien pour elle. Elle a frappé les oreilles du baron Pechman ; et, parce qu'il lui arrivait de la contrarier, elle encouragea son compagnon à quatre blouses à déchirer le plus beau pantalon du professeur Lasaulx, neveu de Görrez, ministre du Cabinet.

Son bouledogue anglais (avec apparemment une souche de sang presbytérien en lui) avait une odeur infaillible pour les jésuites. Il semblait désapprouver leurs principes autant que sa maîtresse, et les attaquait à vue. Cet animal semblerait également avoir été quelque peu prohibitionniste. En tout cas, il a mordu un jour le chauffeur d'un brasseur, alors qu'il livrait des marchandises à un *bierkeller* . Lorsque la victime a protesté, Lola l'a frappé avec son fouet. Cela a tellement rendu la foule furieuse qu'elle a dû se réfugier dans un magasin. Là, il lui arriva de bousculer un lieutenant qui, ne la reconnaissant pas, osa protester. Le lendemain matin, il reçut un défi d'un camarade cracheur de feu, alléguant qu'il avait « insulté une dame ». La récusation ayant été refusée, un « tribunal d'honneur » l'a fait déchu de sa commission.

# III

Ce qu'un commentateur affligé a qualifié de "position équivoque" de Lola Montez à Munich est également resté coincé dans le gosier du Cabinet et les têtes ont été secouées. Des affronts publics lui furent offerts. Lors de sa visite au Théâtre de l'Odéon, les stalles attenantes à celle qu'elle occupait furent promptement vidées. "Les femmes respectables reculaient, affichant sur leurs visages du dégoût et de la terreur." Mais les membres masculins du public étaient moins exclusifs, ou peut-être constitués d'un matériau plus robuste, car ils manifestaient un empressement à remplir les stands vacants. "Une nouvelle chevalerie était née", dit un chroniqueur des ragots de la ville, "et les paladins étaient impatients de jouer le rôle de bouclier."

Au fil du temps, l'engouement pour le Wittelsbach Lovelace est devenu si marqué qu'il ne pouvait être ignoré au-delà de Munich. La comtesse Bernstorff devint sérieusement perturbée. « On discute depuis longtemps, confia-t-elle à un ami, de la question de savoir si le roi Louis s'appuierait jusqu'à présent sur la bonté et l'indulgence de la reine de Prusse pour amener Lola Montez à la cour lors du prochain séjour de Sa Majesté à Munich. Le problème, cependant, fut résolu grâce à l'action délicate de Lola elle-même, qui évita le palais jusqu'à la fin de la visite.

Dans ses *Mémoires de Madame Jenny Lind-Goldschmidt*, le chanoine Scott Holland exprime de la même manière une horreur choquée à l'idée que le rossignol suédois, qui s'apprêtait à y donner un concert, rencontre Lola dans son public :

Le moment fixé pour cette visite à Munich était, sous un certain rapport, très peu propice ; et, pour un jeune artiste, dépourvu d'une puissante protection morale, la visite elle-même aurait très bien pu s'avérer extrêmement désagréable. Il était impossible de chanter à la Cour, car l'esprit régnant dans la maison du roi Louis Ier était la célèbre Lola Montez, qui était alors à l'apogée de son pouvoir mal acquis. Avoir été mis en contact avec une telle personne aurait été intolérable. Une invitation à la Cour aurait rendu un tel contact inévitable.

Mais si Jenny Lind adoptait une attitude noble et refusait de remplir un engagement dans la capitale bavaroise, de peur de côtoyer la maîtresse de Ludwig, les autres visiteurs ne partageaient pas ces scrupules. Ils arrivèrent par bataillons et ne manifestèrent aucune réticence à faire sa connaissance. « À la honte de l'aristocratie et des arts, dit un commentateur rigide, on trouvait chaque jour aux pieds de cet intrus cyprien une foule de princes et de philosophes, d'auteurs et de peintres, de sculpteurs et de musiciens.

De nouvelles tactiques pour la faire sortir de Munich furent alors adoptées. Cependant, lorsque quelqu'un remarqua que Ludwig était assez vieux pour être son grand-père, elle le renvoya avec une puce dans l'oreille.

"C'est ridicule de parler ainsi", a-t-elle déclaré. "Le cœur de mon Ludwig est jeune. Si vous connaissiez la force de sa passion, vous ne lui donneriez pas plus de vingt ans !"

Quant à Ludwig lui-même, il fut bombardé de lettres anonymes et d'avertissements, appelant Lola de tous les noms maléfiques qui venaient à l'esprit des écrivains. Elle était à la fois La Pompadour et la Sempronia de Salluste, une « femme voluptueuse » et une « flamme du désir ». Il y eut également des protestations en larmes de la part du haut clergé, qui, dirigé par l'archevêque Diepenbrock, était certain que la « femme dansante » était un émissaire de Satan (on disait parfois de Lord Palmerston) envoyé d'Angleterre pour détruire la religion catholique en Bavière.

Ludwig fut brusque avec Sa Grâce. "Tu t'en tiens à ta *stola* ", dit-il, "et laisse-moi m'en tenir à ma Lola."

Une réponse douce, peut-être ; mais pas très satisfaisant.

" C'est très bien pour les rois d'avoir des maîtresses, " étaient l'opinion des plus larges d'esprit, " mais ils devraient les choisir parmi leurs propres compatriotes. Celle-ci est une étrangère. Pourquoi notre argent durement gagné devrait-il être prodigué à son?" Le grief était en fait fondé, car Lola touchait 20 000 marks par an, arrachés aux contribuables.

Le baron Pechman, chef de la police, a été mal accueilli lorsqu'il a laissé entendre que la population pourrait devenir incontrôlable.

"Si vous ne pouvez pas gérer la foule", dit Ludwig, se tournant furieusement vers lui, "je trouverai quelqu'un qui le pourra. Un changement d'air peut vous faire du bien."

Le lendemain matin, le baron Pechman, déconfit, se trouva *dégommé* et un successeur nommé à sa charge.

L'intrigue était trop ouvertement menée pour être « étouffée ». La nouvelle de ce qui se passait à Munich parvint bientôt à Vienne. La reine Caroline-Augusta, la sœur de Ludwig, secoua la tête. « Hélas, soupirait-elle, mon malheureux frère me fait toujours une nouvelle honte. Elle lui a écrit des lettres de protestation en larmes. Ils ont été ignorés. Elle a protesté de bouche à oreille. Ludwig, d'une manière peu fraternelle, lui a dit de « s'occuper de ses propres affaires ». La décision suivante de Caroline fut de prendre conseil auprès d'un clerc. « Ces créatures sont toujours vénales », disaient les Jésuites. "Ils ne s'intéressent qu'à l'argent liquide." Un émissaire fut donc envoyé à l'hôtel de la Barerstrasse pour lui transmettre une offre. Malheureusement, il n'avait pas dépassé « *Gnädige Frau, erlauben* », lorsqu'il capitula lui-même devant les charmes de Lola et retourna à la Hofburg, sa tâche inachevée. Il a pourtant dû inventer une histoire pour sauver la face, car la princesse Mélanie écrit : "Notre bon Senfft est revenu. Il n'a pas pu parler à Lola Montez. Le pauvre pays de Bavière est dans un triste état, ce qui empire chaque jour. »

L'individu le moins perturbé paraissait être la reine Thérèse. Son attitude était celle de la placidité elle-même. Mais peut-être était-elle, à cette époque, habituée aux badinages de son Ludwig le long du chemin des primevères. De plus, elle savait probablement par expérience que ce n'était pas la moindre utilité de faire des histoires. Le lait a été renversé. Pleurer maintenant serait un effort inutile.

Le favori du roi était une bonne « copie » pour la presse bavaroise ; et les journaux munichois étaient remplis de récits de ses activités. Pas le moins du monde contrarié par leurs références peu élogieuses à son égard, Ludwig chargea son bibliothécaire, Herr Lichenthaler, de rassembler toutes les pasquinades, pamphlets, pétards et caricatures (beaucoup d'entre eux étant loin d'être flatteurs, et d'autres frisant l'indécent) qui apparaissaient et faites-les somptueusement reliés. Il ne fallut pas longtemps pour en rassembler suffisamment pour remplir une demi-douzaine de volumes. Son idée était de « conserver pour la postérité toute cette montagne de boue, comme témoin de la honte de la Bavière ». Que quelqu'un d'autre soit responsable de la « honte » ne lui venait pas à l'esprit.

Un spécimen de choix parmi la collection était celui intitulé *Lola Montez, oder Des Mench gehört dem Könige* (« Lola Montez, ou la jeune fille qui appartient au roi »). Il y avait aussi un journal calomnieux et nettement blasphématoire, prétendant être la version privée de Lola du Notre Père :

"Notre Père, en qui toute ma vie je n'ai encore jamais eu beaucoup de confiance, tout va bien pour moi. Que ton nom soit sanctifié, en ce qui me concerne. Que ton règne vienne, c'est-à-dire mes sacs d'or, mes diamants polis. , et mon Alemannia non polie. Que ta volonté soit faite, si tu veux détruire mes ennemis. Donne-moi aujourd'hui du champagne, des truffes et du faisan, et tout ce qui est délicieux, car j'ai un très bon appétit.... Ne m'entraîne pas dans tentation de retourner dans ce pays, car, même si j'étais à l'épreuve des balles, je pourrais être arrêté, enfermé dans une cage, et six francs facturés pour un coup d'oeil sur moi. Amen !

# IV

C'était l'époque où les messieurs (en tout cas les Bavarois) ne préféraient pas forcément les blondes. Les mèches corbeau de Lola étaient bien plus à leur goût. Si elle n'a pas réussi au ballet, elle l'a certainement eu au boudoir. D'un caractère hospitalier et grégaire, elle tenait ce qui équivalait à une journée portes ouvertes dans sa villa de la Barerstrasse. Chaque matin, elle y organisait une levée informelle, au cours de laquelle tout étranger qui envoyait sa carte était invité à appeler et à lui présenter ses respects ; et le soir, quand elle ne dansait pas avec Ludwig au Château, la réception de la Barerstrasse était suivie d'une soirée. Ces rassemblements attiraient, outre une foule d'artistes, d'auteurs et de musiciens, des professeurs et des universitaires de toute l'Europe ; et, comme le remarque Gertrude Aretz, dans son admirable étude, *La Femme élégante* (avec une référence considérable à celle-ci) : « les meilleures intelligences de son siècle ont contribué à tirer son char victorieux ». La foule inculte, cependant, la surnomma « Fair Impire » et « Light o' Love », et lui lança des épithètes encore plus fortes et encore moins élogieuses. Leur sujet, cependant, les reçut en riant. Les commerçants, soucieux de leurs affaires, embellissaient leurs marchandises de son portrait ; et les étudiants de l'université, dirigés par Fritz Peissner, lui faisaient une sérénade devant ses fenêtres.

*Lolita schön, comme Weiber de Salamoni.*
*Welch 'suszer Reis fouette über dich dahin !*

ils chantaient en chœur entraînant.

Parmi les étudiants occupés à acquérir de la lumière et à apprendre à l'Université de Munich, il y avait un certain nombre d'étrangers. L'un d'eux était un jeune Américain, Charles Godfrey Leland (« Hans Breitmann »), venu là-bas, dit-il, pour « étudier l'esthétique ». Mais cela ne lui prenait pas tout son temps, car, entre les cours, il parvenait à apercevoir Lola Montez. « Je dois, dit-il, avoir eu une grande influence morale sur elle, car, autant que je sache, je suis le seul ami qu'elle ait jamais eu à qui elle n'a jamais jeté une assiette ou

un livre, ni attaqué avec un poignard, tisonnier, balai ou autre arme mortelle...
J'ai toujours eu un étrange et grand respect pour ses talents singuliers. Rares,
voire aucun, connaissaient vraiment les profondeurs de cette âme sauvage
irlandaise. "

Dans un autre passage, Leland donne plus de détails : « La grande, l'immense
célébrité de l'époque à Munich était aussi une danseuse d'opéra, mais pas sur
scène. C'était Lola Montez, la dernière favorite du roi... Elle souhaitait se
présenter tout le royaume et le gouvernement, expulsez les Jésuites et
expulsez le diable en général.

"Une de ses amies les plus intimes avait l'habitude de lui dire qu'elle et moi
avions en commun de nombreux traits très étranges, que nous ne partagions
avec personne d'autre, alors que nous étions complètement différents à
d'autres égards. Cela nous ressemblait beaucoup tous les deux, car Lola , en
défendant l'existence de l'âme contre un athée, à feuilleter une grande malle
de livres des genres les plus variés, jusqu'à ce qu'elle arrive à un vieil
exemplaire relié en vélin d'Apulée, et à établir ses vues selon ses *subtiles* néo -
Platonisme. Mais elle a tellement romancé et brodé dans la conversation
qu'on ne lui a pas attribué le mérite de ce qu'elle savait vraiment.

Eh bien, si l'on en arrive à cela, Leland, pour sa part, n'était pas au-dessus de
la « romance » et de la « broderie ». Ses livres regorgent de ces qualités. "Des
merveilles", dit un biographe, "remplissent ses descriptions de la vie
étudiante à Munich. Des personnages intéressants figurent dans ses
souvenirs... Parmi eux se trouvait Lola Montez, la favorite du roi de l'époque,
cordialement détestée par tout Munich pour une interférence. dans les
affaires publiques, ce qu'on ne peut guère attendre de la « petite personne
toute petite, pâle et maigre ou *frêle* , aux beaux yeux bleus et aux cheveux
noirs bouclés » qui feuillette les pages des Mémoires.

Si telle était la véritable opinion de Leland sur l'apparence de Lola, il devait
l'avoir formée après avoir trop bu de la bière munichoise qu'il aimait tant. Il
semble avoir parfois beaucoup bu, comme il l'avoue dans un passage : « après
le dîner et le vin, j'ai bu douze *schoppens* ». Une douzaine de pintes impériales
prendraient du temps à être avalées et ne laisseraient pas la mémoire claire
des événements ultérieurs.

<h1 style="text-align:center">V</h1>

Malgré le soi-disant sang espagnol dans ses veines, Lola (avec peut-être un
vague souvenir du lointain chapitre de Montrose) se déclara protestante
convaincue et, comme son bouledogue de compagnie, désavoua les Jésuites
et toutes leurs œuvres. Elle a donc soutenu le gouvernement libéral ; et,
comme gage de ses intentions, commença ses opérations en tentant d'établir
un contact avec von Abel, le chef du ministère ultramontain. Cependant,

feignant d'être blessé à cette simple suggestion, il n'aurait rien à voir avec la « Femme écarlate », comme il n'hésitait pas à l'appeler. Suivant son exemple, la presse cléricale redoubla d'attaques. En conséquence, Lola a décidé de former une opposition et de fonder son propre parti. À cette fin, elle s'est tournée vers certains des étudiants les plus jeunes, parmi lesquels elle avait un admirateur particulier en la personne de Fritz Peissner. En réponse à ses sourires, il s'incarna, avec le comte Hirschberg et plusieurs de ses amis, dans un corps spécial, s'engageant à lui servir de garde du corps. Ses membres ont choisi d'être connue sous le nom d'Alemannia et l'ont invitée à accepter le poste d' *Ehren-Schwester.* (« sœur honoraire »). Lola était tout à fait aimable et lui rendit la pareille en réservant une pièce dans sa villa où les bretteurs pourraient se retrouver. Pour ne pas être en reste dans les compliments, l'Alemannia a planté un arbre dans son jardin le jour de Noël. Leur insigne distinctif (qui serait désormais probablement une chemise noire) était une casquette rouge. Comme cela était inévitable, ils furent très vite à couteaux tirés avec les représentants des autres corps universitaires qui, ayant de longues traditions, considéraient les nouveaux venus comme des parvenus, et des combats entre eux étaient constants lorsqu'ils se rencontraient en public. Dans l'ensemble, Ludwig avait des raisons de regretter son action en transférant l'université de son emplacement d'origine à Landshut. D'un autre côté, le conseiller Berks, un fervent partisan de Lola (et qui n'hésite pas à emmener ses chiens de compagnie se promener au Hofgarten), a soutenu les Alemannia, les déclarant être "un exemple pour corrompre la jeunesse". Le prince Leiningen a riposté en le qualifiant de « ce misérable substitut d'un ministre, communément tenu par l'opinion publique dans le plus profond mépris ».

L'origine de l'Alemannia était un peu curieuse. Un après-midi, deux membres du Palatia Corps, alors qu'ils regardaient par les fenêtres du manoir de la Barerstrasse, ont vu Lola divertir quelques-uns de leurs confrères. Ils considérèrent cela comme « un affront à l'honneur du Palatia », et les contrevenants, se glorifiant de leur conduite, furent expulsés par le comité. Ils se joignirent alors à Fritz Peissner alors qu'il envisageait de créer un nouveau corps.

Dans son nouveau poste, Lola n'a pas oublié ses anciens amis. Sentant sa situation avec Ludwig assurée, elle écrivit à Liszt, lui offrant « l'ordre le plus élevé que la Bavière puisse accorder ». Il déclina la suggestion et fit part de ses actes à Mme d'Agoult :

A propos de cette trop célèbre Anglo-Espagnole, savez-vous que le roi Louis de Bavière a exigé le sacrifice de sa carrière théâtrale ? et qu'il la garde à Munich (où il lui a acheté une maison) en qualité de Sultanah préférée ?

Plus tard, il revient sur le sujet :

J'ai été particulièrement content de quelques allusions à Lola et à cette pauvre Mariette ; mais, pour être tout à fait franc — et craignant que vous trouviez le sujet un peu inconvenant — j'ai commencé à me reprocher de vous en avoir parlé dans ma dernière lettre de Czernowitz.

En parlant de Lola, vous me dites que vous la défendez (ce que je fais aussi, mais pas pour les mêmes raisons) parce qu'elle représente le progrès. Puis, une page plus loin, en reprenant le sujet à Vienne, vous me trouvez bien jeune pour croire encore à la justice, sans me rendre compte que, dans ce petit cercle d'idées et de choses, je représente en Europe un mouvement progressiste et intelligent . " Hélas ! Qui représente quelque chose en Europe aujourd'hui ? " vous vous renseignez auprès de Bossuet.

Eh bien, Lola représente le XIXe siècle, et Daniel Stern représente la femme du IXe siècle ; et, n'eût été d'avoir contribué à la représentation d'autrui, je finirai moi aussi par représenter autre chose, au moyen des 25 000 francs de revenus qu'il me faudra finir par obtenir.

# CHAPITRE IX

## "MAÎTRESSE DU ROI"

### je

Le rôle pour lequel Lola s'est choisie était celui de La Pompadour auprès du Louis XV de Louis Ier. Elle avait été coryphée. Elle était désormais courtisane. L'histoire se répétait. Comme une Agnès Sorel ou une Jane Shore avant elle, elle occupait à Munich la position semi-officielle et assez ouvertement reconnue de maîtresse du roi. On dit d'elle qu'elle était si fière de ce titre et de tout ce que cela impliquait, qu'elle ajoutait « Maîtresse du Roi » à sa signature lorsqu'elle communiquait avec les sous-titres du palais. Ludwig, cependant, estima que cela allait trop loin et interdit péremptoirement cette pratique. Lola a cédé. Peut-être la seule fois enregistrée. En échange, elle présenta cependant une exigence quelque peu embarrassante.

« Ma position de favorite du roi, dit-elle, me donne droit aux services d'un confesseur et d'une chapelle privée ».

Ludwig fut tout à fait d'accord et chargea le comte Reisach, archevêque ultramontain de Munich, de choisir un prêtre pour cette fonction responsable. Sa Grâce rapporta cependant que tout le clergé en bloc lui avait protesté que, « craignant pour leur vertu, ils ne pouvaient pas consciencieusement accepter le poste ».

Déçue par la rebuffade, Lola elle-même s'adressa alors au Dr Windischmann, le Vicaire général, lui disant que s'il acceptait cette fonction, elle lui rendrait la pareille en lui assurant un évêché. Ce dignitaire ne devait cependant pas se laisser tenter. « Madame, dit-il, mon confessionnal est dans l'église Notre-Dame ; et vous pourrez toujours vous y rendre lorsque vous voudrez vous accuser d'un des nombreux péchés que vous avez commis.

Son Éminence, le Primat de Pologne, ne voulut pas non plus apporter son aide. Il ne lui restait plus qu'à monter dans sa voiture et à partir discuter avec le roi. Mais c'était un effort inutile, car Ludwig insistait sur le fait que ses relations avec le postulant frappé par la conscience n'étaient « rien de plus que platoniques ». Sur ce, « le supérieur du clergé annonça que les desseins de la Providence étaient effectivement impénétrables aux simples mortels, mais ils espéraient que Sa Majesté changerait en tout cas de maîtresse ». Ludwig, cependant, ne tolérant aucune interférence dans ses amours, refusa de faire quoi que ce soit de ce genre.

"A quoi penses-tu?" il a pris d'assaut. "Comment osez-vous laisser entendre que je suis l'homme qui se roule dans la boue du caniveau ? Mes sentiments pour cette dame sont de la description la plus élevée et la plus noble. Si vous me poussez à l'extrême, Dieu seul sait ce qui arrivera ! "

Son Éminence répondit à l'éclat en murmurant à l'oreille de l'évêque d'Augsbourg que le roi était « possédé ». Quant à l'évêque d'Augsbourg, il « pleurait tous les jours ». Un prélat qui fuit.

"C'est un paradoxe", estime l'archevêque Diepenbrock, "que plus une courtisane est honteuse, plus elle est belle". Un « jour d'humiliation », avec une prière spéciale composée par lui-même, était sa suggestion pour arranger les choses ; et Madame von Krüdener, pour ne pas être en reste pour venir à la rescousse, prêchait la nécessité de la « pénitence publique ». Ainsi pris à partie, Ludwig déclara solennellement par écrit qu'il n'avait « jamais exigé les dernières faveurs » de Lola Montez, et fournit à l'ensemble du siège épiscopal une copie de cette déclaration.

"Cela ne fait qu'accroître sa folie", dit Canitz, qui ne devait pas se laisser tromper par un lave-yeux de cette sorte.

Au fil du temps, l'influence de Lola au Palais s'est renforcée. En peu de temps, il devint tout à fait clair pour le ministère qu'elle était le véritable canal d'approche du roi et, en fait, de son Egérie politique. "Pendant cette période", dit T. Everett Harré, "quand elle était connue dans le monde entier comme la "Reine sans couronne de Bavière", Lola Montez exerçait un pouvoir dont aucune femme ne jouissait peut-être depuis l'impératrice Théodora, mime et courtisane de cirque, a été élevé au rang impérial par l'empereur Justinien. Bien conscient de ce fait, et malgré ses objections, le Cabinet, dirigé par von Abel, commença par tenter de la gagner à ses côtés. Lorsqu'ils échouèrent, ils rassemblèrent leurs grosses têtes et, annonçant qu'elle était une émissaire de Palmerston — tout comme La Paiva était créditée d'être au service de Bismarck — ils insinuèrent que sa chambre était préférable à sa compagnie. Les indices n'ayant eu aucun effet, d'autres mesures ont été adoptées. Ainsi, la sœur de Ludwig lui offrit une belle somme (pour la deuxième fois) pour quitter le pays, et Metternich l'améliora ; l'évêque d'Augsbourg, essuyant ses larmes, composa une autre prière spéciale, plus longue ; le Cabinet a menacé de démissionner ; et des caricatures et des paragraphes calomnieux parurent une fois de plus dans les journaux munichois. Mais tout cela en vain. Lola refusait de bouger. Rien ne pouvait ébranler sa détermination, *J'y suis, j'y reste* , telle aurait pu être sa devise.

**Palais Residenz, Munich, en 1848. Résidence de Louis Ier**

« Je quitterai la Bavière, dit-elle, quand cela me conviendra, et pas avant ».

# II

Pendant dix ans, Ludwig était sous la coupe des ultramontains et du ministère clérical de Carl von Abel. Il commençait à en avoir assez de cette combinaison. L'avancée de Lola Montez a creusé la brèche. Pour se débarrasser de lui, il proposa donc à von Abel de le nommer ministre de Bavière à Bruxelles. L'offre n'a cependant pas été acceptée. Lorsqu'on lui a demandé pourquoi, von Abel a répondu qu'il "voulait s'arrêter là où il était et garder un œil sur les choses".

A cette époque, la Bavière était catholique pour un homme — et une femme — et les ultramontains tenaient les rênes du gouvernement. Même si un seul aurait suffi, ils ont déclaré avoir deux griefs. L'un d'entre eux était le « poison politique » de l'opposition libérale ; et l'autre était la « perversion morale » du roi. En mars, les choses ont atteint une crise. Un certain nombre de professeurs d'université, dirigés par le rigide Lasaulx, tinrent une réunion d'indignation pour soutenir le cabinet ultramontain et « ses efforts pour épouser la cause des bonnes mœurs ». Cette activité de la part d'un corps laïc était mal accueillie par le clergé, qui considérait que lui-même, et non l'Université, était le gardien officiel de la « morale » du public. Mais si cela contrariait le clergé, cela contrariait encore davantage Ludwig ; et, pour marquer son mécontentement, il renvoya sommairement quatre des conférenciers qu'il avait lui-même nommés. Alors que l'ensemble des étudiants se rangeaient à leur côté, ils ont « manifesté » devant la maison de Lola Montez, dont ils ont tenu pour responsable.

Ce qui avait commencé comme une perturbation très ordinaire s'est vite transformé en quelque chose de grave. Les esprits étaient montés ; des briquets furent lancés et des fenêtres brisées ; il y a eu des collisions avec la police, qui s'est efforcée d'arrêter les meneurs ; et enfin la Karolinen Platz dut être dégagée par un escadron de cuirassiers. L'Alemannia, joignant les bras, força un passage par lequel Lola réussit à se mettre en sécurité et à atteindre les portes de la Residenz. Mais c'était, comme elle le disait, « une chose proche ».

La foule a soulagé ses émotions en brisant quelques vitres supplémentaires ; et deux Alemannia, détachés de leurs camarades, furent esquivés dans l'Isar.

" *Vivat, Lola !* " beugla un contingent.

« *Pereat, Lola !* » beuglait l'opposition.

Les récits des troubles ont filtré jusqu'en Angleterre. Là, ils ont attiré beaucoup d'attention et de critiques acerbes.

"Une dame", remarque l' *Examiner* , "a renversé la Sainte-Alliance de l'Allemagne du Sud. Lola Montez, dont on ne peut que se souvenir du témoignage émouvant lors du procès de ceux qui ont tué Dujarier en duel, a été poussée par cette catastrophe à chercher fortune. dans d'autres domaines. Le hasard l'a amenée à Munich, dont le souverain a partagé son temps entre la poésie et les arts, la galanterie et le dévouement.

« Quel cestus paphien, » fut un autre commentaire aigre, « Lola enroule-t-elle autour de la lame de son poignard ? Nous nous souvenons tous combien la respectable Junon devait à la ceinture envoûtante d'une blonde moins régulière, mais les propriétés de ce talisman sont encore non décrit. »

Le *Thunderer* , en sa qualité de chien de garde européen, avait un œil sur Ludwig et ses badinages le long du chemin des primevères. La désapprobation a été enregistrée. « Le roi de Bavière, annonçait solennellement un article de fond, a entièrement oublié les devoirs et les dignités de sa position.

Le Freiherr zu Canitz, qui avait succédé à von Bülow au poste de ministre des Affaires étrangères, considérait cependant la défaillance de Ludwig avec plus d'indulgence. « Ce n'est pas, écrit-il depuis la Wilhelmstrasse, la première fois que des rois choisissent de vivre avec des danseuses. Même si une telle conduite n'est peut-être pas strictement louable, nous pouvons l'ignorer si elle est accompagnée d'un certain mesure de décorum. Pourtant, une combinaison de domination et de badinage avec un charmeur vagabond est un phénomène qui est aussi déplacé que l'est une tentative de gouverner un pays en écrivant des sonnets.

Profitant de ce qui était alors, comme aujourd'hui, considéré comme une soupape de sécurité naturelle, Lola elle-même a écrit au *Times* , donnant sa propre version de ces événements :

J'ai quitté Paris en juin dernier pour un déplacement professionnel ; et, entre autres arrangements, j'ai décidé de visiter Munich où, pour la première fois, j'ai eu l'honneur de comparaître devant Sa Majesté et de recevoir de sa part des marques d'appréciation, ce qui n'est pas une chose très inhabituelle qu'un professionnel reçoive dans un pays étranger. Tribunal.

Je n'étais pas ici depuis une semaine que j'ai découvert qu'il y avait un complot dans la ville pour m'en sortir, et que le parti était le parti des Jésuites.... Lorsqu'ils virent que je n'allais pas les quitter, ils ont essayé ce que la corruption ferait ; et m'a effectivement proposé 50 000 fcs. un an si je quittais la Bavière et promettais de ne jamais revenir. Ceci, comme vous pouvez l'imaginer, m'a ouvert les yeux ; et, comme j'ai refusé leur offre avec indignation, ils n'ont depuis rien ménagé pour se débarrasser de moi.... La semaine dernière, un professeur jésuite de philosophie à l'université d'ici, nommé Lasaulx, a été démis de ses fonctions. Sur ce, le parti a payé et engagé une foule pour m'insulter et briser les fenêtres de ma maison.

... Sachant que vos colonnes sont toujours ouvertes pour protéger toute personne injustement accusée, et plus particulièrement lorsqu'il s'agit d'une femme non protégée, me fait compter sur vous pour l'insertion de ceci ; et j'ai l'honneur de souscrire moi-même, votre obligé serviteur,

LOLA MONTEZ.

Quelques semaines plus tard, Printing House Square reçut une deuxième épître :

*Au rédacteur en chef du "The Times".*

MUNICH ,

# 31 mars.

MONSIEUR :—En conséquence des nombreux rapports diffusés dans divers journaux concernant moi-même et ma famille, je vous prie, par l'intermédiaire de votre journal largement diffusé, d'insérer ce qui suit :

Je suis né à Séville en 1833 ; mon père était un officier espagnol au service de Don Carlos ; ma mère, une dame d'origine irlandaise, née à La Havanne et mariée à un gentleman irlandais, ce qui, je suppose, est la raison pour laquelle on m'appelle tantôt irlandaise, tantôt anglaise, et « Betsy Watson » et « Mme James ». ," etc.

Je vous permets de dire que je m'appelle Maria Dolores Porres Montez et que je n'ai jamais changé ce nom.

Quant à mes qualifications théâtrales, je n'ai jamais eu la présomption de penser en avoir. Les circonstances m'ont obligé à faire du théâtre un métier auquel j'ai désormais renoncé pour toujours, étant devenu Bavarois naturalisé et comptant désormais faire de Munich ma résidence.

Espérant que vous accorderez cette insertion, j'ai l'honneur de rester, Monsieur,

## Votre obéissant serviteur,

LOLA MONTEZ .

L'hypothèse selon laquelle elle avait déjà été connue sous le nom de « Betsy Watson » était due au fait qu'elle aurait vécu à une époque sous ce nom à Dublin, « protégée là-bas par un Irlandais de rang et de fortune ». Pour le reste de la lettre, c'était à peu près la même que celle qu'elle avait fait circuler après son fiasco londonien. C'est très loin d'être fondé. Pourtant, elle avait répété cette histoire si souvent qu'elle en était probablement venue à y croire elle-même.

Comme *le Times* n'était pas beaucoup lu à cette époque à Munich, Lola, désireuse d'avoir un public plus large, envoya une lettre à l'*Allegemeine Zeitung* . Cela, pensait-elle, lui assurerait une mesure de sympathie qui ne lui est pas accordée ailleurs :

"Je m'oppose à ce que d'innombrables attaques malveillantes - publiques et privées, écrites et imprimées - certaines chuchotées en secret et d'autres prononcées au monde. Je stigmatise donc maintenant comme un méchant menteur et un pervers de la vérité tout individu qui , sans le prouver, diffuser aucun rapport à mon détriment."

La lettre a été dûment publiée. Les attaques n'ont cependant pas pris fin. Au contraire, ils redoublèrent de virulence. Toutes sortes de nouvelles accusations furent portées contre elle. Beaucoup d'entre elles étaient totalement infondées et ignoraient délibérément beaucoup de choses qui auraient pu être mises à son honneur. Lola n'avait pas fait autant de mal que certaines des lumières d'amour de Ludwig. Ses prédécesseurs, cependant, s'étaient soumis aux jésuites et aux clercs. Lorsque ses amis ont adressé des protestations à la rédaction, ils se sont réfugiés dans la réponse stéréotypée : "la pression sur notre espace ne nous permet pas de poursuivre cette correspondance".

Pour ceux qui lui souhaitaient du mal, n'importe quel bâton était suffisant pour battre Lola Montez. Ainsi, lorsqu'un dignitaire mourait – quel que soit le diagnostic médical – on annonçait dans la presse de caniveau qu'il mourait de « chagrin causé par la honte nationale ». Les derniers mots présumés d'un certain homme politique auraient été: "Je meurs parce que je ne peux pas continuer à vivre sous les ordres d'une pute qui gouverne notre chère Bavière comme si elle était une princesse." Ludwig le prit calmement. « Le vrai problème de ce pauvre garçon, dit-il, c'est qu'il n'a jamais éprouvé les effets revivifiants de l'amour d'une belle femme. Une prescription populaire. Les médecins locaux, cependant, hésitaient à le recommander à leurs patients.

Un article paru dans la *Gazette de Cologne* du 3 juillet 1847 montre clairement que les troubles de Munich ont eu des conséquences. Lola, désireuse de changer d'air et de décor, était partie en tournée, voyageant *incognita* et sans aucune escorte. Pourtant, comme elle allait le découvrir, il lui était impossible de bouger sans être reconnue :

Selon des lettres venues de Bavière, il est évident que les animosités suscitées contre Lola Montez au début de l'année sont loin d'être apaisées. De passage à Nuremberg, elle fut reçue avec froideur, mais décence. Mais à Bamberg, la situation était très différente. A la gare, elle fut sifflée et huée, et, des pierres étant lancées sur sa voiture, elle présenta ses pistolets et menaça de punir ses agresseurs. Les classes supérieures avaient profondément honte de tels excès ; et le premier magistrat a été chargé de nommer une députation des principaux citoyens pour présenter ses excuses à Mademoiselle.

Dans une lettre à son frère, datée du 7 juillet 1847, un étudiant de l'Université dit : « Lola Montez a failli être assassinée il y a trois jours », mais il ne donne aucune précision. Il s'agissait donc probablement de ragots ramassés dans une brasserie.

# III

Un grief ressenti par Lola était qu'elle n'était pas reconnue parmi l'aristocratie. Mais il existait un remède évident. C'était pour lui accorder une couronne. Après tout, les exemples historiques existaient par dizaines. Dans les temps modernes, la maîtresse de Frédéric-Guillaume III avait été nommée duchesse. Par conséquent, Lola a estimé qu'elle devrait au moins être comtesse.

« Quels services spéciaux avez-vous rendus à la Bavière ? » a demandé sans ambages le ministre à qui elle avait d'abord fait cette suggestion.

"Au moins, j'ai donné au roi de nombreux jours heureux", fut la réponse de Lola.

On s'est alors montré curieux de savoir si elle était suffisamment *hoch-geboren* ou non. La requérante elle-même n'avait aucun doute à ce sujet. Son père, l'enseigne Gilbert, disait-elle, avait le sang de Cœur-de-Lion dans les veines, et les ancêtres de sa mère faisaient partie du Conseil de l'Inquisition.

Lorsque l'affaire lui fut soumise, Ludwig se montra sympathique et promit volontiers son aide. Mais comme elle était étrangère, il lui faudrait, soulignaitil, commencer par se faire naturaliser sujet bavarois ; et, en vertu de la constitution, le certificat d'indigénat nécessaire doit porter la signature d'un ministre. A cet effet, et ne pensant pas que la moindre difficulté serait avancée, il en fit rédiger une et l'envoya au comte Otto von Steinberg. Cependant, à sa grande contrariété et surprise, cet individu, « développant soudainement des objections de conscience », s'est excusé. Sur ce, von Abel, en tant que chef du gouvernement, fut chargé d'obtenir une autre signature.

"Ne vous inquiétez pas. Ce sera réglé demain", annonça Ludwig lorsque Lola lui demanda la raison du contretemps.

Mais il parlait sans son livre. Le ministère, ultramontain dans l'âme, pouvait avaler beaucoup d'argent pour conserver ses portefeuilles (et ses salaires), mais c'était, à leur avis, trop leur demander. En termes onctueux, et se réfugiant dans une vertu offensée, ils déclarèrent qu'ils démissionneraient plutôt que d'accepter l'octroi de la nationalité bavaroise à « l'étrangère ». Ni les pressions ni les menaces ne pourraient les ébranler. Ludwig pouvait faire ce qu'il voulait ; et ils feraient ce qu'ils voudraient.

Le manifeste dans lequel la décision du Cabinet a été rendue est presque un document historique :

MUNICH.
# 11 février 1847.
Monsieur : La vie publique a ses moments où ceux qui sont chargés par leur Souverain de la bonne conduite des affaires publiques doivent faire leur choix entre renoncer aux devoirs auxquels ils se sont engagés par loyauté et dévouement, et, en s'acquittant de ces devoirs de manière consciencieuse, encourir le mécontentement de leur Souveraine bien-aimée. Nous, fidèles serviteurs de Votre Majesté, nous trouvons aujourd'hui dans cette situation en raison de la décision d'accorder la nationalité bavaroise à Madame Lola Montez. De même que nous ne pouvons oublier les devoirs que notre serment nous oblige à observer, nous ne pouvons pas broncher dans notre détermination...

Il est tout à fait clair que le respect pour le Trône s'affaiblit dans l'esprit de vos sujets ; et l'on entend désormais peu de choses dans toutes les directions, sauf blâme et désapprobation. Le sentiment national est blessé, car le pays se considère sous la domination d'une étrangère de mauvaise réputation. Les faits évidents sont tels qu'il est impossible d'adopter un autre point de vue... Les journaux publics publient les anecdotes les plus choquantes, ainsi que les attaques les plus dégradantes contre Votre Majesté Royale. À titre d'exemple, nous joignons une copie du numéro 5 de l' *Ulner Chronic* . La vigilance de la police est impuissante à contrôler la circulation de ces journaux, et ils sont lus partout... Ce n'est pas seulement le Gouvernement qui est mis en danger, mais l'existence même de la Couronne. D'où le plaisir de ceux qui souhaitent du mal au Trône et l'angoisse de ceux qui sont fidèles à Votre Majesté. La fidélité de l'armée est également menacée. D'ici peu, les forces de la Couronne seront en proie à une profonde désaffection ; et où pourrions-nous chercher de l'aide, si cela se produisait et que ce dernier rempart chancelait ?

Le cœur des serviteurs loyaux et obéissants soussignés est déchiré par le chagrin. Cette déclaration qu'ils vous soumettent n'est pas celle d'un visionnaire. C'est le triste résultat des observations faites par eux dans l'exercice de leurs fonctions depuis plusieurs mois. Chacun des soussignés est prêt et disposé à tout abandonner à son Souverain. Ils vous ont donné des preuves répétées de leur fidélité ; et ce n'est plus rien de moins que leur devoir sacré d'attirer l'attention de Votre Majesté sur les dangers auxquels elle est confrontée. Notre humble prière, que nous vous prions d'écouter, n'est régie par aucune volonté d'aller à l'encontre de votre volonté Royale. Elle est présentée uniquement dans le but de mettre fin à une situation contraire au bien-être et au bonheur d'un monarque bien-aimé. Si toutefois Votre Majesté ne jugeait pas opportun d'accéder à leur requête, nous, vos ministres, n'aurons alors d'autre choix que de présenter la démission des portefeuilles que vous leur avez confiés.

Les signataires de ce précieux « manifeste » étaient von Abel, von Gumpenberg (ministre de la Guerre), von Schrenk et von Seinsheim (conseillers d'État). À leur grand étonnement, leurs démissions furent acceptées. Les candidats ne manquaient pas non plus pour les portefeuilles vacants. Ludwig, poussé par Lola, combla immédiatement les lacunes. Georg von Maurer (qui a rendu la pareille en signant son certificat de naturalisation) a été nommé ministre de la Justice et des Affaires étrangères, et Freiherr Friederich zu Rhein est devenu le nouveau ministre des Cultes et des Finances.

Les étudiants, ne voulant pas laisser échapper une chance de s'affirmer, ont défilé dans les rues avec une chanson fraîche :

*Da kam Senorra Lolala,*
*Sturzt Abel et Consorten ;*
*Ach war sie doch jetz wieder da,*
*Et jagte fort den——*

Bien qu'il lui soit redevable de sa nomination, Maurer a tenté de snober Lola et a refusé de lui parler lors de leur prochaine rencontre. Pour ses efforts, il se trouva, en décembre 1847, démis de ses fonctions. Il y avait cependant de la joie dans les rangs du parti clérical, car, à leur grande horreur, il se trouvait être protestant.

"J'ai maintenant un nouveau ministère et il n'y a plus de jésuites en Bavière", annonça Ludwig avec beaucoup de complaisance. Comme c'était son habitude lorsqu'une crise nationale survenait, il reçut également un sonnet commençant :

Vous qui avez voulu me tenir en esclavage, tremblez !
J'estime beaucoup l'affaire importante
qui vous a toujours dépouillé de votre pouvoir !

Mais les ministres déchus avaient la sympathie de Vienne. Le comte Senfft, envoyé autrichien à Munich, donna un banquet en leur honneur. Lola l'a signalé à Ludwig, et Ludwig a donné son *congé à Senfft* .

Ce qui avait le plus ennuyé le Wittelsbach Lovelace dans cette affaire, c'était que le mémorandum dans lequel von Abel et ses collègues exprimaient leur franche opinion sur Lola Montez avait été publié dans l'Augsburger Zeitung et dans plusieurs journaux *parisiens* . Cela a été considéré par lui comme un abus de confiance. L'enquête a révélé que la sœur de von Abel avait reçu subrepticement une copie du document et que, peu disposée à garder pour elle de tels ragots, en avait révélé le contenu à un journaliste. Après cela, la graisse, pour ainsi dire, était dans le feu ; et rien de ce que Ludwig pouvait faire ne pouvait empêcher que l'affaire ne devienne un domaine public. En conséquence, il a servi de base à d'innombrables articles dans la presse européenne, et on lui a donné la pire interprétation possible.

L'érudit Dr Döllinger, entre qui aucun amour n'était perdu avec Lola Montez, fut très bouleversé par la situation et écrivit une longue lettre à ce sujet :

Le ministère existant était pleinement conscient des empiétements de la célèbre Lola Montez ; et devant la destruction qui menaçait à la fois le trône et le pays, ils résolurent secrètement d'adresser une pétition à Louis Ier, le priant humblement de renvoyer son favori, et exposant les motifs sur lesquels ils fondaient leur demande.

Les rumeurs sur cette affaire ont rapidement fait surface. Les gens se mirent à chuchoter ; et un beau jour, la sœur d'un des ministres, poussée par la curiosité, découvrit la pétition. Elle annonça la nouvelle dans la plus stricte confidentialité à ses amis les plus intimes ; et eux, à leur tour, lisèrent secrètement le mémoire, de sorte que, quelque temps après que l'important document eut été remis en sécurité dans sa cachette, son contenu parut, on ne savait comment, dans les journaux.

La panique des ministres était grande ; le mécontentement du roi était encore plus grand. Il soupçonnait une trahison et considérait la publication d'une telle pétition comme une trahison. Les remontrances ne servaient à rien ; les ministres furent renvoyés et leurs partisans s'enfuirent dans toutes les directions. Moi qui avais été nommé membre de la Chambre par l'Université, mais contre ma volonté, j'ai dû démissionner à la demande du Roi. Sa Majesté était très indignée, et pendant ce temps la population excitée se rassemblait en foule devant la maison de Lola Montez.

Döllinger était un homme difficile à contrarier. Il avait des doutes, des doutes sérieux, sur un certain nombre de sujets. Parmi eux se trouvait l'infaillibilité du Pape. Qui plus est, il a eu l'audace d'exprimer ces doutes. La colère du Vatican ne pouvait être apaisée qu'en l'excommuniant de l'Église. Il ajouta cependant à sa contumace en survivant jusqu'à sa quatre-vingt-douzième année.

# IV

Appréciant de quel côté son pain était beurré, le nouveau ministère n'avait aucun scrupule quant à l'éligibilité de Lola Montez à l'honneur d'une couronne dans la pairie bavaroise. Cela lui ayant été accordé, l'étape suivante consistait à sélectionner un titre territorial approprié.

Ludwig passa son doigt explorateur dans les colonnes d'un répertoire géographique. Là, il vit deux noms, Landshut et Feldberg, qui lui parurent évocateurs. Ensemble, ils formaient Landsfeld. Rien ne pourrait être mieux.

"Je l'ai", dit-il. "Comtesse de Landsfeld, je vous salue !"

L'archiviste de la Cour a alors été chargé de préparer le document nécessaire :

"Nous, Ludwig, roi de Bavière, etc., annonçons par la présente à toutes les personnes concernées que nous avons résolu d'élever Maria von Porres et Montez, de noble descendance espagnole, à la dignité de comtesse de Landsfeld de notre royaume. Tandis que nous transmettons lui accordant la dignité de Comtesse, avec tous les droits, honneurs et prérogatives qui y sont attachés, nous désirons qu'elle ait et jouisse de l'écusson suivant sur un écu allemand à quatre quarts : Au premier champ, rouge, une épée blanche dressée. à anse d'or ; dans le second, bleu, un lion rampant couronné d'or ; dans le troisième, bleu, un dauphin d'argent ; et dans le quatrième, blanc, une rose rouge pâle. Cet écu sera surmonté de la couronne de comtesse.

« Que ceci soit notifié à toutes les autorités et à Nos sujets en général, en vue non seulement de reconnaître ladite Maria comme Comtesse de Landsfeld, mais encore de la soutenir dans cette dignité ; et c'est Notre volonté que quiconque agira contrairement à ces dispositions seront convoquées par Notre Procureur Général et seront alors condamnées à faire l'expiation publique et privée.

**Portrait "Commandement". Dans la "Galerie des Beautés", Munich**

"Pour Notre confirmation de ce qui précède, nous avons apposé Notre nom royal sur ce document et y avons placé le sceau de Notre royaume.

"Donné à Aschaffensberg, ce 14 août, l'an 1847 après la naissance du Christ, notre Seigneur, et la 22e année de Notre Gouvernement."

Cela n'a pas manqué l'oeil d'aigle de *Punch* , dans les colonnes duquel figurait une référence caustique :

" Les armoiries de la nouvelle COMTESSE DE LANDSFELD , l'ex- *coryphée* du Théâtre de Sa Majesté, ont été dessinées, mais nous ne pensons pas qu'elles soient aussi appropriées qu'elles auraient pu l'être. Nous avons donc apporté quelques légères modifications à l'original, qui nous espérons que cela s'avérera satisfaisant."

Les « modifications » suggérées consistaient à remplacer l'épée par un parasol, le lion par un bouledogue et la rose par un pot de rouge. Si un tel complément à la table de toilette existait alors, un rouge à lèvres aurait probablement été ajouté.

## V

Avec son titre et ses honneurs héraldiques complets, ainsi qu'une allocation généreuse pour les soutenir et un palais dans lequel vivre, Lola Montez a fait un élan très considérable à Munich. Deux sentinelles défilaient devant son portail et deux infirmiers à cheval (au lieu d'un comme c'était le cas auparavant) l'accompagnaient chaque fois qu'elle quittait la maison de la Barerstrasse.

Bien que de loin le plus important d'entre eux, Ludwig n'était en aucun cas le seul concurrent pour les faveurs de Lola. Des hommes riches et haut placés, porteurs de titres prestigieux, ainsi que des politiciens et des chasseurs de places, flottaient autour d'elle. C'est tout à son honneur de les avoir envoyés vaquer à leurs affaires.

« Les relations particulières qui existent entre le roi de Bavière et la comtesse de Landsfeld, remarquait un apologiste, ne sont ni d'un caractère grossier ni vulgaire. Sa Majesté a un esprit poétique très développé et voit ainsi son favori à travers son imagination, et la considère avec un respect affectueux.

Cela trouva un écho dans un autre quartier, et quelques coups secs sur les doigts furent administrés aux moralistes bavarois par un journal parisien :

" Pourquoi vous mêlez-vous des amours de votre bon Ludwig ? Nous ne disons pas qu'il n'aurait pas dû observer un peu plus de discrétion ou éviter de compromettre sa dignité. Pourtant, un monarque, comme un simple citoyen, est sûrement libre d'aimer là où il le souhaite. plaît. En choisissant Lola Montez, l'amoureux Ludwig prouve qu'il aime l'égalité et qu'en vrai démocrate, il peut s'identifier au public. Qu'il épouse sa servante, s'il le souhaite. Personnellement, nous préférerions voir les Bavarois exciter s'inquiètent de leur constitution que du bannissement d'une favorite royale. Le roi de Bavière fait de sa maîtresse une comtesse, ses sujets refusent de la reconnaître, et une partie des étudiants réclame sa tête. Jours heureux de Montespan, de Pompadour, de Dubarry, de Potemkine, d'Orloff, où es-tu allé ?

Au cours de l'été 1847, les tribunaux de Paris furent occupés par une plainte de longue date contre Lola Montez. C'est en effet que, lors de sa comparution porte Saint-Martin, elle avait dressé une facture pour certains sous-vêtements intimes et avait négligé de régler son compte. Le résultat fut qu'elle reçut une lettre d'avocat à Munich. Elle y répondit dans les termes suivants :

MUNICH ,
## 25 septembre 1847.
      MONSIEUR BLOQUE ,

Comme je n'ai jamais donné de commandes à MM. Hamon et Compagnie, tailleurs, rue de Helder, ils n'ont aucun droit sur moi ; et je suis positivement obligé de répudier la facture de 1371 francs que vous avez l'audace de réclamer au nom de cette maison.

Au printemps dernier, M. Leigh m'a fait cadeau d'un habit de cheval et de certains autres articles qu'il m'a commandés, et j'estime que c'est à lui que vous devriez maintenant vous adresser.

Acceptez, Monsieur, etc.,
Comtesse de Landsfeld.

N'étant pas prête à accepter ce point de vue, la société parisienne a ensuite engagé une action en recouvrement de la créance alléguée. Une fois de plus, Lola a décliné toute responsabilité, cette fois au motif que les créanciers avaient retenu du matériel vestimentaire lui appartenant. La défense contre cette accusation était que, "après avoir été informée par leur représentant que les vraies dames ne pouvaient pas porter des vêtements aussi communs, elle avait dit qu'elle ne voulait pas les récupérer". Le tribunal a cependant jugé que la dette avait été contractée ; et, « comme elle jugeait indigne de comparaître, soit en personne, soit par conseil », un jugement de 2 500 francs fut prononcé contre elle.

Le comte Bernstorff, diplomate pas particulièrement brillant, avait l'idée (partagée d'ailleurs avec bien d'autres) que Frédéric-Guillaume IV, roi de Prusse, était autrefois sous le charme de Lola. Il fut autorisé à le penser grâce à une lettre que le Roi lui avait envoyée de Sans Souci à l'automne 1847 :

"Je vous charge, mon cher comte, d'une commission dont l'exécution exige un certain degré de délicatesse que je vous reconnais. La commission dépasse quelque peu les limites acceptées de ce qui est de caractère purement diplomatique. ... Il s'agit de donner tel bibelot à telle dame. Ce bibelot a peu de valeur, mais, pour des raisons que vous pourrez apprécier, la faveur de cette dame a pour moi une très grande valeur. Tout dépend de la manière dont le cadeau est présenté. Cela doit être suffisamment flatteur pour augmenter la valeur de l'offrande et faire négliger son indignité. Ma connaissance avec la dame et mon respect pour elle doivent être adroitement décrits et mis à profit. , tout comme mon désir qu'on se souvienne d'elle entre ses mains.

" Vous comprendrez naturellement immédiatement que je fais allusion à donna Maria de Dolores de los Montez, comtesse de Landsfeld. "

Ce n'est qu'en tournant la page que Bernstorff, frappé d'horreur, s'aperçut que le roi lui jouait une plaisanterie caractéristique ; et il se rendit compte que le destinataire prévu du cadeau était son épouse, la comtesse von Bernstorff, "en souvenir de ma gratitude pour les nombreuses heures agréables passées sous votre toit hospitalier le mois dernier".

---

# CHAPITRE X

## ÉCLATEMENT DE LA TEMPÊTE

### je

La beauté de Lola Montez a été un levier. En tant que tel, cela a perturbé l'équilibre du Cabinet ; pour le moment, elle freina même la domination de Rome. Mais les chances étaient contre elle. Les Jésuites étaient toujours une puissance et ne toléraient aucune ingérence.

L'épouse de Metternich, la princesse Mélanie, qui avait le *flair familial* pour la politique, a marqué le cours des événements.

« Lola Montes, écrit-elle, a en réalité été créée comtesse de Landsfeld. Elle est en réalité membre du Parti radical... Rechberg, qui vient d'arriver du Brésil, fut alarmé lors de son voyage à Munich par les événements de dont cette ville est le théâtre. La conduite choquante de Lola Montes finira par plonger le pays dans la révolution.

C'était une vision d'avenir. Pourtant, pas très loin. Le correspondant d'un journal londonien dans la capitale bavaroise n'a pas mâché ses mots. « L'indignation, écrit-il, contre le roi à cause de sa conduite scandaleuse, a été portée au plus haut point... Le roi Louis, qui possède beaucoup de bonnes qualités, est malheureusement un vieil homme très licencieux. .. Ni les larmes de la reine, ni les supplications de ses fils, ni l'indignation du public, n'ont pu influencer le vieux monarque, devenu l'esclave de sa folle passion et des caprices d'une danseuse espagnole et d'une lorette parisienne.

Une fois de plus, Ludwig « retomba dans le vers » et soulagea ses sentiments à l'égard de ses ennemis. Cette fois, cependant, le verset était vide :

Tu m'as chassé de mon Paradis,
Tu l'as fermé pour toujours avec des grilles de fer.
Tu as transformé mes jours en amertume.
Tu voudrais même que je te déteste
Parce que j'ai trop aimé pour plaire à tes esprits flétris.

Le parfum de mon printemps s'est dissipé,
Mais mon courage demeure.
La jeunesse, toujours bondissante dans mes rêves, y repose,
Embrassant mon cœur avec une nouvelle force !

Toi qui voudrais me voir couvert de honte,
Tremble !

Vous avez commis des péchés contre moi et vomi des blessures.
Vos actes méchants vous ont jugé.
Il n'y a jamais eu quelque chose qui puisse les égaler !

Déjà les nuages disparaissent ;
La tempête passe ;
Le ciel s'illumine ; Je bénis l'aube.
Vers ingrats, retournez dans vos ténèbres !

Les répercussions se font sentir outre-Atlantique, où le rôle joué par Lola Montez dans les milieux bavarois suscite un intérêt considérable. Les Américaines y voient un message d'encouragement pour les aspirations qu'elles chérissent elles-mêmes. "L'indignation morale manifestée par ses opposants politiques", a déclaré un éminent juriste, "n'était malheureusement qu'une simple imposture. Ils avaient non seulement toléré, mais en fait, pris avec condescendance, une femme qui occupait autrefois la position équivoque que la comtesse de Landsfeld occupait récemment. parce que la première s'est soumise au parti alors dominant.

Mais, tout comme Lola avait des amis fidèles à Munich, elle s'était déclarée ennemie. Parmi eux se distingue Johann Görres, un ultramontain de premier plan qui occupait le poste de professeur d'histoire à l'université. Il ne pouvait rien dire d'assez fort contre la maîtresse du roi, et faisait tout ce qu'il pouvait pour bouleverser son influence auprès de lui. Comme il avait une « suite », un certain succès accompagnait ses efforts. C'est à sa mort, en janvier 1848, que les choses atteignent leur paroxysme. Les factions rivales qui se partageaient les différents corps étudiants faisaient de ses funérailles l'occasion d'un combat libre entre elles. La foule s'est jointe à elle et a réclamé le renvoi de la « femme andalouse ». Une tête brûlée proposa de la chasser de la ville. Le cri fut repris et une ruée s'installa vers sa maison de la Barerstrasse. Comme il y avait une agréable perspective de pillage, la moitié de la racaille de la ville grossit la foule. Des briques furent lancées à travers les fenêtres ; et, jusqu'à l'arrivée de la police, les choses ont commencé à devenir laides.

Lola, fraîche comme un concombre, apparut sur le balcon, une coupe de champagne dans une main et une boîte de chocolats dans l'autre.

"Je bois à votre bonne santé", dit-elle avec mépris en vidant son verre et en jetant des bonbons parmi la foule.

N'appréciant pas ce geste, ou le considérant comme une impertinence, l'humeur de la populace devint menaçante. Ils criaient des insultes vulgaires ; et on parlait de frapper les portes et de mettre le feu à la maison. Cela aurait pu arriver si Ludwig lui-même, qui ne manquait jamais de courage personnel, ne s'était précipité dans la foule et, tendant le bras à Lola, ne l'avait escortée jusqu'à la Résidence.

Les troubles continuaient, car les esprits étaient devenus fébriles. Des troupes dépêchées à la hâte depuis la caserne la plus proche patrouillaient dans les rues. Une foule furieuse se rassemblait devant le Rathaus ; le bourgmestre, craignant pour sa position, parla de lire le Riot Act ; un certain nombre d'arrestations ont été effectuées; et ce ne fut que le lendemain après-midi que la côte fut suffisamment dégagée pour que Lola retourna à la Barerstrasse, escortée triomphalement par quelques membres de l'Alemannia. Cependant, quand ils l'ont laissée là, ils ont été attaqués par des détachements du corps Palatia, qui leur en voulaient encore.

Le propre récit de Lola sur ces événements, écrit comme par un spectateur détaché, est pittoresque, quoique quelque peu imaginatif :

"Ils sont venus avec des canons, des fusils et des épées, avec les voix de dix mille diables, et ont encerclé son petit château. Contre les supplications de ses amis, elle s'est présentée devant la foule furieuse qui a exigé sa vie.... Mille fusils ont été elle la montra du doigt, et cent voix grasses et apoplectiques lui demandèrent avec véhémence qu'elle fît abolir ce qu'elle avait fait. Dans un langage d'une grande douceur, car ce n'était pas le moment de gronder, elle répondit qu'il lui était impossible d'accéder à ce qu'elle avait fait. une telle demande ; et que ce qu'elle avait fait avait été fait pour le bien du peuple et l'honneur de la Bavière.

Après cette « manifestation », le calme est revenu. Mais pas pour longtemps. Le 10 février au soir, une populace s'est rassemblée devant le Palais aux cris de : "A bas Lola Montez !" "A bas la trompette du roi !" Comme les manifestants étaient en grande partie des étudiants (que Thiersch, le recteur, n'étant pas un disciplinaire, ne pouvait pas contrôler), la réponse de Ludwig fut drastique. Il ordonna la fermeture de l'Université et tous les membres qui ne résidaient pas à Munich de quitter la ville dans les vingt-quatre heures. Il s'agissait d'une erreur tactique qui fut en grande partie responsable des répercussions les plus graves du mois suivant. Outre d'autres considérations, le décret a également touché les poches des commerçants locaux, car l'absence de quelques milliers de clients affamés et assoiffés a eu un effet négatif sur la consommation de choucroute et de bière.

Comme elle faisait encore "l'actualité" à Paris, un chroniqueur potin lui a proposé d'y revenir :

Lola Montez déplore le quartier Notre-Dame de Lorette, les petits soupers joyeux au Café Anglais et les premières soirées théâtrales vues depuis les loges de la scène. " Ah, " doit-elle réfléchir, en regardant sa couronne foulée aux pieds et en entendant les sinistres murmures de la foule munichoise, " comme Paris serait délicieux ce soir ! Quel grand succès je serais dans le nouveau ballet de l'Opéra ou à un bal au Jardin d'Hiver !" Hélas, ma pauvre Lola, ton fouet est cassé ; votre prestige a disparu ; vous avez perdu votre talisman. Ne vous battez pas contre les Bavarois jaloux. Revenez plutôt à Paris. Si la Porte Saint-Martin ne vous accepte pas, vous pourrez toujours rejoindre le corps de ballet de l'Opéra.

Lola, cependant, n'a pas accepté l'invitation. Elle était pratiquement prisonnière dans sa propre maison, où, le lendemain après-midi, un rassemblement furieux se rassemblait, menaçant de se venger d'elle. Ne manquant jamais d'un grand courage, elle est apparue sur le balcon et leur a dit de faire de leur mieux. Ils l'ont fait et ont tenté d'effectuer une entrée en défonçant la porte. Sans l'action de l'Alemannia, se ralliant à son aide, il aurait pu être sévèrement traité.

L'un de ses gardes du corps a réussi à se frayer un chemin jusqu'à la caserne la plus proche et à demander de l'aide. Là-dessus, les clairons sonnèrent l'alarme ; les tambours sonnèrent un cri d'avertissement. En réponse, un escadron de cuirassiers remonta la Barerstrasse avec fracas ; les sabres claquaient ; et les émeutiers s'enfuirent précipitamment.

Le prince Wallerstein, qui cumulait la charge de ministre des Cultes publics avec celle de trésorier de la Maison royale, se jetant dans la brèche, harangua la foule ; et le prince Vrede, fervent adepte du remède « bouffée de mitraille » en cas de perturbation, suggéra de tirer sur les meneurs. Bien que cette suggestion n'ait pas été acceptée, des centaines d'arrestations ont été effectuées avant qu'un semblant d'ordre ne soit rétabli. Mais les émeutes n'ont été stoppées que temporairement. Quelques jours plus tard, tout recommençait. L'humeur des troupes étant bouleversée, le capitaine Bauer (un jeune officier dont Lola avait condescendu) prit sur lui de leur donner l'ordre de charger. Les sabres ont éclaté, et il y a eu de nombreuses têtes brisées et beaucoup de sang versé.

Les Alemannia, estimant que la discrétion était la meilleure partie du courage, se barricadèrent dans le restaurant d'un certain Herr Rothmanner, où ils se fortifièrent avec de grandes quantités de bière. Devenu querelleur, leur chef, le comte Hirschberg, dégaina son épée et fut menacé d'arrestation par une schutzmannschaft. Là-dessus, ses camarades envoyèrent un message à Lola. Elle a répondu à l'appel et s'est précipitée vers la maison. C'était un geste caractéristique, mais fou, car elle fut immédiatement reconnue et poursuivie par une foule furieuse. Personne ne lui donnerait refuge ; et les gardes suisses qui y étaient de service lui fermèrent au nez les portes de la légation d'Autriche. Elle s'enfuit alors vers l'église des Théatiners, où elle se réfugia. Mais elle ne s'arrêta pas là longtemps ; et, pour sa propre sécurité, une escorte militaire arriva pour la conduire au corps de garde principal. Dès que la voie fut relativement dégagée, elle fut sortie clandestinement par une entrée arrière et se dirigea à pied vers la Barerstrasse, cachée dans le jardin.

Entre-temps, de nouvelles tentatives étaient faites pour prendre d'assaut sa maison. Soudain, une silhouette, échevelée et tête nue, apparaît sur le seuil et se confronte aux émeutiers.

« Vous vous comportez comme une bande de vulgaires canailles, s'écria-t-il, et pas du tout comme de vrais Bavarois. Je vous en donne ma parole, la maison est vide. Laissez-la tranquille.

Un geste galant, et un dernier acte d'hommage à l'édifice qui avait abrité la femme qu'il aimait. La foule, reconnaissant l'orateur, se découvrit instinctivement. *Heil, unserm König, Heil!* ils ont crié. Un chœur s'enfla ; les troupes présentèrent les armes.

"C'est une orgie d'ingratitude", dit Ludwig en regardant la populace danser de joie devant la maison. "Les Jésuites sont responsables. Si ma Lola s'était appelée Loyala, elle aurait encore pu s'arrêter ici."

Il s'adressa avec plus de force au docteur Stahl, évêque de Würzburg, qui avait critiqué sa conduite. « Si un seul cheveu d'une personne qui me est chère était blessé, informa-t-il ce prélat, je ne ferai preuve d'aucune pitié.

Palmerston, qui ne supportait aucune bêtise de la part de personne, a écrit une lettre très vive à Sir John Milbanke, ministre britannique à Munich :

"Dites au prince Wallerstein que, s'il souhaite que les gouvernements britannique et bavarois soient en bons termes, il s'abstiendra de toute tentative d'interférer avec nos arrangements diplomatiques, car de telles tentatives de sa part sont aussi offensantes qu'infructueuses."

# II

Comme Ludwig l'avait dit, le nid de la Barerstrasse était vide, car son occupant avait réussi à s'en échapper et à rejoindre Lindeau. De là, le 23 février, elle écrivit une longue lettre à un ami en Angleterre, donnant une version quelque peu colorée (et pas tout à fait exacte) de ces événements :

Le matin, les nobles, avec le comte A.—V—[Arco Valley] et un certain nombre d'officiers, se mêlèrent au peuple le plus ordinaire. La comtesse P [Preysing] Je me suis vue, avec d'autres femmes — je ne peux pas les appeler *dames* — en fait à leur tête. En entendant que la ville entière, avec ses nobles, ses officiers et ses comtesses, se dirigeait vers ma résidence, je me considérais comme déjà hors du pays des vivants. J'avais fermé toutes mes fenêtres et caché tous mes bijoux ; puis, ayant la conscience tranquille et une ferme confiance en Dieu, j'ai attendu calmement mon sort. Les bandits, poussés par une comtesse et une baronne, avaient des pierres, des bâtons, des haches et des armes à feu, tout cela pour effrayer et tuer une pauvre femme inoffensive ! Ils réclamaient mon sang.

Je dois vous dire que tous mes fidèles et dévoués serviteurs, ainsi que quelques autres de mes vrais amis, étaient dans la maison avec moi. Je les ai suppliés de sortir par le jardin, mais ils ont dit : les pauvres, ils mourraient pour moi.

... Voyant le danger imminent de mes amis, et ne pensant pas à moi, j'ordonnai ma voiture pendant que les coquins s'efforçaient d'enfoncer les portes. Mon bon Georges, le cocher, m'aida à franchir la porte en courant et nous partîmes au galop furieux. De nombreux coups de pistolet ont été tirés sur moi, mais j'étais sous la garde de Dieu et j'ai évité les balles.

Mon évasion a été des plus miraculeuses. A deux heures de Munich, je descendis de ma voiture et cherchai à Bluthenberg la protection d'un brave honnête homme, chez qui je fus hébergé. À ce moment-là, des officiers sont arrivés au galop et m'ont réclamé. Mon bienfaiteur déclara que je n'étais pas là, et ses filles dirent que ma voiture était passée. Quand ils furent partis, sa bonne épouse m'aida à m'habiller en paysanne et je me précipitai hors de la maison, à travers champs, fossés et forêts. Étant si bien déguisé, je résolus de retourner à Munich. C'était un spectacle épouvantable. Le Palais bloqué ; bâtiments pillés ; et l'anarchie dans toutes les directions. Ne voyant que la mort si je m'arrêtais là, je suis parti pour Lindeau, d'où je vous écris.

... Le comte Arco Valley distribue de l'argent comme de la boue à toutes les classes sociales et les prêtres ont attisé la foule. Personne n'est en sécurité à Munich. Le bon et noble roi a dit à tout le monde qu'il ne me quitterait jamais. Il y est très déterminé. Le jeu n'est pas terminé. Je resterai fidèle au roi jusqu'à la mort ; mais Dieu sait ce qui va se passer ensuite.

J'ai oublié de te dire que mes ennemis ont annoncé dans les journaux allemands que les étudiants étaient mes *amants* ! Ils ne pouvaient pas leur attribuer le dévouement loyal qu'ils ont toujours eu pour le roi et pour moi-même.

Marie de Landsfeld.
Écrivant dans son journal du 14 mars 1848, Frederick Cavendish, diplomate en herbe, que Palmerston avait nommé attaché à Vienne, remarque :

"Il y a eu un véritable désordre à Munich et la maîtresse du roi, Lola Montez, a été forcée de fuir pour sauver sa vie. Elle a été la malédiction de la Bavière, mais le roi est toujours épris d'elle."

Un langage peu diplomatique. Pourtant, ce n'est pas loin de la vérité.

Une censure rigoureuse de la presse a été exercée. Les journaux munichois devaient publier ce qu'on leur disait, et rien d'autre. En conséquence, un article inspiré parut dans l' *Allegemeine Zeitung* , d'Augsbourg, déclarant que les ultramontains étaient responsables de l' *émeute* . "Herr von Abel", selon l'opinion d'un collègue, Heinrich von Treitsche, "a profité de l'occasion pour épouser un soudain championnat de morale et a fait *des convenances* une excuse pour démissionner de ce qui avait longtemps été pour lui une fonction dangereuse".

**Roi de Bavière. "Ludwig l'Amant"**

Döllinger lui-même a toujours déclaré qu'il était devenu ultramontain contre son gré et qu'il n'avait rejoint le ministère qu'à la demande pressante de von Abel. C'était probablement vrai, car il était beaucoup plus heureux parmi ses livres que parmi les hommes politiques. Le nez décidément détraqué, il se soulagea dans une longue épître à son amie, Madame Rio. Des années plus tard, cette lettre parvint entre les mains de Dom Gougaud, OSB, qui la publia dans l' *Irish Ecclesiastical Record* . Parmi les passages les plus importants figuraient les suivants :

Depuis que vous avez quitté Munich, l'impudence de L[ola] Montez et l'engouement de ses admirateurs n'ont cessé de croître. Nos parlementaires, convoqués à une session extraordinaire à cause d'un emprunt ferroviaire, n'ont pas osé, ou n'ont pas jugé opportun, intervenir. La seule chose qui fut faite, mais sans produire aucun effet dans les hautes sphères, fut que la Chambre des députés vota à l'unanimité une protestation contre la déposition des professeurs. Puis vint le changement de ministres. Le prince Wallerstein, qui est une sorte de Thiers bavarois, égoïste et sans scrupules, ne voulant que se maintenir en possession du *portefeuille* , qui est la fin glorieuse qui sanctifie à ses yeux les moyens, cet homme de mémoire sans scrupules est revenu, ensemble. avec un individu obscur, une simple créature de L[ola] M[ontez], M. Berks.

... Entre-temps, la crise a été déclenchée par les étudiants de l'université. L[ola] Montez avait réussi à séduire quelques-uns d'entre eux qui, se trouvant immédiatement évités et rejetés par leurs camarades, formèrent une société ou un club séparé, se faisant appeler *Alemannia* , qui dès le début était publiquement compris comme se distinguer par la faveur et la protection spéciales du roi. Au bout de deux ou trois mois, ils furent au nombre de dix-neuf ou vingt, facilement reconnaissables aux bonnets et aux rubans rouges qu'ils portaient. Pour L[ola] Montez, ils formaient une sorte de harem masculin, et les détails qui ont transpiré depuis, et avec lesquels, bien entendu, je ne dois pas polluer vos oreilles, ne laissent aucun doute sur le fait qu'elle est une seconde Messaline.

L'indignation des étudiants, qui ressentaient tout cela comme une dégradation de l'Université et un affront jeté à leur caractère, fut générale. Les *Alamans* étaient traités comme des parias, dont la seule présence était une pollution.

... On avait déjà entendu L[ola] Montez menacer que si les étudiants continuaient à se montrer hostiles à ses favoris, elle ferait fermer l'université. Enfin, le 10 février, un mandat royal fut prononcé, déclarant l'Université suspendue pour toute l'année.

Le lendemain matin, il était évident qu'une crise décisive se préparait ; les étudiants défilaient en cortège dans les rues, quand, tout à coup, la *gendarmerie* , commandée par l'un des favoris de LM, les attaqua et blessa deux d'entre eux. Bien entendu, cela n'a servi qu'à attiser les flammes de l'indignation générale. Les citoyens menacèrent d'apparaître en armes, et le peuple se prépara à prendre d'assaut la maison de L[ola] Montez.

Vers 8 heures du matin le 11, l'effroyable nouvelle fut communiquée au roi selon laquelle la vie de LM était en danger imminent. Entre-temps, plusieurs membres de la famille royale avaient tenté de marquer l'esprit du K. Lorsque ses propres outils, qui jusqu'alors l'avaient poussé à avancer, lui dirent que la vie de L. était en danger et que les régiments refusaient de se battre, il commença à céder. Mais même alors, son comportement ne laissait aucun doute sur le fait que la sécurité personnelle de L[ola] Montez] était son principal motif. Lui-même courut chez elle, que la foule avait commencé à démolir ; indépendamment de toute dignité royale, il exposa sa personne à toutes les humiliations auxquelles pouvaient le soumettre les rapports avec une foule furieuse... Certes, ce jour fut le plus honteux que la royauté ait jamais connu en Bavière.

... Il est naturel que la première annonce du départ forcé de LM ait suscité une exultation universelle. Dans les rues, on ne rencontrait que des visages souriants ; de nouveaux espoirs se sont allumés. Les gens souhaitaient, et donc croyaient, que le roi, ayant enfin pris conscience du véritable état d'esprit de la nation, avait fait un noble sacrifice. Quelques jours suffisaient pour les détromper. L'esprit du K. était dans une sorte d'excitation effrayante, alternant entre accès de dépression et pensées de vengeance... Il est impossible de prévoir où les choses mèneront et où s'arrêtera la persécution . L'opinion gagne du crédit selon laquelle son intention est de ramener L[ola] Montez. De toute évidence, il agit non seulement par soif de vengeance, mais aussi sous l'influence fatale d'une passion irrésistible et sinistre pour cette femme.

Quelques jours plus tard, Ludwig, pour sonder l'opinion publique, se rend à l'Opéra.

« J'ai perdu le goût des lunettes, dit-il à son compagnon, mais je veux voir si je suis encore roi dans le cœur du peuple que j'ai servi.

Il ne douta pas longtemps, car dès qu'il entra dans sa loge, le public se leva et l'acclama vigoureusement. C'était suffisant ; et, sans attendre que le rideau se lève, il revint au Palais.

"Après tout, mes sujets me font toujours confiance", a-t-il déclaré. "J'étais sûr d'eux."

# III

Il y a eu une autre démonstration de loyauté ailleurs. La garnison de Munich, dirigée par le deuxième fils de Ludwig, le prince Luitpold, prêta *en masse un nouveau serment* , jurant fidélité à la nouvelle constitution. Il était cependant un peu tard dans la journée. Les choses étaient allées trop loin ; et Lola, qui n'était qu'à quelques lieues de la capitale, n'était pas allée assez loin. C'était là le problème. Elle était encore capable de tirer les ficelles et de faire sentir son influence dans diverses directions. Elle ne montrerait pas non plus la plume blanche ni ne succomberait aux menaces des voyous.

C'est depuis Lindeau que, déguisée en garçon (un travail alors un peu plus difficile qu'aujourd'hui), Lola, très audacieuse, s'aventura dans les bras de Ludwig. Mais elle ne s'arrêta avec lui que quelques heures, car elle avait été suivie et toujours pourchassée par la populace de la ville. Mais avant de reprendre son voyage, elle s'efforça de prendre contact avec sa fidèle *Alemannia* . « Je vous prie, écrit-elle au propriétaire du café qu'ils fréquentaient, de me dire où est allé M. Peissner. Le propriétaire, craignant des représailles, a caché cette information. S'il l'avait donné, ses locaux auraient probablement été détruits. La sécurité d'abord!

À ce stade, Ludwig, agissant comme un débile mental, annonça qu'il n'y avait qu'une seule explication adéquate au comportement de Lola. C'était qu'elle était « possédée d'un mauvais esprit » qu'il fallait exorciser avant que les choses n'empirent. Prêtant une oreille attentive à tous les charlatans de Bavière, il l'envoya sous escorte à Weinsberg, chez le docteur Justinus Kerner, qui s'y était établi comme mesmériste.

"Vous devez chasser le diable d'elle", furent les instructions qui lui furent données.

Craignant que ses sortilèges et ses incantations ne s'avèrent finalement pas efficaces et ne le condamnent ainsi pour charlatan, l'homme de science se sentit mal à l'aise. Pourtant, un ordre était un ordre, surtout lorsqu'il venait d'un roi, et il promettait de faire de son mieux. Le jour de l'arrivée de son patient, il écrivit à sa fille mariée, Emma Niendorf. Une traduction libre de cette lettre, donnée dans son intégralité par le Dr von Tim Klein (dans son *Der Vorkamfdeutscher Einheit und Freiheit* ), se lirait comme suit :

Hier est arrivée ici Lola Montez; et, jusqu'à ce que de nouvelles instructions viennent de Munich, je la retiens dans ma tour, où la garde est assurée par trois *Alemannia* . Que le roi m'ait choisi parmi tous les peuples vers qui l'envoyer est très ennuyeux. Mais on lui assura qu'elle était possédée d'un diable et que le diable en elle pourrait être chassé par moi à Weinsberg. L'affaire n'en reste pas moins intéressante.

En préalable à mon traitement magnéto-magique, je commence par lui faire subir une cure de jeûne. Cela signifie que chaque jour, elle ne doit manger qu'un quart de gaufrette et treize gouttes de jus de framboise.

« *Sage es aber niemanden ! Verbrenne diesen Brief !* » (« Mais n'en parlez à personne ; brûlez cette lettre ») fut l'injonction finale de l'exorciste.

Pour être à la hauteur de sa réputation de faiseur de miracles, le mystique avait une harpe éolienne à chacune des fenêtres de sa maison, disposée de manière à ce que des voix semblables à celles d'Ariel flottent dans les brises d'été.

"C'est magique", disaient les paysans en se signant dévotement en entendant ce son.

Mais la harpe obligatoire ne s'est pas révélée plus efficace que les régimes réduits et les premières tentatives de vulgarisation de l'amaigrissement. Au bout de quelques jours, le régime fut donc modifié en remplaçant le jus de framboise par du lait d'ânesse. Mais, à son grand dam, le spécialiste a dû signaler à une autre correspondante, Sophie Schwab, que son patient n'en tirait aucun bénéfice réel et que le "diable" gênant n'avait pas été délogé.

Comme il fallait s'y attendre, Lola, ayant un bon appétit et s'opposant aux rations courtes, a laissé tomber l'hypnotiseur et s'est précipitée vers son Ludwig. Après quelques mots avec lui, elle partit pour Stahrenberg.

Ludwig s'assit et écrivit un autre « poème ». À juste titre, cela s'intitulait « Lamentation ».

# CHAPITRE XI

## UNE ÉTOILE DÉCHUE

### je

Même avec Lola Montez écartée et les portes de l'Université rouvertes, tout n'était pas calme sur le front de Munich. Loin de là. Berks, le nouveau ministre de l'Intérieur, qui l'avait toujours soutenue, restait toujours en poste ; et Lola elle-même continuait à distance de tirer les ficelles. Certains d'entre eux étaient efficaces.

Mais Lola Montez, ou pas Lola Montez, il y avait aux yeux de ses sujets exaspérés plus qu'il n'en fallait pour les rendre profondément mécontents du régime de Wittelsbach, tel qu'il était appliqué par Ludwig. Le Cabinet était devenu presque inarticulé ; les fonds publics ont été dilapidés dans toutes sortes de projets grandioses et inutiles ; et l'élément clérical avait longtemps été autorisé à bafouer la constitution. Dans l'ensemble, le « Ministère de l'Aube », créé avec tant de trompettes après le limogeage de von Abel et de ses collègues, n'a pas rencontré le succès escompté. Au lieu de s'améliorer, les choses avaient empiré ; et, bien qu'elle n'ait pas été réellement suggérée, l'idée de remplacer la monarchie par une république était discutée dans de nombreux milieux.

Le rédacteur en chef de l'*Annual Register*, abandonnant son attitude habituelle d'historien impartial, a asséné un coup sec sur les doigts au Royal Troubadour :

"La conduite déshonorante du vieux roi adoré de Bavière, dans sa *liaison ouverte* avec une actrice errante qui avait pris le nom de Lola Montez (mais qui était en réalité l'épouse enfuie d'un Anglais, et dont il avait fait une comtesse bavaroise par le titre de Gräfin de Landsfeld), avait complètement aliéné le cœur de ses sujets. »

À la suite d'un conclave solennel au Rathaus, un ultimatum fut lancé par le Cabinet ; et Ludwig fut informé, sans ambages, que s'il ne voulait pas plonger le pays dans la révolution, Lola Montez devait quitter le royaume. Ludwig céda ; et oubliant, ou bien ignorant délibérément, le fait qu'il avait autrefois écrit une mélodie passionnée, dans laquelle il déclarait :

"Et même si tu es abandonné par le monde entier,
tu ne seras jamais abandonné par moi!"

il pourrait trouver dans son cœur de publier un décret l'expulsant de ses royaumes.

À cette fin, le 17 mars, il a signé deux décrets distincts.

1

"Nous, Ludwig, par la grâce de Dieu, roi de Bavière, etc., pensons qu'il est nécessaire de faire savoir que la comtesse de Landsfeld a cessé de posséder les droits de naturalisation."

2

« Puisque la comtesse de Landsfeld ne renonce pas à son dessein de troubler la paix de la capitale et du pays, toutes les autorités judiciaires du royaume sont ordonnées d'arrêter ladite comtesse partout où elle pourra être découverte. forteresse la plus proche, où elle doit être gardée à vue. »

Les événements se sont déroulés rapidement. Quelques jours plus tard, Lola fut arrêtée par le prince Wallerstein (qu'elle avait elle-même mis au pouvoir lorsque ses actions avaient chuté) et expulsée, comme « étranger indésirable », vers la Suisse.

Féminine, elle avait le dernier mot.

« Je quitte la Bavière, dit-elle, mais d'ici peu votre roi partira aussi.

Tout le monde avait quelque chose à dire sur l'entreprise. La plupart des gens avaient beaucoup à dire. Les fils bourdonnaient ; et les correspondants étrangers à Munich remplissaient leurs colonnes de longs récits sur les récents troubles à Munich et leur origine. Il n'y a pas deux comptes similaires.

"Le peuple a insisté", dit Edward Cayley, dans ses *Révolutions européennes de 1848*, "sur le renvoi de la maîtresse du roi. Elle a été renvoyée, mais, se fiant à l'adoration du roi, elle est revenue, police ou pas police... ... C'était un point culminant auquel le peuple n'était pas prêt à se soumettre, non qu'il soit plus vertueux que son souverain. Un autre publiciste, Edward Maurice, l'exprime un peu différemment : « En Bavière, le pouvoir exercé par Lola Montez sur Ludwig avait longtemps déplu aux réformateurs les plus sévères. » C'était assez vrai ; mais les Munichois détestaient encore plus les Jésuites, affirmant que c'était avec eux que Lola partageait la conscience du roi. Les libéraux étaient prêts à agir et se réjouissaient de cette occasion de s'affirmer.

Dès que Lola fut réellement hors du pays, son hôtel particulier de la Barerstrasse fut fouillé du grenier à la cave par la police de Munich. Comme il fallait, pour justifier la perquisition, découvrir quelque chose de compromettant, ils annonçaient avoir découvert des « preuves » que Lord Palmerston et Mazzini étaient en correspondance active avec l'ex-maîtresse du roi ; et que l'intermédiaire du ministère britannique des Affaires étrangères était un juif appelé Loeb. Cet individu était un artiste employé pour décorer la maison. Pris de remords, il se serait rendu chez Ludwig et aurait avoué

avoir intercepté la correspondance de Lola avec Mazzini et avoir fomenté les
émeutes. Il a en outre déclaré que d'importantes sommes d'argent lui avaient
été envoyées de l'étranger. Les historiens, cependant, n'en ont aucune
connaissance ; et la nature des « preuves » n'a jamais été révélée.

La villa de Lola dans la Barerstrasse devint ensuite la nouvelle résidence de
la légation britannique. Il fut démoli en 1914 ; et même une plaque murale
ne marque plus son occupation unique. Quant au Residenz Palace où elle
fréquentait Ludwig, ce bâtiment est aujourd'hui un musée et, à ce titre, fait
écho au bruit des touristes et aux clichés des appareils photo. *Sic transit*, etc.

<h2 style="text-align:center">II</h2>

Lorsque Lola, traquée de pilier en poste, finit par quitter Munich pour la
Suisse, c'est en compagnie d'Auguste Papon, qui, pour « turpitude morale »,
avait déjà reçu son ordre de marche. Il se décrit comme un « coursier ». Son
passeport, cependant, portait la description moins exaltée de « cuisinier ».
C'était probablement la solution la plus correcte. Le fidèle Fritz Peissner,
soucieux de rendre service à la femme qu'il aimait et pour laquelle il avait déjà
risqué sa vie, la rejoignit à Constance, en compagnie de deux autres membres
de l'Alemannia, le comte Hirschberg et le lieutenant *Nussbaum*. Mais ils ne se
sont arrêtés que quelques jours.

Soucieuse de reprendre contact avec eux, Lola écrit au propriétaire à leur
dernière adresse :

2 mars 1848.

    MONSIEUR,

Dans le cas où les étudiants de la Société Alemannia auraient quitté votre
hôtel, je vous prie d'informer mon domestique, porteur de cette lettre, de
l'endroit où s'est rendu M. Peissner, à qui il a un colis à livrer.

    Recevez d'avance mes sentiments distingués.

COMTESSE DE LANDSFELD.

La première halte de Lola en Suisse (pays qu'elle décrit comme « cette petite
République qui, tel un aigle majestueux, gît au milieu des vautours et des
cormorans d'Europe ») fut à Genève. Une erreur de jugement, car les
citoyens austères de la ville de Calvin, imposant un standard quelque peu
élevé aux visiteurs, étaient insensibles à ses flatteries. "Ils étaient", se plaignit-
elle, "aussi froids que leurs propres glaçons". Mais à Berne, où elle se rendit
ensuite, elle eut plus de chance. C'est qu'elle y rencontra un jeune chargé
d'affaires impressionnable attaché à la légation britannique, qu'elle trouva «
un peu plus jeune que Ludwig, mais plus de deux fois plus idiot ». Une *entente*

fut bientôt établie. "Parfois à cheval, parfois en conduisant, elle apparaissait en public, accompagnée de son jeune adorateur."

Le fonctionnaire était Robert Peel, fils de l'éminent homme d'État, et devait ensuite devenir troisième baronnet. Dans un curieux petit ouvrage typique de l'époque, *The Black Book of the British Aristocracy* , on trouve une allusion acide à la question : « Ce brillant jeune homme vient de prendre sous sa protection la fameuse Lola Montez, et on l'a récemment observé marchant avec elle, dans le plus pur style diplomatique, dans les rues d'une ville suisse."

C'est vers cette époque qu'un directeur de théâtre londonien, à la recherche d'une nouveauté, se rendit compte qu'il y avait matière à écrire un drame émouvant autour de la carrière de Lola Montez. À peine dit que c'était fait; et un dramaturge clandestin, retenu sur place, fut chargé de se mettre au travail. Enfermé dans sa mansarde avec une bouteille d'eau-de-vie, il livrait au bout d'une semaine le scénario. Ceci étant approuvé par la direction, on le mit en répétition, et les panneaux publicitaires furent recouverts de factures :

---

**THEATRE ROYAL, HAYMARKET**

(Under the Patronage of Her Gracious Majesty The Queen, His Royal Highness Prince Albert, and the Élite of Rank and Fashion.)  On Wednesday, April 26, 1848, will be produced a New and Original and Apropos Sketch entitled :

" LOLA MONTEZ, or THE COUNTESS FOR AN HOUR."

---

THEATRE ROYAL, HAYMARKET

(Sous le patronage de Sa Gracieuse Majesté la Reine, de Son Altesse Royale le Prince Albert et de l'élite du rang et de la mode.) Le mercredi 26 avril 1848, sera produit un croquis nouveau et original et à propos intitulé :

" LOLA MONTEZ , ou LA COMTESSE PENDANT UNE HEURE .

"Une heure." Ce fut à peu près aussi longtemps que cela dura, car l'accueil des critiques fut nettement glacial. « Nous ne pouvons pas, déclara l'un d'eux, applaudir les motifs qui ont présidé à la production d'une farce mettant en scène un faux souverain et sa maîtresse. À notre avis, la pièce est extrêmement répréhensible.

Le Lord Chamberlain partageait apparemment ce point de vue, car il fit retirer la pièce après la deuxième représentation.

" *Es gibt kein Zurück* " ("Il n'y aura pas de retour") furent les derniers mots que Ludwig lui dit. Mais Lola n'a pas pris l'injonction au sérieux. Selon une lettre de la *Deutsche Zeitung* , elle était de retour à Munich en une semaine, voyageant sous la « protection » du baron Möller, un diplomate russe. Entrant subrepticement dans le Palais, elle extorqua à Ludwig un chèque de 50 000 florins. Comme le tirage était sur la banque Rothschild à Francfort, elle s'y précipita et revint le soir même en Suisse, « avec un sac plein de billets ».

Pour convaincre ses lecteurs qu'il était bien dans les coulisses, Papon cite une lettre qui, selon lui, a été écrite par Ludwig à un correspondant quelques mois plus tard :

Je voudrais savoir de votre part si ma chère comtesse voudrait que sa rente soit assurée en la faisant verser dans une banque privée, ou si elle préfère que je dépose un million de francs à la Banque d'Angleterre... On me reproche déjà d'avoir donné elle trop. Alors que les révolutionnaires saisissent n'importe quel prétexte pour s'affirmer, il est important d'éviter d'attirer l'attention sur elle pour l'instant. Pourtant, je veux que ma chère comtesse bien-aimée soit satisfaite. Je le répète, le monde entier ne peut me séparer d'elle.

Alors qu'il était avec elle en Suisse, Papon a rédigé un pamphlet : *Lola Montez, Mémoires accompagnés de lettres intimes de SM le Roi de Bavière et de Lola Montez, ornés des portraits, sur originaux donnés par eux à l'auteur,* prétendant être écrit par leur sujet. "Je dois à mes lecteurs", lui fait-il dire d'un air suffisant, "l'exacte vérité. Ils doivent juger entre mes ennemis et moi." Mais, dans son personnage de voyeur, Papon a dépensé très peu de vérité. Ainsi, déclare-t-il, lors de son séjour au pays des montagnes et de Guillaume Tell, elle eut une série d' *aventures* avec un « baron », un « artisan musclé » et un « marin intrépide ». Il raconte également que « deux dames anglaises de sang pur, porteuses de noms illustres », l'avaient visitée sans y être invitées ; et que cette circonstance l'ennuyait tellement qu'elle obligeait son singe de compagnie à les attaquer.

Mais Auguste Papon ne peut pas être considéré comme une autorité très fiable. Poisson décidément étrange, il prétendait être un ancien officier et se faisait également appeler marquis. Malgré toutes ses prétentions, il n'était qu'un *chevalier d'industrie* , vivant de son esprit ; et, se faisant passer pour un prêtre, il fut ensuite reconnu coupable d'escroquerie et envoyé en prison.

## III

Un champion courageux, mais anonyme, sauta dans la brèche et lança une contre-attaque aux efforts de Papon sous la forme d'un deuxième pamphlet intitulé "Une réponse". Mais celui-ci n'était pas plus remarquable par sa précision que l'original. Ainsi, il déclare : « Elle [Lola] vivait avec le roi de Bavière, un homme de quatre-vingt-sept ans. La nature de cette intimité peut être mieux devinée en lisant les deuxième et troisième versets du Premier Livre des Rois, chapitre premier. Il est évident pour tout esprit réfléchi qu'il s'agissait d'une sorte d'arrangement du roi David. » Quant au reste de la brochure, il était principalement occupé par un argument élaboré selon lequel, tout compte fait, son sujet n'était pas pire que celui des autres dames, et bien meilleur que beaucoup d'entre elles.

Parmi les extraits de cet effort bien intentionné, les suivants sont les plus importants :

Un certain marquis Auguste Papon, ancien complice des désirs et des affections naturelles communes à tout le genre humain, publia et fit circuler dans toute l'Europe un volume qui marque sa propre infamie (comme nous aurons l'occasion de le montrer au cours de cette réponse). ) dans des caractères bien plus ineffaçables que ceux que, dans son esprit de vengeance, il cherchait avec jubilation à détruire.

Mais avant de disséquer son livre, il est permis de demander au lecteur impartial ce qu'il y a de si remarquable dans la conduite du roi de Bavière et de Lola Montez pour les distinguer défavorablement des monarques et des femmes célèbres pour leur talent, originalité et beauté qui les ont précédés. Où sont Henri IV de France, Henri V, Louis XIV et Louis XV, avec leurs maîtresses respectives ? Qui parmi leur peuple a jamais osé intervenir, pour des raisons de moralité, dans les faveurs et les honneurs conférés à ces femmes distinguées ? Bien plus, pour revenir à une époque ultérieure, le marquis Auguste Papon a-t-il jamais entendu parler des amours de Louis XVIII et de Madame de Cuyla, et cela après la restauration du monarque en 1814 ? Ignore-t-il celles de Napoléon lui-même et de mademoiselle Georges ? Presque toute la famille royale d'Angleterre, même celle de la maison de Hanovre, n'est-elle pas connue pour ses relations avec des femmes célèbres ? N'a-t-il jamais entendu parler de Mme Walkinshaw, prétendue maîtresse de Charles Edouard le Prétendant, de Lucy Barlow, maîtresse de Charles II, mère du duc de Monmouth ? D'Arabella Churchill et de Katherine Sedley, maîtresses de Jacques II ? De la comtesse de Kendal, maîtresse de George II, qui fut reçue partout dans la société anglaise ? Ou de George IV et de la marquise de C—— ? Du duc d'York et de Mary Anne Clark ? Du duc de Clarence et de l'aimable et respectée Mme J... ? Et enfin, et non des moindres, de l'actuel roi de Hanovre et feu duc de Cumberland, qui s'efforce encore aujourd'hui, soupçonné d'avoir assassiné son valet de chambre Sellis, de dissimuler son adultère avec sa femme ? En quoi le roi de Bavière diffère-t-il d'eux ?

**Lola Montez en caricature. "Lola sur le chien Allemannen"**

Mais même pour descendre plus bas dans l'échelle sociale de ceux qui ont occupé l'attention du monde sans encourir sa censure marquée et impertinente, le marquis Auguste Papon a-t-il jamais entendu parler de la belle Miss Foote, qui, d'abord la favorite du célèbre colonel Berkeley (frère naturel du duc de Devonshire) et deuxièmement d'une amie personnelle de l'auteur de cette réponse, la célèbre Pea Green Hayne, devint finalement la charmante et aimable comtesse de Harrington, l'une des femmes les plus douces qui aient jamais été placées au chef de la famille Stanhope ou honoré d'une pairie ?

Qui, ayant jamais eu le plaisir de connaître cette plus belle fleur dans le parterre de l'aristocratie de la beauté anglaise, aurait eu, dans un esprit de vengeance et d'avarice déçue, la grossièreté de l'insulter en la traitant de marquis de Papon, dépositaire *de* tous ses secrets, a insulté la comtesse de Landsfeld du nom répugnant de « courtisane », parce que, cédant à la confiance de son cœur de femme, elle avait été adorée de deux amants précédents ? Jamais Lord Petersham, plus tard comte d'Harrington, n'a pris une voie plus sensée que lorsqu'il a élevé dans un amour saint et irréprochable, un amour qui étranglait le scandale dans sa plénitude gonflée, la fascinante Maria Foote à la position qu'elle était censée orner, étant la sœur jumelle en beauté ainsi qu'en belle-mère de la charmante Miss Green, dont les lèvres rouges mûres et les longs cils bleus et rieurs étaient, avant son mariage avec le colonel Stanhope, l'admiration et le sujet des hommages de tout Londres. Si son regard se pose un jour sur cette page, elle s'apercevra que nous n'en avons pas oublié la puissance et l'expression.

Pour descendre encore plus bas dans l'échelle de la vie sociale, le marquis Auguste Papon a-t-il jamais entendu parler de la célèbre Madame Vestris, aujourd'hui Mme Mathews ? Ignore-t-il que son théâtre, l'Olympic, ait jamais été le lieu de villégiature des gens les plus élégants et les plus aristocratiques de Londres ? Sa vie morale a-t-elle en quelque sorte nui à sa popularité en tant que femme de talent et de beauté, et en tant qu'artiste d'une fascination et d'un mérite excessifs ? Et pourtant elle avait plus d'amants que le marquis Auguste Papon ne peut, avec toute son ingéniosité, en opposer contre la femme remarquable qu'il, dans son esprit de vengeance peu honorable, a juré de détruire.

Énumérons ceux que nous savons avoir été les amants de madame Vestris, qui, après avoir passé sa jeunesse dans toutes les jouissances les plus diverses, devint enfin la femme d'un homme, non sans talent lui-même, et dont le père était le premier parmi les hommes. noms célèbres dans la bande dessinée.

Le premier était un ami personnel de l'auteur de cette réponse à l'attaque indigne du marquis Auguste Papon. Et nous avons des raisons de nous en souvenir, car les relations d'Henry Cole avec la femme la plus fascinante de son époque ont conduit à un duel à Hyde Park, dont cette dame fut la cause immédiate, entre l'écrivain et un officier britannique si peu galant. comme pour chercher à freiner l'enthousiasme créé par son jeu d'acteur à peine égalé. Sir John Anstruther lui succéda, et après Sir John le célèbre Horace Claggett. Nous ne savons pas dans quel ordre leurs successeurs sont venus, mais parmi ceux qui ont connu Mme Vestris dans toute l'intimité de la plus tendre amitié étaient le beau Jack, le capitaine Best, lord Edward Thynne et lord Castlereagh. Ces choses n'étaient pas un secret pour les milliers de personnes qui, fascinées par sa beauté et la perfection de son jeu, se pressaient néanmoins dans le théâtre qu'elle était reconnue pour avoir dirigé avec la convenance et l'habileté les plus aimables. Au contraire, c'était autant une question de culture générale parmi les gens du premier rang et de la mode que le soleil à midi. Et pourtant, quel gentleman a jamais osé apposer sur le nom de cette femme douée, dont le mépris même de l'opinion de ceux qui, hypocritement et *sub rosa*, ont poursuivi dans près de quatre-vingt-dix-neuf cas sur cent la même voie - quel gentleman, demandons-nous, a-t-il jamais osé s'engager jusqu'à la qualifier de « courtisane » ?

Il y en avait beaucoup plus, car la « Réponse » comptait soixante-seize pages.

La page de titre de cette contre-attaque disait :

**LOLA MONTEZ**

or

**A REPLY TO THE**

**"PRIVATE HISTORY AND MEMOIRS"**

of

**THAT CELEBRATED LADY**

RECENTLY PUBLISHED

By

THE MARQUIS PAPON

FORMERLY SECRETARY TO

THE KING OF BAVARIA

AND FOR A PERIOD

THE PROFESSED FRIEND AND ATTENDANT

of

THE COUNTESS OF LANDSFELD

*Stet Nomnis Umbra*—Junius

NEW YORK

1851

LOLA MONTEZ

ou

UNE RÉPONSE À « L'HISTOIRE PRIVÉE ET LES MÉMOIRES »

de

CETTE CÉLÉBRÉE

DAME RÉCEMMENT PUBLIÉE

PAR

LE MARQUIS PAPON

ANCIEN SECRÉTAIRE DU ROI DE BAVIÈRE ET PENDANT UNE
PÉRIODE L'AMI PROFESSÉ ET ASSISTANT DE LA COMTESSE
DE LANDSFELD

*Stet Nomnis Umbra* — Junius

NEW YORK

# IV

La Bavière occupait alors une position clé dans la sphère politique européenne. Ludwig, cependant, s'était attardé trop longtemps sur la situation. Rien de ce qu'il pouvait faire maintenant ne le sauverait. L'agitation était dans l'air. Partout en Europe, la marée démocratique montait et menaçait rapidement d'engloutir les positions bien établies des autocrates. Metternich, lisant les présages, envisageait de quitter Vienne, une ville envahie par la foule, pour l'atmosphère plus tranquille de Brighton ; Louis-Philippe, lui donnant l'exemple, avait déjà fui Paris ; et le prince Guillaume de Prusse, se rasant la moustache (et voyageant avec un faux passeport), se précipitait vers l'Angleterre alors que les choses allaient encore bien. Forts de ces exemples pour les guider, les Bavarois, fatigués des promesses douces et des paroles douces, réclamaient à grands cris un nouveau bras à la barre. Comprenant que le choix se trouvait entre cela et une république, Ludwig s'inclina devant l'inévitable ; et, avec des larmes de crocodile et des protestations hypocrites de bonne foi, il rendit son sceptre. Pour donner pleinement effet à la décision, il a publié une proclamation :

"Bavarois ! Une nouvelle condition est apparue. Elle diffère substantiellement de celle sous laquelle je vous gouverne depuis vingt-trois ans. En conséquence, je dépose mon sceptre en faveur de mon fils bien-aimé, le prince Maximilien. Je vous ai toujours gouverné avec plein respect pour votre bien-être. Si j'avais été un simple employé, je n'aurais pas pu travailler avec plus d'ardeur; si j'avais été ministre des Finances, je n'aurais pas pu consacrer plus d'attention aux besoins de mon pays. Je remercie Dieu de pouvoir regarder le monde entier sans crainte en face et là, face à l'œil le plus scrutateur. Bien que je renonce maintenant à ma couronne, je peux vous assurer que mon cœur bat toujours aussi chaleureusement pour la Bavière.

" MUNICH ,

*21 mars 1848.* "

La signature de Ludwig à ce mélange de rigmaro et d'emphase fut suivie par celles de ses fils, les princes Maximilian Luitpold, Adalbert et Carl. Quant à Maximilien, le nouveau souverain, plutôt que de risquer d'être renversé, il était prêt à faire table rase d'un certain nombre de griefs existants. Pour gage de ses intentions, il promet, au cours d'un discours mousseux, d'accorder l'amnistie aux prisonniers politiques, la liberté de la presse, la suppression de certains impôts, l'institution du procès avec jury et une réforme longtemps retardée du système politique. la franchise.

Dans l'idée sans doute de combler le vide dans son affection provoqué par le départ brusque de Lola Montez, Fräulein Schroder, une jeune actrice du Théâtre Hof, s'efforça de réconforter Ludwig dans sa retraite. Il était cependant incapable de nouer de nouveaux contacts.

"Mon bonheur m'a quitté", murmura-t-il tristement. "Je ne peux pas m'arrêter dans une capitale à laquelle j'ai longtemps prodigué les soins affectueux d'un père."

Ferme dans cette détermination, il quitte Munich pour la Riviera et s'installe dans une villa au milieu des oliviers et des oranges de Nice. Là, il a tourné une nouvelle page. Mais il n'a pas arrêté d'écrire de la poésie. Il n'a pas non plus cessé d'écrire à la femme qui était encore dans ses pensées. Une épître ardente qui la suivit en exil s'exprimait ainsi :

Oh, ma Lolita ! Un rayon de soleil au point du jour ! Un flot de lumière dans un ciel obscur ! L'espoir fait toujours résonner des cordes oubliées depuis longtemps, et l'existence redevient agréable comme autrefois. Tels étaient les sentiments qui m'animaient pendant cette nuit de bonheur où, grâce à vous seule, tout n'était que joie. Ton esprit a relevé le mien de tristesse ; jamais une ivresse n'a égalé celle que j'éprouvais alors !

Tu as perdu ta gaieté ; la persécution vous en a dépouillé ; et il t'a volé ta santé. Le bonheur de votre vie est déjà perturbé. Mais maintenant, et plus solidement que jamais, tu es attaché à moi. Personne ne pourra jamais nous séparer. Tu as souffert parce que tu m'aimes.

Lorsque les récits de ce qui se passait en Bavière parvinrent à l'Angleterre, une tige bien marinée fut appliquée sur le dos de Lola :

« La conduite sanguinaire et destructrice de la foule munichoise », commençait un éditorial furieux, « a été causée par le retour supposé de la célèbre trompette bavaroise, Lola Montez. Cette héroïne était autrefois familière aux yeux de tout Paris et notoire comme courtisane. " Lorsqu'elle fut investie d'un titre, les Bavarois frémirent de leur dégradation. Ce n'était rien de moins qu'un outrage de la part de la royauté, qui ne devait jamais être oublié ni pardonné. "

Les colonnes de *Maga* brandirent également le bâton avec vigueur :

"Le défunt roi, l'un des dilettanti les plus accomplis, le pire des poètes et le plus stupide des hommes, avait récemment mis un terme à une vie de folie en s'engageant dans une intrigue des plus dénudées avec la célèbre Lola Montez. L'indécence et l'engouement de cette dernière *liaison* - bien plus ouvertement menée que n'importe lequel de ses nombreux amours antérieurs - avaient causé un intense ombrage à la noblesse qu'il avait insultée en élevant à leurs rangs le ci-devant danseur d'opéra.

Pourtant, malgré tous ses défauts qui pesaient sur lui, Ludwig n'en avait pas moins raison. Ainsi, en plus de faire passer Munich d'une ville de second ordre à une capitale très importante, il fit beaucoup pour encourager le développement des arts, des lettres, des sciences et de l'éducation dans tout son royaume. Ignaz Döllinger, le théologien, Joseph Görres, l'historien, Jean Paul Richter, le poète, Franz Schwanthaler, le sculpteur, Wilhelm Thirsch, le philosophe, Richard Wagner et bien d'autres bénéficièrent de son patronage. Lorsqu'il mourut, vingt ans plus tard, ces faits furent rappelés et ses petits lapsus oubliés. Les Munichois l'ont enterré dans la basilique ; et une statue équestre, portant l'inscription « Juste et persévérant », fut érigée sur la place de l'Odéon.

C'est une mode chez certains historiens d'attribuer à Lola Montez la responsabilité de la révolution en Bavière. Mais cette accusation n'est pas justifiée. Le fait est que le royaume était mûr pour la révolution ; et l'équilibre du gouvernement était si instable que Ludwig aurait perdu sa couronne, qu'elle fût à la campagne ou non.

Il est tout aussi bien de s'en souvenir.

**V**

Après quelques mois parmi eux, Lola, lassée des cantons suisses, pensa aussi bien découvrir si l'Angleterre, qu'elle n'avait pas visitée depuis six ans, pouvait offrir de nouveaux attraits. En conséquence, résolue à faire l'expérience, le 30 décembre 1848, elle arriva à Londres.

Le *satiriste*, apprenant la nouvelle, a suggéré que les gérants de Drury Lane et de Covent Garden l'engagent dans le cadre d'un « tirage au sort ». Mais elle ne s'arrêta pas très longtemps en Angleterre, puisqu'elle retourna presque aussitôt sur le continent.

Au printemps suivant, il effectue un deuxième voyage à Londres et part de Rotterdam. À son insu, la liste des passagers devait inclure une autre étoile déchue. C'était Metternich qui, avec la racaille viennoise tonnant aux portes de son palais, s'apprêtait à chercher refuge en Angleterre. Pensant cependant que les temps n'étaient pas tout à fait propices, il décida de reporter l'expédition.

« Si, écrit-il, les troubles chartistes ne m'avaient pas empêché de m'embarquer hier à Rotterdam, j'aurais atteint Londres ce matin en compagnie de la comtesse de Landsfeld. Elle a pris le bateau à vapeur sur lequel j'aurais dû voyager. Dieu merci de m'avoir préservé d'un tel contact !

Tout bien considéré, c'est peut-être aussi bien que les deux réfugiés n'aient pas traversé la Manche ensemble. S'ils l'avaient fait, il est probable que l'un d'eux aurait trouvé une tombe aqueuse.

Metternich avait battu Napoléon, mais il s'est retrouvé battu par Lola Montez. Le 9 avril, il écrivait depuis La Haye :

" J'ai retardé mon départ pour l'Angleterre, parce que je voulais savoir d'abord ce qui se passait dans ce pays à la suite des troubles chartistes. Je considère que, pour moi qui dois avoir un repos absolu, il eût été ridicule d'avoir arrivé au milieu de l'agitation."

Louis Napoléon, cependant, était d'une étoffe plus austère ; et c'est à son honneur qu'en récompense de l'hospitalité qui lui a été offerte, il a prêté serment comme connétable spécial.

# CHAPITRE XII

## UN MARIAGE « À GAUCHE »

### je

En arrivant à Londres, et (grâce à la générosité de Ludwig) étant bien dotée en fonds, Lola prit une maison à Half Moon Street, Piccadilly. Là, elle établit une sorte de *salon* , où elle donna une série de réceptions en soirée. Ils n'étaient peut-être pas à la hauteur de l'ancien standard de la Barerstrasse ; néanmoins, ils rassemblèrent un certain nombre de « lions » de moindre importance, qui n'étaient que trop heureux d'accepter les invitations.

Parmi les fidèles se trouvait Frederick Leveson-Gower, un fils du comte Granville. Il avait rencontré la grande Rachel à Paris et était ravi d'elle. « Peu de temps après, dit-il, j'ai connu un autre individu beaucoup moins doué, mais qui, après avoir captivé un roi, bouleversé deux ministères et provoqué une révolution en Bavière, avait le droit d'être considéré comme célèbre. Lola Montez."

Dans son personnage de ce que l'on appelle encore étrangement un « homme de la ville », le sergent Ballantine faisait également partie de ceux qui assistaient à ces rassemblements de Half Moon Street. "Son hôtesse", dit-il, "avait certains prétentions à la célébrité. Elle était, je crois, d'origine espagnole et possédait certainement le style de beauté de ce pays, avec beaucoup d'éclat et une mode vestimentaire extrêmement extravagante . " Un autre visiteur occasionnel était George Augustus Sala, un journaliste du milieu de l'époque victorienne qui était responsable de la publication de plus d'inexactitudes bâclées que deux membres de son métier réunis. Il dit qu'il a déjà envisagé d'écrire les mémoires de Lola. Il n'est cependant pas allé au-delà de « contempler ». C'était peut-être aussi bien, puisqu'il était si mal équipé pour cette tâche qu'il imaginait qu'elle était la sœur d'Adah Isaacs Menken.

« Vers cette époque, dit-il, j'ai fait la connaissance, dans un petit magasin de cigares sous les piliers de Norreys Street, Regent Street, d'une très belle dame, à l'origine épouse d'un notaire, mais qui avait été connue à Londres. et Paris comme danseuse de ballet sous le nom de Lola Montez. Quand je l'ai connue, elle venait de s'évader de Munich, où elle était trop connue comme comtesse de Landsfeld. Elle avait acquis pour un temps une maîtrise complète du vieux roi Louis de Landsfeld. Bavière ; et il avait fallu quelque chose comme une révolution pour la décider à quitter la capitale bavaroise. »

Une histoire ridicule se répandit selon laquelle Lord Brougham (qui avait été témoin de ses débuts malheureux en 1843) voulait l'épouser. Le fait qu'il existait déjà une Lady Brougham n'a pas freiné les langues des commérages. « Elle a refusé l'honorable Seigneur, dit un journaliste français, d'une manière qui a été tout à son honneur.

Les journalistes, avides de « copie », ont hanté Half Moon Street toute la journée. Ils n'étaient jamais devant sa porte. « Les ragots en ville », a déclaré l'un d'eux, « battent leur plein ; et le grand public est impatient d'apercevoir la dernière « lionne ». Lola Montez est sur toutes les lèvres et dans tous les yeux. Elle provoque une sensation encore plus grande que celle inspirée par le rossignol suédois, Madame Jenny Lind.

Malgré l'échec d'une précédente tentative d'exploiter sa personnalité derrière les feux de la rampe, Mme Keeley a produit au Haymarket un croquis écrit "rond" Lola Montez. Ceci, assemblé par Stirling Coyne, s'appelait : *Pas de Fascination* . La scène s'est déroulée dans « Neverask- *where* » ; et parmi les personnages se trouvaient le « prince Dunbrownski », le « comte Muffenuff » et le « général von Bolte ».

Cela ne semble guère déchirant.

Mme Charles Kean, qui a assisté à la première représentation, a décrit *Pas de Fascination* comme « la pièce la plus audacieuse à laquelle j'ai jamais assisté ». Lola Montez elle-même l'a pris en bonne part. Elle s'assit dans une loge « et, lorsque le rideau tomba, jeta un magnifique bouquet à l'actrice principale ». Des charbons de feu.

Pour ne pas être en reste en proposant des bribes de « nouvelles », un correspondant américain a informé ses lecteurs que : « Au début de 1849, Lola Montez, parée des bijoux royaux bavarois, s'est écrasée dans l'un des bals de la cour du palais de Buckingham. " Inutile de le remarquer, a-t-il ajouté, cette audace n'a pas été répétée. " De là, il semblerait que le Lord Chamberlain ait été réveillé de son sommeil temporaire.

Le *satiriste* avait assuré à ses lecteurs que "le public entendra bientôt davantage parler de Madame Montez". Ils l'ont fait. Ce qu'ils ont entendu était quelque chose d'assez inattendu. C'était qu'elle avait fait une seconde expérience en matière de mariage, et que son choix s'était porté sur un certain M. George Heald, un garçon insensible de vingt ans, pour qui une commission de Cornet dans les Life Guards avait été achetée par sa famille.

## II

Les raisons précises qui ont poussé Lola à adopter cette démarche n'ont pas été divulguées. Mais plusieurs se sont proposés eux-mêmes. Peut-être était-elle attirée par la cuirasse scintillante et le casque à plumes du Cornet ; peut-être par ses revenus substantiels ; et peut-être qu'elle en avait assez d'être une vagabonde sans abri et sentait qu'elle avait enfin la possibilité de s'installer et d'expérimenter la vie domestique.

Lorsque l'annonce fut imprimée, il y eut beaucoup d'agitation parmi les pigeonniers de Mayfair. Comme le marié disposait d'un revenu d'environ 10 000 £ par an, les débutants, chagrinés de découvrir qu'un tel « éligible » leur avait été arraché, se sont sentis enclins à convoquer une réunion d'indignation.

"C'est absurde", disaient-ils, "qu'une telle femme l'ait attrapé ! Il faudrait faire quelque chose à ce sujet."

Mais, pour l'instant, rien n'a été « fait » et le nœud a été noué le 14 juillet. Lola a vu que le nœud devait être double ; et la cérémonie eut lieu d'abord à la chapelle catholique française de la rue King, puis à Saint-Georges, Hanover Square.

**Prieuré de Berrymead, Acton, où Lola Montez vivait avec Cornet Heald**

Un représentant de la presse, se trouvant parmi la congrégation, s'est précipité vers Grub Street. Là, il fut récompensé de cinq shillings de bienvenue par son rédacteur en chef, qui, très heureux d'obtenir une telle nouvelle avant tout autre journal, avait un paragraphe caractéristique sur le sujet :

Lola Montez, comtesse de Landsfeld, ex-danseuse et ex-favorite du vieux roi imbécile de Bavière, est, pouvons-nous informer nos lecteurs, enfin mariée légitimement. *Sur ce* , son jeune mari, M. George Trafford Heald, a été entraîné dans le match un peu précipitamment. Il sera curieux de constater les progrès de la comtesse dans cette position inédite. Un changement soudain d'une carrière d'excitation furieuse à une carrière dans laquelle la prudence et le respect des règles de la bonne société sont tout à fait opposés à ceux observés par les étrangers lâches doit s'avérer pour elle une épreuve. Fouetter les commissaires de police et lancer des chiens féroces sur des civils inoffensifs pourrait être très bénéfique pour Munich. En Angleterre, cependant, nous ne sommes guère préparés à ces activités, même si elles sont considérées comme le privilège d'une comtesse.

Disraeli, qui avait un grand appétit pour tous les ragots discutés dans les salons de Mayfair, a entendu parler du match et en a parlé dans une lettre à sa sœur, Sarah :

## Juillet 1849.

Le mariage de Lola Montez fait sensation. Je crois qu'il [Heald] ne dispose que de 3 000 £ par an, et non de 13 000 £. C'était une affaire de quelques jours. Elle a envoyé demander le refus de son chien, qui, selon elle, était à vendre – bien sûr que non, étant très beau. Mais il l'a envoyé en cadeau. Elle a rejoint; il a appelé; et ils se sont mariés en une semaine. Il n'a que vingt et un ans et souhaite se distinguer. Leurs invitations à dîner sont déjà sorties, me dit-on. Elle l'avait convaincu auparavant qu'elle n'était pas Mme James ; et quant au roi de Bavière, qui, d'ailleurs, lui accorde 1,500 livres par an, et à qui elle écrit tous les jours, ce n'était qu'une passion *malheureuse* .

A propos de cette union, une énigme populaire circulait dans les clubs : "Pourquoi un certain jeune officier des Life Guards ressemble-t-il à une paire de chaussures très raccommodées ?" La réponse fut : "Parce qu'il a été talonné [Guérir] et planté [vendu]".

La lune de miel s'est déroulée au Berrymead Priory, une maison que le marié possédait à Acton. Il s'agissait d'un important bâtiment gothique, avec plusieurs hectares de terrain et de jardins bien boisés. A quelque distance, peut-être, de la caserne du Cornet. Pourtant, on imagine qu'il n'a pas pris ses fonctions militaires très au sérieux ; et les congés « pour affaires privées urgentes » étaient sans aucun doute accordés de manière libérale. Il possédait aussi un phæton dans lequel, avec une châtaigne fessée entre les flèches, les milles seraient bientôt parcourus.

L'histoire du Prieuré remonte aux temps lointains d'Henri III, lorsqu'il appartenait au Chapitre de la Cathédrale Saint-Paul. Henri VII, autoritaire, le présenta au comte de Bedford ; et un occupant ultérieur fut la célèbre Elizabeth Chudleigh, l'épouse bigame du duc de Kingston. Une autre dame légère, Nancy Dawson, y aurait également vécu comme châtelaine, sous la « protection » du duc de Newcastle.

Au début du siècle dernier, la propriété fut acquise par un colonel Clutton. Il fut suivi par Edward Bulwer, plus tard Lord Lytton, qui y vécut de temps en temps (principalement de temps en temps) avec sa femme, jusqu'à leur séparation en 1836. À une occasion, il organisa un dîner, parmi les invités étant John Forster, "pour rencontrez Miss Landon, Fontblanque et Hayward. À l'invitation était ajouté l'avertissement : « Nous dînons à cinq heures et demie, pour nous laisser le temps de rentrer, et nous regrettons beaucoup de ne pas encore trouver de lits libres. Un lit d'appoint était cependant disponible pour Lord Beaconsfield, lorsqu'il y dîna l'année suivante.

Au départ de Bulwer, la maison eut une succession de locataires ; et pendant une courte période, elle abrita même une troupe de religieuses du Sacré-Cœur. C'est à leur départ que le domaine fut acheté par Me George Heald, un avocat au cabinet florissant. Il l'a laissé à son fou de fils, le Cornet : et c'est ainsi que Lola Montez a établi sa connexion avec le Prieuré de Berrymead.

Même si la maison d'origine existe toujours, le jardin dans lequel elle se trouvait a disparu ; et le bâtiment lui-même sert désormais de locaux à l'Acton Constitutional Club. Mais le comité a pris soin de préserver certaines preuves de l'occupation de Cornet Heald. Ainsi, son blason et sa devise familiale, *Nemo sibi Nascitur*, sont gravés sur le sol en mosaïque du hall, et le plafond du salon est orné de ses initiales en or.

# III

Préjugé, peut-être, mais les unions entre les fils de Mars et les filles de Terpsichore étaient à cette époque mal vues par les gros bonnets militaires des Horse Guards. Ainsi, il ne fallut pas longtemps avant qu'une note inspirée au sujet de celle-ci apparaisse dans le *Standard* :

Nous apprenons d'une autorité incontestable que, immédiatement après le mariage du lieutenant Heald avec la comtesse de Landsfeld, le marquis de Londonderry, colonel du 2e Life Guards, prit les mesures les plus décisives pour recommander à Sa Majesté que la démission de cet officier de sa commission soit être insisté; et qu'il quitterait sur-le-champ le régiment, auquel cet acte malheureux et extraordinaire pourrait éventuellement nuire.

Sa Majesté, après avoir consulté le prince consort et le duc de Wellington, partageait ce point de vue. Mais au lieu d'être « publié dans la Gazette » sommairement, le jeune guerrier en mal d'amour fut autorisé à « envoyer ses papiers ».

Pensant avoir agi précipitamment en démissionnant, Cornet Heald (encouragé sans doute par Lola) s'efforça d'obtenir l'annulation de sa démission. Mais les autorités ont été catégoriques. « Beaucoup de curiosité, dit un commentaire journalistique, a été éveillée parmi les troupes de la Maison par les efforts de cet officier pour retrouver son grade après y avoir volontairement renoncé. Malgré sa jeunesse et le fait qu'il ait cédé à une impulsion soudaine, Lord Londonderry était franchement inflexible. Pourtant, l'influence et l'éloquence d'un certain ancien chancelier, bien connu de la mariée, ont été exercées sur lui.

Le « certain ex-chancelier » n'était autre que Lord Brougham.

De nombreuses critiques ont suivi dans d'autres cercles. Tout le monde avait une opinion à avancer. La plupart d'entre eux étaient loin d'être élogieux, et il y avait des allusions par douzaines à des « soldats licencieux » et à des « popinjays dorés ». Le rigide rédacteur *du Livre noir de l'aristocratie britannique* s'est particulièrement indigné. "L'armée", déclara-t-il dans un éclat féroce, "est la favorite particulière de la section aristocratique. Tout jeune chiot sans cervelle titulaire d'une commission est libre de passer son temps dans le dandysme et les embryons de moustaches aux frais de l'État."

Le *Satiriste*, à la hauteur de son nom, avait aussi son aiguillon habituel :

Bien sûr, le vaillant colonel des troupes de maison ne pouvait pas faire moins. Ce corps distingué est impeccable ; et aucun souffle de vent ne doit s'interposer entre lui et sa propriété. Il n'y a qu'un seul mouton noir dans le 2e Life Guards, et celui-là, aux yeux du colonel noir de charbon (lui des houillères), c'est le doux, enchanté et enchaîné M. Heald. Pauvre Guérison ! Londonderry indigné ! En vérité, combien le maigre subalterne doit être soumis à son gros colonel.


Un orgue du dimanche a emboîté le pas. "Quel", demandait-elle, "peut être l'article précis du code militaire contre lequel on pense que M. Heald a enfreint ? On aurait difficilement pu supposer que les officiers au service de Sa Majesté vivaient sous un tel despotisme qu'ils devraient être contraints pour solliciter la permission de se marier, ou l'approbation de leur colonel sur leur choix.

En plus de désapprouver ainsi les mariages entre ses officiers et les dames de la scène, Lord Londonderry (un vétéran de cinquante-cinq ans de service) désapprouvait avec la même vigueur le tabac. "Qu'est-ce que," écrivit-il un jour à Lord Combermere, "les bâtons d'or ont à voir avec cet évier de fumage, la garde et les réfectoires des Horse Guards ? Chaque fois que je leur ai rendu visite, je les ai trouvés pires que n'importe quelle *brasserie*., et cela en fait en face de l'adjudant général et sous le nez même de Sa Grâce ! »

L'exemple donné par Cornet Heald semble accrocheur. « Un autre jeune officier de ce régiment, annonça le *Globe*, vient de s'enfuir avec une frêle dame appartenant au Théâtre et de l'épouser à Brighton. Lui aussi devait « envoyer ses papiers ».

En plus de perdre sa commission, Cornet Heald s'était, dans son mariage, involontairement préparé de nouveaux ennuis. Cela a été amené à son paroxysme par l'action de sa tante célibataire, Miss Susannah Heald, qui, jusqu'à sa majorité, avait été sa tutrice. Soupçonnant Lola d'un « passé », elle entreprit de fouiller dedans. Comprenant que l'amoureux de son neveu était déjà marié, elle engagea des enquêteurs pour enquêter sur cette précédente union et découvrir exactement comment et quand elle avait été dissoute. Ils ont bien fait leur travail et ont signalé que le jugement de divorce prononcé sept ans plus tôt n'avait pas été rendu définitif et que le premier mari de Lola, le capitaine James, était toujours en vie. Forte de ces connaissances, Miss Heald se précipita vers les autorités et, après avoir « déposé une dénonciation », fit arrêter Lola Montez pour bigamie.

L'affaire a été entendue au tribunal de police de Marlborough Street, avec M. Bingham siégeant en tant que magistrat. M. Clarkson a mené la poursuite et M. Bodkin a comparu pour la défense.

"Les procédures d'un tribunal de police de Londres", a déclaré *John Bull*, "ont rarement présenté une affaire plus féconde en matière de ragots publics que celle qui a été exposée dans l'enquête de Marlborough Street, où l'épouse médiatisée d'un officier britannique (et une personne investie de la distinction de favoritisme royal) répondait à une accusation de bigamie imputée... On en déduira facilement que nous faisons allusion à ce personnage extraordinaire connu sous le nom de Lola Montez, *alias* la comtesse de Landsfeld.

Lola était, comme dirait le monde du théâtre, habillée pour le rôle. Elle l'avait probablement répété aussi. Elle portait, apprend-on, « un costume de soie noire, sous une veste de velours, et un bonnet de paille blanc uni garni de rubans bleus ». Comme il convient à une comtesse, elle n'était pas obligée de s'asseoir sur le banc des accusés, mais on lui donnait une chaise devant celui-ci. "Là", a déclaré un journaliste, "elle semblait tout à fait désembarrassée et souriait fréquemment lorsqu'elle faisait une remarque à son mari. Elle était décrite sur l'acte d'accusation comme ayant vingt-quatre ans, mais à notre avis, elle a l'air d'une femme d'au moins trente ans.

"En apparence", a ajouté un deuxième occupant de la tribune de presse, "Madame est plutôt rondelette et de taille moyenne, avec un teint pâle, des yeux bleus inhabituellement grands et de longs cils noirs. Son mari réputé, M. Heald, est un grand jeune homme. homme d'aspect enfantin, cheveux blonds et petites moustaches et moustaches brunes. Pendant tout le déroulement de la procédure, il resta assis avec la main de la comtesse serrée dans la sienne, la serrant de temps en temps avec ferveur et lui murmurant affectueusement à l'oreille.

Tout étant prêt, M. Clarkson a ouvert le dossier de l'accusation.

« L'offense imputée à la dame du bar, dit-il, est que, sachant bien que son mari, le capitaine Thomas James, était encore en vie, elle a contracté un autre mariage avec ce jeune gentleman, M. George Trafford Heald. établie, de graves conséquences doivent s'ensuivre, car je prouverai que le Tribunal ecclésiastique a simplement rendu un décret *a mensa et thoro* . Il a ensuite déposé une copie de ce document et a souligné que, selon ses dispositions, aucune des parties n'était libre de se remarier du vivant de l'autre. L'avocat a également présenté un extrait du registre de l'église de Hanover Square, montrant que, le 19 juillet, l'accusée avait, sous le nom de « Maria Torres de Landsfeld », célébré une cérémonie de mariage avec Cornet Heald.

Le sergent de police Gray, qui avait exécuté le mandat, a décrit l'arrestation.

"Quand je lui ai dit qu'elle devait m'accompagner, la dame s'est levée et a dit : 'Tout cela n'est que de la foutaise. J'ai été correctement divorcé du capitaine James par une loi du Parlement. Lord Brougham était présent lorsque le divorce a été accordé. Je ne le fais pas. Je sais si le capitaine James est toujours en vie ou non, et je m'en fiche. J'ai été mariée avec lui sous un mauvais nom, et cela a rendu tout cela illégal.'"

« Est-ce qu'elle a dit autre chose ? demanda le magistrat.

"Oui, Votre Honneur", répondit le sergent en consultant son carnet. "Elle a dit : 'Que diable dira la famille royale en entendant parler de cela ? Il y aura forcément un sacré tapage.'"

"Rires au tribunal!" » ont fait la chronique des journalistes.

"Et qu'est-ce que tu as dit à ça ?" » demanda M. Bingham.

"J'ai dit que tout ce qu'elle dirait serait retiré par moi-même et utilisé comme preuve contre elle", fut la réponse désinvolte.

L'exécution du mandat semble avoir été réalisée de façon dramatique.

Ayant visiblement eu vent de ce qui l'attendait, Lola et le Cornet avaient fait leurs bagages et pris des dispositions pour quitter l'Angleterre. Juste au moment où ils montaient dans leur voiture, Mlle Susannah Heald et son avocat, accompagnés de quelques policiers, arrivèrent en taxi jusqu'à Half Moon Street. Lorsque ces derniers ont annoncé qu'ils détenaient un mandat d'arrêt contre elle, il y a eu une sorte de scène. « La comtesse », déclarait un journaliste imaginatif (qui devait se tenir sur le pas de la porte), « montrait toutes les apparences d'une passion excessive. Elle utilisait un langage très fort, repoussait la vieille Miss Heald et agitait vigoureusement son mari. Cependant, elle s'est vite calmée et, après avoir été escortée au commissariat de Vine Street, où l'accusation de bigamie a été retenue, elle s'est gracieusement excusée pour les ennuis qu'elle avait causés aux représentants de la loi. Elle a ensuite demandé la permission d'allumer un cigare. et a suggéré que les agents en service là-bas la rejoignent pour une bouffée sociale.

Mlle Susannah Heald, décrite comme « une vieille dame », a déclaré qu'elle était la tante de Cornet Heald et qu'elle avait été nommée sa tutrice pendant sa minorité, qui venait tout juste d'expirer. Elle intentait cette action, a-t-elle insisté, « par sens du devoir ».

Un autre témoin était le capitaine Charles Ingram, un marin au service de la Compagnie des Indes orientales. Il a identifié l'accusé comme étant Mme James qui avait navigué sur un navire sous son commandement de Calcutta à Londres en 1842.

Si un rapport officiel, établi par les autorités militaires, montrait que le capitaine James était en vie le 13 juin, aucun ne prouvait qu'il était encore au pays des vivants le 19 juillet, date du prétendu mariage bigame. L'accusation a feint de considérer ce point comme sans importance. Mais le magistrat (sur qui les yeux brillants de Lola avaient fait leur œuvre) n'était pas d'accord.

« Le point, dit-il, est à mon avis très important. Dans l'intervalle qui s'est écoulé entre ces deux dates, bien des choses ont pu se produire qui rendraient ce second mariage tout à fait légal. Il est possible, par exemple, que le capitaine James a peut-être été transporté de ce monde à un autre par l'une de ces nombreuses victimes – telles que les blessures au combat ou le choléra – qui sont susceptibles d'arriver aux membres de la profession militaire servant dans un climat tropical. .Clarkson?"

M. Clarkson n'avait rien à dire. Cependant, M. Bodkin, quand son tour arriva, avait beaucoup à dire. L'accusation portée contre son client était, a-t-il déclaré, "dans toute son expérience professionnelle, absolument sans précédent". Ni le premier ni le deuxième mari, souligna-t-il, n'avaient formulé de plainte ; et l'infraction, le cas échéant, avait été commise dans des circonstances qui la justifiaient pleinement. Il ne voulait pas faire allusion à des motivations inappropriées de la part de Miss Heald, mais il était clair, protesta-t-il, que son attitude était régie par des fins privées et non publiques. Néanmoins, a-t-il conclu, "je suis prêt à admettre que suffisamment de choses ont été soumises à la Cour pour justifier une enquête plus approfondie."

Un tel aveu était une erreur que même le conseil le plus brutal aurait dû éviter. Cela a forcé la main du magistrat.

« On me demande, a-t-il déclaré, d'agir sur la base d'une présomption de culpabilité. Comme la preuve de ma culpabilité manque, je suis réticent à agir sur la base d'une telle présomption, même jusqu'à accorder une détention provisoire, à moins que l'accusation ne puisse m'assurer que d'autres preuves seront présentées lors d'une autre audience. Toutefois, étant donné que l'avocat de l'accusé a volontairement admis qu'il y avait matière à enquête plus approfondie, je suis obligé d'ordonner une détention provisoire. Mais l'accusé sera libéré sous réserve de la fourniture de deux cautions de £ 500 chacun, et elle-même dans un des 1 000 £.

La procédure ajournée commença une semaine plus tard et fut entendue par un autre magistrat, M. Hardwick. Cette fois, cependant, il n'y avait pas d'accusé, car, lorsque son nom fut appelé par l'huissier, M. Bodkin fit une longue grimace et annonça que son client avait quitté l'Angleterre. "Je ne peux pas," dit-il, "offrir une quelconque raison pour son absence." Il avait quand même une suggestion. "Il est possible", dit-il, "qu'elle soit partie à l'étranger pour le bénéfice de sa santé". La question de la délivrance des engagements s'est alors posée. Bien qu'il ne soit pas disposé à les abandonner complètement, l'avocat de l'accusation a été suffisamment généreux pour dire qu'en ce qui le concerne, aucune objection ne serait formulée à leur prolongation.

Lorsque, après deux ajournements supplémentaires, l'accusée ne s'est toujours pas remise sous caution, le magistrat et le procureur ont changé de ton.

"Votre Honneur", a déclaré M. Clarkson, "j'ai appris que la personne dont le vrai nom est Mme James, et qui est accusée du crime criminel de bigamie, se trouve maintenant à quelques centaines de kilomètres au-delà de votre juridiction, et n'a pas l'intention de comparaître. En conséquence, au nom de la très respectable Miss Heald, je demande maintenant que les engagements soient perdus. Ma cliente n'a été motivée que par les motifs les plus purs, son seul objectif étant de renvoyer le fils unique de un frère bien-aimé issu d'un mariage aussi illégal que honteux. Si nous obtenons des preuves en Inde que le capitaine James est toujours en vie, nous adopterons alors les mesures nécessaires pour retirer ce garçon trompé des crocs de cette femme intrigante.

"Que les engagements soient établis", fut le commentaire magistral.

"Sensation!" » ont griffonné les journalistes.

Le sergent Ballantine, qui aimait se mêler de toutes *les causes célèbres* , déclare avoir été consulté par les avoués de Lola, en vue d'assurer sa défense. Si tel est le cas, il semble avoir lu ses instructions avec beaucoup de désinvolture, puisqu'il ajoute : « J'oublie si les poursuites ont finalement été abandonnées ou si elle a quitté l'Angleterre avant qu'un résultat soit obtenu. Mon impression est que l'accusation n'aurait pas pu être retenue. justifiée."

Ignorant le fait que l'affaire était toujours *en instance* , l' *Observer* a adressé à ses lecteurs quelques commentaires sévères :

"L'Hélène de notre époque est assurément Lola Montez, *alias* Betsy James, *alias* le Gräfin von Lansfelt, *alias* Mme Heald. D'après ce que l'on peut déduire de sa sombre histoire, son premier acte public était un prétendu adultère, comme son dernier est prétendue bigamie... Les preuves produites devant le tribunal du Consistoire sont de la nature la plus claire et la plus convaincante, et prouvent que le caractère de cette dame (dont la renommée est devenue si dégoûtante) a été dès le début celui d'une simple dévergondée. , à la fois inconscients des liens sacrés du mariage et totalement indifférents à l'opinion du monde sur la moralité ou la religion.

**Lola Montez à Londres. Agé de trente ans (Gravé par Auguste Hüssner)**

À propos, au cours du procès devant le tribunal de police, un nouvel éclairage sur la filiation de Lola a été apporté par une entrée étrange dans un journal irlandais :

"Lola Montez, comtesse de Landsfeld, est la fille d'une dame de Cork. Sa mère fut autrefois employée comme membre d'un établissement de chapellerie dans cette ville et fut mariée ici au lieutenant Gilbert, officier de l'armée. Peu de temps après " Après le mariage, il a navigué avec sa femme et son enfant pour rejoindre son régiment en Inde. À la fin de l'année dernière, la mère de Lola, dont la santé est désormais délicate, a rendu visite à sa sœur à Cork. "

## IV

Grâce aux yeux brillants de Lola (ou peut-être au tintement musical des sacs à billets du Cornet), une surveillance très lâche était assurée sur le couple. La raison pour laquelle la comtesse de Landsfeld (comme elle insistait toujours pour qu'on l'appelle) n'avait pas respecté son deuxième rendez-vous à Marlborough Street était que, avec le fringant ancien Life Guardsman, elle avait quitté l'Angleterre tôt ce matin-là. Voyageant en tant que M. et Mme Heald, les deux hommes se sont d'abord rendus à Paris, puis en Italie.

Un touriste britannique qui se trouvait à Naples a écrit au *Times* , racontant un aperçu qu'il avait eu d'eux. Selon lui, le couple, « un jeune marié et une belle dame », accompagnés d'un courrier, d'une *femme de chambre* et d'une voiture, prirent chambre à l'hôtel Vittoria. Après une nuit là-bas, ils repartirent le lendemain matin, louant un bateau à vapeur spécial, au prix de 400 £, pour les emmener à Marseille. Ce départ précipité serait dû aux lettres d'un avocat qui attendait le marié chez son banquier. « On me dit, ajoute le correspondant, que M. et Mme Heald devaient faire une excursion aux Pyramides ; et que, lorsque la petite affaire pour laquelle la dame est recherchée à la maison aura été réglée, ils ont l'intention de poursuivre en justice. " Leur intention. Priez, monsieur, aidez Mme Heald à sortir de son affliction actuelle. Est-ce la première fois qu'une dame a deux maris ? Et n'est-elle pas à destination de l'Est, où chaque homme a quatre femmes ? "

Le fou Cornet, avec ses idées limitées à la chasse au renard et à l'étude du *Guide de Ruff*, n'était pas le compagnon d'une femme brillante comme Lola. Des désaccords se sont donc rapidement manifestés. Il semblerait qu'un problème particulièrement grave se soit produit à Barcelone, car, dit une lettre d'une connaissance commune, "la comtesse et son mari eurent une discussion chaleureuse, qui se termina par une tentative de sa part de le poignarder. M. Heald, s'opposant à une telle démonstration d'affection conjugale, quitta aussitôt la ville.

Des précisions supplémentaires ont été fournies par un autre correspondant : « J'ai vu M. Heald », dit cette autorité. "C'est un jeune homme grand et mince, au teint clair, qui utilise souvent du rouge pour cacher sa pâleur. Beaucoup le plaignent de ce qui s'est passé. D'autres cependant plaignent la charmante Lola. Avant de quitter ce quartier, M. Heald " J'ai appelé le consul anglais. " Je suis venu ", dit-il, " pour vous demander conseil. Certains de mes amis ici me suggèrent de quitter ma femme. Que dois-je faire à ce sujet ? Si je m'arrête avec elle, je suis peur d'être assassiné ou empoisonné. Il exhiba alors un vêtement couvert de sang. Le Consul répondit : « Je suis positivement étonné qu'après l'attentat dont vous parlez, vous ne vous soyez pas plaint à la police, et que vous viviez depuis avec votre femme dans des conditions d'intimité. Si vous voulez l'abandonner, vous devez faire ce que vous pensez être le mieux. Je ne peux pas vous conseiller.'"

Le consul HBM a cependant poussé un peu plus loin, puisqu'il (craignant peut-être de nouvelles effusions de sang) a proposé de *consulter* le passeport du demandeur pour n'importe quel autre pays. Sur ce, M. Heald se rendit à Mataro. Mais, pris de conscience, il s'est immédiatement assis et a écrit une lettre d'excuses à la dame qu'il avait laissée derrière lui, lui demandant pardon. « Si jamais vous aviez à nouveau des raisons de vous plaindre de moi, dit-il, cette lettre vous servira toujours de talisman.

Apparemment, cela a eu un effet, puisque Lola est revenue auprès de son époux pénitent.

Le correspondant de *L'Assemblée Nationale à Barcelone* a réussi à interviewer le Cornet.

"Il dit", annonça cette autorité, "que d'autres l'ont persuadé de partir, contre sa véritable volonté. En le rejoignant, Mme Heald était très indignée. Ses yeux brillaient de feu; et, si elle rencontrait par hasard les hommes qui lui a enlevé son mari, je tremble vraiment à l'idée de ce qui va arriver !"

Il s'est évidemment produit quelque chose puisque, selon de Mirecourt, « lors de leur séjour sous le soleil de l'Espagne, l'admirable mari anglais a fait de sa femme l'heureuse mère de deux beaux enfants ». La parentalité semble cependant avoir eu un effet étrange sur ce couple, car, poursuit de Mirecourt : « *Mais, en dépit de ces gages d'amour, leur bonheur est troublé par des querelles d'intestins.* »

C'est depuis l'Espagne que, après avoir temporairement réglé leurs différends, le couple rentre à Paris. En guise d'offrande de paix, un jeune artiste émergent, Claudius Jacquand, fut chargé de peindre leurs deux portraits sur une seule toile. Cependant, lors d'une autre rupture domestique, Heald a exigé que les traits de Lola soient peints. « Je ne veux rien, dit-il, qui me rappelle cette femme. Malheureusement, Lola venait de formuler une demande similaire en ce qui concerne le Cornet. Jacquand était un homme de talent, mais il ne pouvait pas réaliser l'impossible. Alors Lola, crachant du feu et de la fureur, ôta la toile et la suspendit dos à l'avant dans sa chambre. "Permettre à mon mari de me surveiller toujours serait", dit-elle, "ce serait indélicat!"

Il existe une théorie selon laquelle, au cours des douze mois suivants, l'union disparate a été dissoute lorsque Heald s'est renversé dans un bateau à rames et s'est noyé dans le port de Lisbonne. La théorie est cependant un peu difficile à concilier avec le fait qu'à la clôture de la Grande Exposition de la fin de 1851, il assista à une vente aux enchères de ses effets, où il acheta un parquet et le fit poser dans son appartement. salon du Prieuré de Berrymead. Après cela, il fit ajouter un certain nombre de modifications structurelles ; équipé les fenêtres de vitraux, portant son blason et ses initiales ; et, finalement, il ne renonça au bail qu'en 1855. Un très bon travail, pour un homme qui, dit-on, avait rencontré une tombe aquatique six ans plus tôt.

En fait, Cornet Heald ne s'est pas noyé, ni à Lisbonne ni ailleurs. Il mourut dans son lit à Folkestone, en 1856. Le certificat médical attribuait la cause du décès à la consomption. Dans le *Gentleman's Magazine*, cependant, le diagnostic était différent, à savoir « cœur brisé ».

Tout passe. En 1859, les exécuteurs testamentaires du fringant Cornet vendirent la propriété Berrymead pour 7 000 £, pour être rachetée peu après pour 23 000 £ par une société d'aménagement foncier. La maison sert maintenant de locaux au Priory Constitutional Club, Acton. Un certain nombre de preuves de l'occupation ponctuelle de Cornet Heald existent encore. Ainsi, son blason et sa devise, *Nemo sibi Nascitur*, sont gravés sur le sol en mosaïque du hall, et le plafond du salon est orné de ses initiales en or.

# CHAPITRE XIII

## ODYSSÉE

### je

Malgré le lien de parenté présumé, les relations domestiques entre eux ne se sont pas améliorées et le couple s'est rapidement séparé. Le fait de savoir qu'elle y était toujours « recherchée » a empêché Lola d'entrer en Angleterre. Au lieu de cela, elle se rendit à Paris, où des désagréments tels que des mandats d'arrêt ne pouvaient la toucher. Là, elle fut accueillie chaleureusement par d'anciens amis et de nouveaux.

Lors de cette visite à Paris, un revers inhabituel se produisit. Elle le reçut d'Émile de Girardin, dont elle s'efforça de faire une conquête. Mais cet « homme de lettres aux yeux fous et au visage pâle », comme elle l'appelait, ne voulait pas d'elle. Peut-être se souvenait-il de ce qui était arrivé à Dujarier.

Comme il fallait s'y attendre, la venue parmi eux de Lola Montez attira l'attention des *courriers* , qui gagnèrent de nombreux francs de bienvenue en remplissant les colonnes de détails sur sa carrière. Ce qu'ils n'en savaient pas, ils l'ont inventé. Ils en savaient très peu. Ainsi, l'un de ces articles (signé de manière appropriée « Fantasio ») se lisait comme suit :

"Madame Lola Montez, qui nous est maintenant revenue avec bonheur, est l'épouse légitime de Sir Thomas James, un officier de l'armée anglaise. Milord Sir James aimait boire et la belle Lola aimait flirter. Un riche prince de Kaboul était prêt à le faire. pour la posséder pour son poids en or et en pierres précieuses. Jusqu'à présent, ses principales liaisons ont été avec Don Enriquez, un Espagnol, Brûle-Tout, un marin français bien développé, et John, un Anglais flegmatique. Un jour, Sir James parions qu'il pourrait boire trois bouteilles d'eau-de-vie en vingt minutes. Pendant qu'il était ainsi occupé, l'amoureuse Lola faisait l'amour avec trois galants différents.

" Ce sera sans doute, " ajouta un second, " un plaisir pour son orgueil de le régner à nouveau à Paris, où elle était autrefois sifflée hors de la scène. Là, en tout cas, elle sera maintenant reçue à l'ambassade de Bavière et exhibera l'Ordre. de Marie-Thérèse. Elle en a été investie, au grand scandale de la noblesse munichoise, qui ne peut avaler l'idée qu'une telle distinction soit accordée à une danseuse.

Ce genre de chose, et bien d'autres encore dans le même sens, a été accepté comme un évangile par ses lecteurs. Mais pour ceux qui lui voulaient du mal, tout mensonge était acceptable. Ainsi, bien qu'il n'y ait pas la moindre preuve pour la relier à l'incident, un paragraphe intitulé « Lola Again ? a été publié dans les journaux de Londres :

Hier après-midi, une scène extraordinaire a été observée par les promeneurs des Champs Elysées. On a entendu deux dames habillées à la mode, conduisant dans un équipage élégant, employer un langage tout sauf raffiné. Des paroles aux coups, car soudain ils se mirent à s'agresser à coups vigoureux. Les toilettes et les visages des participants à la foire furent bientôt endommagés ; et, de grands cris de détresse poussés, la voiture fut arrêtée, et, attirés par le fracas, quelques messieurs s'empressèrent de porter secours. Suite à leur intervention, l'une des demoiselles a été expulsée du véhicule et l'autre a ordonné au cocher de la conduire à son hôtel. Cette seconde dame est connue du public en raison de ses aventures en Bavière.

Albert Vandam, un type de journaliste singulièrement répréhensible, qui prétendait entretenir des relations intimes avec tout ce qui mérite d'être connu à Paris, a un certain nombre d'allusions offensantes et injustifiables à l'égard de Lola Montez à cette période de sa carrière. Il parle de son « impudence consommée », de son « esprit de poterie » et de ses « erreurs grammaticales », et la surnomme, entre autres choses, « cette intrigante presque analphabète ».

"Lola Montez", dit le flagrant Vandam, "ne pouvait pas se faire d'amis". Il s'est trompé. C'était exactement ce qu'elle pouvait faire. Elle s'est fait de nombreux amis fidèles et chaleureux. C'est parce qu'elle l'a snobé à cause de son agressivité que Vandam a choisi de la rabaisser.

Lola Montez a choisi ses amis pour leur caractère et non pour leur vertu. L'un d'eux était George Sand, « le propriétaire du plus grand esprit et du plus petit pied de Paris ». Elle se lie également d'amitié avec Alphonsine Plessis, et rend régulièrement visite à la future "Dame aux Camélias" dans son *appartement* du boulevard de la Madeleine. Un autre *habitué* de cette époque était l'ancienne flamme de Dresde de Lola, l'abbé Liszt, qui, ne limitant pas ses attentions aux romantiques, n'avait aucun scrupule à braconner dans les réserves de Dumas fils, *ou*, d'ailleurs, de n'importe qui d'autre. Quant à la belle mais frêle Alphonsine, elle dit très franchement qu'elle était « tout à fait disposée à devenir sa maîtresse, s'il le voulait, mais qu'elle n'était pas prête à partager cette position ». Comme Liszt avait d'autres idées sur le sujet, cette suggestion n'aboutit à rien.

Quelques années après, une de ses élèves, une jeune américaine, Amy Fay, en prenait la mesure dans un livre, *Music-study in Germany* :

« Liszt, écrit-elle, est l'homme le plus intéressant et le plus frappant qu'on puisse imaginer. Grand et mince, avec des yeux enfoncés, des sourcils hirsutes et de longs cheveux gris fer qu'il porte séparés au milieu. les coins, ce qui lui donne une expression des plus rusées et méphistophéliques quand il sourit, et toute son apparence et ses manières ont une sorte d'élégance et d'aisance jésuitiques.

Avant de se lancer dans ce voyage, Lola a écrit à une connaissance : « Ce qui distingue les hommes et les femmes, c'est leur individualité ; et c'est pour cela que je vaincrai ou je mourrai ! De cette qualité, elle en avait assez et en réserve. Sa vie parisienne était trépidante ; ou, comme disaient les Boulevardier, *elle faisait la bombe* .

Parmi les ragots véhiculés par un journaliste, on peut citer les suivants :

"Lola donne constamment des goûters dans son appartement parisien. Un monsieur qui y est fréquemment invité nous dit que ses invités masculins sont réservés à ceux qui ont quitté leur femme, et que les invités féminins sont constitués de dames qui ont quitté leur mari. ".

Un Anglais qu'elle rencontra à cette époque était Savile Morton, un ami de Thackeray et Tennyson. Un soir qu'elle donnait un souper, un convive, Roger de Beauvoir, lisait par hasard à la compagnie quelques vers qu'il avait écrits. L'hôtesse, au motif de leur prétendue « grossièreté », s'est plainte à Morton qu'elle avait été insultée. En conséquence, Morton, éperdument amoureux d'elle, lança un défi à de Beauvoir. Lola cependant, en ayant assez des duels, veilla à ce qu'il n'en sorte rien ; et a insisté pour que des excuses soient présentées et acceptées.

À une certaine époque, elle eut l'optimisme de prendre une villa à Beaujon pour un bail de quinze ans et de la faire meubler somptueusement à crédit. Les deux premières tranches du loyer ont été payées. Cependant, lorsque le propriétaire a appelé pour récupérer le troisième, il a été rebuté avec l'excuse suivante : « M. Heald était absent et avait oublié d'envoyer l'argent, mais il reviendrait dans une semaine ». Cette histoire aurait pu être acceptée si le propriétaire n'avait pas découvert que son locataire envisageait de partir subrepticement et qu'une partie des meubles avait déjà été enlevée. En conséquence, un corps de commerçants indignés, accompagnés du maire du quartier, en écharpe tricolore et baguette d'office complète, se rendit à la villa et exigea un règlement de comptes pour les marchandises livrées. Cette fois, on leur a dit que l'argent était arrivé, mais que la clé de la boîte dans laquelle il avait été déposé par mesure de sécurité était perdue. En leur assurant qu'elle allait chercher un serrurier, Lola s'éclipsa hors de la maison et, montant dans un taxi qui l'attendait, se dirigea vers une nouvelle adresse près de l'Étoile. Ce fut la dernière fois que les créanciers la virent.

En janvier 1851, Lola, donnant un exemple devenu depuis lors beaucoup plus courant parmi les dames de théâtre, rédigea ses « mémoires ». Lorsque le rédacteur *du Pays* entreprit de les publier dans ses colonnes, un éditeur rival, jaloux du « scoop », désigna leur auteur comme « Madame James, autrefois Madame Heald, anciennement Mlle Lola Montez, et pendant près d'un quart d'année ». heure la comtesse de Landsfeld.

L'œuvre était dédiée à son ancien mécène, le roi Louis, avec un *avant-projet fleuri* :

Sire : En publiant mes mémoires, mon objectif est de révéler à un monde encore plongé dans un matérialisme vulgaire les hautes pensées de Votre Majesté sur l'art, la poésie et la philosophie. L'inspiration de ce livre, Sire, est due à vous et à ces autres hommes remarquables que la Fortune, toujours protectrice de mes jeunes années, m'a donné pour conseillers et amis.

Lola a dû écrire avec plus de franchise que de tact. Quoi qu'il en soit, après la parution des trois premiers chapitres, l'éditeur du *Pays*, sous prétexte qu'ils « choqueraient ses lecteurs les plus purs », refusa de continuer la série. "Nous refusons catégoriquement", a-t-il annoncé, "de salir davantage nos colonnes".

# II

La paternité s'étant ainsi avérée un échec, Lola, ravalant sa déception, dirigea ses pensées vers son ancien amour, le ballet. Pour cela, elle se remit entre les mains d'un certain M. Roux ; et, plusieurs engagements ayant été assurés par lui, elle entreprit une tournée provinciale à Bordeaux. Une fois le projet terminé, la star et son manager étaient en si mauvais termes qu'à leur retour à Paris, ce dernier fut licencié. Il s'est alors précipité chez un notaire et a intenté une action contre son employeur, réclamant de lourds dommages-intérêts.

Selon Maître Desmaret, son client, M. Roux, avait été engagé à titre de *pilote intermédiaire* lors d'une prospective tournée en Europe et en Amérique. Pour ses services, il devait percevoir 25 pour cent des recettes au box-office. C'est sur cette base qu'il avait accompagné son directeur dans plusieurs villes. Il revient ensuite à Paris ; et tandis qu'il négociait là-bas la comparution de l'accusée au Vaudeville, il découvrit soudain qu'elle envisageait d'aller en Amérique sans lui. En conséquence, il réclamait désormais des dommages et intérêts pour rupture de contrat. Il les fixa au modeste chiffre de 10 000 francs.

M. Blot-Lequesne, au nom de Lola Montez, a eu une histoire un peu différente à raconter. Le plaignant lui-même, a-t-il déclaré, souhaitait résilier le contrat et en avait délibérément ignoré les termes. Son client, dit-il, l'avait autorisé à accepter un engagement pour qu'elle danse six fois par semaine ; mais, dans le souci de gagner un profit supplémentaire, il l'avait obligée à danser six fois par jour. En dehors de cela, il avait « manifestement manqué de respecter sa dignité de femme et avait inventé des histoires ridicules sur sa carrière ». Il avait même fait pire, car, « à son insu et sans son accord, il avait compilé et distribué parmi les auditoires où elle apparaissait une biographie tout à fait absurde de son employeur ». Celui-ci, entre autres choses, affirmait qu'elle avait « vécu et dansé pendant onze ans en Chine et en Perse ; et qu'elle s'était liée d'amitié avec le sombre roi de Népaul, ainsi qu'avec de nombreux rajahs ».

Le passage final de cet effort a été lu au juge :

"Dix volumes substantiels seraient remplis de la chronique des excentricités de Mlle Lola Montez, et beaucoup d'entre eux resteraient encore sous silence. En 1847, un grand lord anglais l'épousa à Londres. Malheureusement, ils ne se trouvèrent pas en sympathie, et en 1850, elle retourna aux rêves de son printemps. La comtesse a maintenant accompli la moitié de son voyage projeté. En novembre, elle quitte la France pour l'Amérique et, eh bien, Dieu seul sait ce qui se passera alors !

**Une « Belle des Boulevards ». Lola Montez à Paris**

" Tant que l'aimable Mlle Montez fut traitée par M. Roux comme une bête sauvage exhibée dans une foire champêtre, dit l'avocat, elle se contenta de hausser les épaules avec dégoût. Mais quand elle vit comment cet abominable pamphlet soulevait le rideau de sa vie privée, c'était une tout autre chose. Elle a exprimé une indignation féminine et a fait une réponse pleine d'entrain.

"Ca c'était quoi?" demanda le juge avec intérêt.

"Elle a dit : 'C'est une chance pour vous, monsieur, que mon mari ne soit pas là pour me protéger. S'il l'était, il vous tirerait certainement le nez !'"

Comme cela était inévitable, cette expression d'opinion brisa l' *entente* et le directeur revint seul à Paris. N'entendant rien de lui, Lola Montez pensait qu'elle était libre de faire ses propres projets et avait donc organisé la tournée américaine sans son aide.

Le 6 novembre 1851, l'avocate continue, Lola Montez, arrive à Paris, disant à M. Roux qu'elle partirait pour l'Amérique le 20 novembre, mais qu'elle remplirait tout engagement qu'il obtiendrait dans l'intervalle. Juste avant qu'elle soit prête à commencer, il lui a dit qu'il lui en avait acheté un, mais il ne voulait pas lui dire où il se trouvait ni produire de contrat écrit.

En acceptant cette version comme étant la bonne, le Tribunal a prononcé un jugement en faveur de Lola Montez.

# III

M. Roux ayant ainsi été licencié la puce à l'oreille, Lola, sur les conseils de Peter Goodrich, le consul américain à Paris, engagea ensuite Richard Storrs Willis (un frère de NP Willis, le poète américain) pour s'occuper de ses affaires. affaires et quitta l'Europe pour l'Amérique. Alors que le bon navire *Humbolt* , sur lequel il naviguait, entrait dans le port de New York, une salve de vingt et un canons retentit depuis la batterie. Lola, très contente, prit cette dépense de munitions comme un hommage pour elle-même. Cependant, lorsqu'elle découvrit que c'était en réalité pour annoncer l'arrivée de Louis Kossuth, qui se trouvait également à bord, elle manifesta son mécontentement et se retira dans sa cabine pour nourrir sa colère. Un patriote magyar plus honoré qu'un anglais ex-favori d'un roi ! Et ensuite ?

"Un monsieur voyageant avec elle a informé notre représentant", a déclaré le *New York Herald* , "que Madame avait déclaré que Kossuth était un grand imbécile. La comtesse était une prodigieuse favorite parmi les passagers masculins pendant le voyage, et les maintenait continuellement dans des rugissements de rire."

Mais, si elle fut déçue sur un point, Lola tira une certaine compensation du fait que la foule de journalistes qui rencontrèrent le navire la trouva beaucoup plus intéressante que l'étranger venu de Hongrie.

« Madame Lola Montez, remarqua l'une d'elles, partie avec un carnet gonflé et rempli de suffisamment de « copies » pour remplir une colonne, dit que nombre de mensonges choquants à son sujet ont été publiés dans nos journaux. Pourtant, elle insiste sur le fait qu'elle n'est pas la femme qu'on lui attribue (ou discrédite). Si elle l'était, ses admirateurs, pense-t-elle, seraient encore plus nombreux qu'eux. Elle exprime sa crainte de ne pas recevoir la considération appropriée dans New York ; mais elle espère que le grand public américain suspendra son jugement jusqu'à ce qu'il ait fait sa connaissance. »

« La comtesse de Landsfeld, qui est maintenant parmi nous », ajoute un deuxième scribe, « doit plus à l'éclat de l'intellect que le ciel lui a donné qu'à sa célébrité mondiale en tant qu'artiste. Sa personne et son allure sont incontestablement aristocratiques. Si l'on peut croire aux histoires qui nous sont parvenues de temps en temps, elle peut, si nécessaire, utiliser sa cravache de manière vigoureuse sur les oreilles de tout bipède ou quadrupède offensant. En Amérique, elle est un peu hors de sa latitude. Paris devrait être sa véritable maison."

Mais pour le moment, Lola décida de s'arrêter là où elle était.

Pendant qu'elle était en Amérique pour cette tournée, Barnum voulait être son imprésario et a promis des « conditions spéciales ». Cependant, malgré l'attrait de « voir son chemin décoré de guirlandes de fleurs et son carrosse tiré par des mains humaines de l'hôtel au théâtre », l'offre n'a pas été acceptée.

Les débuts new-yorkais de Lola Montez ont lieu le 29 décembre 1851 dans un ballet : *Betly, la tyrolienne*. L'enthousiasme du public était vif, car les appétits avaient été aiguisés par les récits sensationnels de son « passé » dont les journaux étaient remplis.

« Le scandale ne fait pas nécessairement un grand danseur », a déclaré un critique rigide ; et un second avait une longue colonne, intitulée : " MONTEZ *v.* RESPECTABILITÉ », dans lequel il observait (en fournissant pensivement une traduction) : « *Parturiunt* MONTEZ, *nascitur ridiculus mus*." Le box-office a tout de même enregistré un chiffre d'affaires record. En conséquence, les prix ont été doublés et les places ont été mises aux enchères.

Si elle avait ses ennemis dans la presse, Lola y avait aussi ses champions. Juste avant son arrivée, l'un d'eux, un journal new-yorkais, a pris sa défense avec vigueur :

Ce qui se passe le plus drôle dans cette ville, c'est l'affaire terrible qui se déroule à l'égard de Lola Montez. Si cet état de choses continue, nous garantirons que le plaisir continuera après que Lola aura fait son apparition parmi nous, car si elle ne fouette pas correctement ces messieurs délicats, nous nous trompons grandement sur son caractère.

Nous souhaitons maintenant attirer l'attention de nos lecteurs impartiaux sur quelques autres sujets qui ne manqueront pas de se produire. Voici les différents journaux qui déversent un torrent d'injures sur Lola. À quoi tout cela va-t-il aboutir ? Dans quelques semaines, elle atterrira. Dans quelques semaines, elle occupera un théâtre populaire et des dizaines de milliers de personnes se presseront dans ce théâtre. Le manager récoltera une fortune, tout comme Lola Montez ; et ces chefs de presse à courte vue mendieront des billets et se disputeront entre eux pour savoir qui pourra dire les choses les plus extravagantes en sa faveur. La curiosité du public sera satisfaite à tout prix ; et si Lola Montez est une danseuse capitale, elle dansera bientôt sur toute opposition. Avec quelle grâce le public peut-il parler de la vertu chez une actrice publique, quand il a suivi le sillage d'une ELSSLER ? Si le caractère privé d'une actrice publique devait être le critère permettant de juger de son mérite professionnel, la moitié des théâtres seraient obligés de fermer leurs portes.

Nous avons autant raison que n'importe quel autre journal existant. Peu importe que nous continuions avec ou sans les autres journaux. Nous rendrons justice et dirons ce qui est vrai, quelle que soit la popularité. Nous détestons l'hypocrisie ; et nous n'avons aucune disposition à faire une montagne d'une taupinière, ou à voir une paille dans l'œil de Lola Montez, et à ne pas découvrir une poutre dans l'œil de Fanny Elssler, ou d'aucune des autres grandes danseuses ou actrices.

"Qu'est-ce que Lola Montez ?" interroger le public. Un bon danseur, dit le directeur d'un théâtre. Elle est également connue. Le public se pressera au théâtre pour la voir et juger si elle n'est pas aussi une bonne actrice ; et s'ils en ont pour leur argent, ils sont satisfaits. Ils ne paient pas pour juger de l'histoire passée de Lola Montez... Quelques personnes délicates ne peuvent empêcher Lola Montez de faire sensation ici, ou de se presser de fosse en coupole dans chaque maison où elle apparaît ; et, comme ils seront les premiers à approuver son succès, ils seraient plus cohérents s'ils la laissaient tranquille jusqu'à ce qu'elle l'obtienne.

Néanmoins, il y avait une concurrence à relever. Une forte concurrence s'offrait, car des contre-attractions s'offraient dans toutes les directions. Ainsi, le « Professeur » Anderson conjurait des lapins avec des hauts-de-forme empruntés ; Thackeray donnait une conférence sur « Les humoristes anglais » ; Macready beuglait et prenait des postures dans Shakespeare ; Le général Tom Thumb montrait son manque de pouce ; et Mme Bloomer faisait avancer la cause des « pantalons pour femmes ! » Pourtant, Lola a plus que tenu bon en tant que "match nul".

En janvier, l'affiche a été modifiée pour devenir *Diane et les Nymphes* . Le fait que certaines des "Nymphes" soutenant la star aient adopté un costume un peu évocateur du nudisme moderne semble avoir bouleversé une critique féminine.

"Lorsque," était son opinion réfléchie, "une certaine pièce présentait pour la première fois une femme partiellement déshabillée au regard d'un auditoire bondé, elle fut accueillie par un hoquet d'étonnement devant l'audace qui avait tant osé. Les hommes pâlirent en fait devant l'audace. " "

Pour montrer qu'elle était bien qualifiée pour s'exprimer sur un sujet aussi délicat, ce censeur ajoutait : « Appartenant, racine et branche, à une famille théâtrale, je n'ai pas pour autant été jugé indigne de rompre le pain à une table impériale, ni de saisir la main d'amitié que m'a tendue un seigneur divin anglais.

D'ailleurs, en ce qui concerne la tenue vestimentaire féminine (ou son absence), une norme rigide s'appliquait également au côté public du rideau, et tout écart par rapport à cette norme entraînait des représailles. Cela ressort clairement d'un paragraphe choqué relatant un tel événement dans un autre théâtre :

"Pendant le soir de notre visite, il s'est produit un événement auquel nous avons naturellement quelque délicatesse à faire allusion. Mais comme il indique une censure dans un quartier où l'on peut peut-être le moins s'attendre au raffinement, il ne faut pas nous laisser passer. Dans les étals occupés par un certain nombre de dames et d'hommes en grand costume de soirée et de position sociale établie, on pouvait observer une femme dont la remarquable faiblesse du corsage suscitait de nombreuses critiques et qui scandalisait évidemment le public. ", parmi la part féminine dont une sensation douloureuse était abondamment perceptible. Enfin, leur indignation trouva une expression tangible, et une voix du gouffre se fit entendre prononcer avec des accents mesurés une injonction sévère qui ne pouvait s'appliquer qu'à un seul individu. Rougissant d'embarras , l'agresseur a passé son châle sur ses épaules découvertes. Quelques minutes plus tard, elle s'est levée et a quitté la maison, au milieu de sifflements bien mérités venant de la galerie et d'un silence significatif des occupants indignés des stalles et des loges.

Le décorum était une chose ; *le décolleté en* était un autre. Dans l'opinion réfléchie de 1851, les deux ne se confondaient pas.

Un certain Dr Judd, qui, dans les intervalles de sa pratique médicale, dirigeait à cette époque un spectacle Christy Minstrels, a quelques souvenirs de Lola Montez. « J'ai eu de nombreuses et longues conversations avec elle, dit-il, dans notre petite boîte à musique de billetterie. *Vanity Fair de Thackeray* était en train d'être lu en Amérique à ce moment-là, et Lola m'a exprimé une grande colère que le romancier ait dû la mettre dans le rôle de Becky Sharp.

«S'il avait seulement dit la vérité sur moi», a-t-elle déclaré, «je n'aurais pas dû m'en soucier, mais il a tiré son inspiration de mes ennemis en Angleterre.»

Cet élément semble avoir été inexplicablement manqué par les autres historiens de Thackeray.

# IV

Les goûts de Lola étaient nettement « bohémiens » et l'ont amenée, lors de son séjour à New York, à être une visiteuse constante du café- *épicerie souterrain de Pfaff*, alors lieu de prédilection des mondes littéraires et artistiques de la métropole. Là, elle s'est mêlée à des célébrités aussi reconnues que Walt Whitman, W. Dean Howells, le commodore Vanderbilt et cette autre figure emblématique, Adah Isaacs Menken. Elle a probablement trouvé chez Pfaff une certaine ressemblance avec les brasseries munichoises qu'elle connaissait. Un peu de la Patrie, pour ainsi dire, transporté à travers le vaste Atlantique. Solides allemands et liquides allemands ; des discussions, des rires et des plaisanteries parmi la compagnie d'acteurs, d'actrices, d'artistes et de journalistes réunis nuit après nuit aux tables ; tout le monde de bonne humeur et de bonne humeur.

Walt Whitman, inspiré sans aucun doute par la bière, a un jour décrit l'endroit dans des vers robustes caractéristiques :

Les caveaux de Pfaff, où les buveurs et les rieurs se réunissent pour manger, boire et faire la fête, tandis que pendant la promenade, immédiatement au-dessus, passent les myriades de pieds de Broadway.

Il y en avait bien davantage, car, après avoir reçu suffisamment de rafraîchissements liquides, la muse de Walt s'étendit jusqu'au bout.

De New York, Lola entreprend une tournée à Philadelphie, Saint-Louis et Boston. De passage dans cette dernière ville, elle a "effectué une visite de cérémonie" à l'une des écoles publiques. Même si les enfants « exprimèrent leur surprise et leur joie devant l'honneur qui leur était accordé », le *Boston Transcript* secoua la tête éditoriale ; et "a fait référence à la visite d'une manière qui a suscité la juste indignation de la dame et de ses amis".

Les bâtons ont été immédiatement repris en sa faveur par un journaliste new-yorkais :

"Lola Montez", a-t-il déclaré, "doit moins son étrange fascination et sa célébrité mondiale à ses pouvoirs d'artiste *qu'à* l'esprit extraordinaire et à l'éclat intellectuel dont le Ciel a jugé bon de la doter. À un moment donné, il dirigeait un pays. royaume, par l'intermédiaire d'un monarque imbécile ; et le suivant, l'épouse d'un jeune seigneur anglais fringant.... Sa personne et son allure sont incontestablement aristocratiques. Lors de sa récente visite dans l'une de nos écoles publiques, elle a surpris et ravi les savants en leur adressant la parole. dans la langue latine avec une facilité remarquable.

Il serait intéressant de connaître le nom du « fringant jeune lord anglais ». Il s'agissait cependant probablement d'un grade de brevet conféré par le presseur à Cornet Heald.

Le 27 avril 1852, Lola Montez apparaît au Musée d'Albany dans des sélections de son répertoire. A cette occasion, elle amène avec elle une « troupe de douze danseuses ». Comme leurre supplémentaire, les projets de loi décrivaient ces demoiselles comme « toutes célibataires, et la plupart avaient moins de seize ans ».

Mais l'attraction qui connut le plus grand succès dans son répertoire fut un drame intitulé *Lola en Bavière*. On dit que cela a été écrit par « un jeune homme littéraire de la Nouvelle-Angleterre, fils d'une poétesse quelque peu célèbre ». L'héroïne, qui ne quitte jamais la scène pendant plus de cinq minutes, est représentée tour à tour comme une danseuse, une femme politique, une comtesse, une révolutionnaire et une fugitive ; et parmi les autres personnages se trouvaient Louis Ier, Eugène Sue, Dujarier et Cornet Heald, tandis que le décor offrait « une représentation correcte du palais Lola Montez à Munich ». Cela semblait d'un bon rapport qualité/prix. En tout cas, le public l'a cru et les salles combles ont été assurées. Mais les critiques ont retenu leur enthousiasme. "Je sympathise", a déclaré l'un d'eux, "avec les actrices qui ont été obligées de participer à de telles choses"; et Joseph Daly a décrit l'héroïne comme « abandonnant un admirateur royal pour courtiser le public souverain ». L'auteur de ces balivernes était un certain CPT Ware, "un pauvre petit dramaturge bidon, qui écrivait n'importe quoi pour n'importe qui".

En mars 1853, Lola Montez remplissait un engagement au Théâtre des Variétés de Saint-Louis. Kate Field, la fille du propriétaire, a écrit une lettre à ce sujet à sa tante.

"Eh bien, Lola Montez est apparue hier soir pour la première fois au théâtre de mon père. Le théâtre était bondé, du parquet jusqu'aux portes. Elle avait les plus beaux yeux que j'aie jamais vus. Je l'aimais beaucoup, mais elle jouait le rôle d'une fille idiote, alors je Je ne peux pas dire ce qu'elle ferait en parlant de personnages.

Au cours de ces fiançailles, Lola s'est apparemment montrée un peu *difficile*, car son critique ajoute : "Elle essaie de déranger son père autant que possible."

Lola avait certainement tendance à « déranger » les personnes avec lesquelles elle entrait en contact. En tant que « star » acceptée, elle avait un sens élevé de sa propre importance et se considérait au-dessus des simples règles. Un jour, alors qu'elle voyageait en train de Niagara à Buffalo, elle a choisi de s'asseoir dans le fourgon à bagages et de fumer une cigarette. « Tandis que, dit un rapport, ainsi confortablement installée, elle fut découverte par le conducteur et promptement informée par lui qu'une telle conduite n'était pas permise. Là-dessus, Madame répondit que c'était son habitude de voyager où et comment elle voulait, et que elle avait fréquemment fouetté des hommes beaucoup plus gros que le conducteur. Cela réglait la question, car l'officier de la compagnie ne se souciait pas de défier la tigresse.

La visite à Buffalo fut couronnée de succès. "Lola Montez", a déclaré le *Troy Budget* , "a fait ce que Mme McMahon n'a pas réussi à accomplir : elle a positivement charmé les Buffaloes. Cela peut peut-être être attribué à son choix judicieux de l'ex-révérend Chauncey Burr, par qui elle est accompagnée sur sa tournée en qualité de chef d'entreprise.

Le choix d'un "ex-Révérend" pour diriger une tournée théâtrale semble peut-être un peu étrange. Pourtant, comme Lola l'a fait remarquer un jour : « Il est assez courant en Amérique qu'un commerçant en faillite ou un jockey en panne devienne avocat, médecin ou même pasteur. » Ainsi, de la chaire à la rampe, il n'y avait pas de grand pas.

---

# CHAPITRE XIV

## L'OUEST OR

### je

Comme c'était avant l'époque où les actrices en quête de publicité annonçaient qu'elles n'iraient *pas* à Hollywood, Lola a dû trouver un nouvel expédient pour que son nom reste dans l'actualité. Toujours fertile en ressources, celle qu'elle adopta désormais fut de laisser entendre que ce serait sa « positivement dernière apparition, puisqu'elle abandonnait la scène et devenait religieuse ». Le projet a fonctionné et les caisses du box-office ont été à nouveau remplies. Mais Lola n'a pas pris le voile. Au lieu de cela, elle entreprit un voyage en Californie, naviguant par la route de l'Isthme à l'été 1853.

Un livre ridicule, *Les Merveilleuses Aventures de Mme Seacole* , avec une bouffée d'introduction par un sac à vent, WH Russell, fait référence à ce projet :

Un jour, Lola Montez est arrivée, au zénith de sa mauvaise renommée, à destination de la Californie, avec une étrange suite. Une femme belle et audacieuse, avec de beaux yeux mauvais et une allure déterminée ; vêtu ostensiblement d'une tenue masculine parfaite, avec un col de chemise rabattu sur un manteau à revers, un devant de chemise richement travaillé, un chapeau noir, des innommables français et de jolies bottes cirées avec des éperons. Elle portait à la main une cravache… Une Américaine impertinente, présumant – peut-être non anormalement – de sa réputation, saisit en plaisantant les pans de son long manteau ; et, en guise de leçon, il reçut une coupure au visage qui dut le marquer depuis quelques jours. Je n'ai pas attendu de voir la dispute qui a suivi et j'ai été heureux lorsque la malheureuse femme est partie à cheval le lendemain matin.

Russell n'était pas un compagnon de voyage à bord du navire sur lequel Lola voyageait. Cependant, quelqu'un d'autre, qui se trouvait être l'une d'elles, donne une description très différente de sa conduite pendant le voyage :

"Nous n'étions pas allés en mer un seul jour", raconte Mme Knapp, "avant que tous les occupants du salon ne soient charmés par cette charmante jeune femme. Sa vivacité était contagieuse et son abandon était toujours d'un raffinement particulièrement aérien . "

L'arrivée de Lola Montez à San Francisco aurait éclipsé celle de n'importe quelle héroïne hollywoodienne de l'époque actuelle. Une foule immense, dirigée par les Pères de la Ville, « en grande tenue », se rassemblait sur le quai.

Des drapeaux ornaient les édifices publics ; les canons tiraient un salut ; groupes joués; et les écoliers étaient rassemblés pour parsemer son chemin de fleurs tandis qu'elle descendait l'allée ; et, « sous des acclamations retentissantes », les chevaux furent descendus de sa voiture, qui fut traînée par des mains empressées à travers les rues jusqu'à son hôtel . "La comtesse a reconnu l'accueil qui lui a été réservé avec une gracieuse inclination."

"Et si l'Europe l'avait exilée ?" a exigé un éditorial. "Cela n'a aucune conséquence. Après tout, c'est Lola Montez, reconnue Maîtresse des Rois ! Elle est plus belle que les autres femmes ; elle est magnifique ; elle est irrésistible ; et nous sommes vraiment fiers de l'accueillir."

Enveloppée dans la légende, la réputation d'« excentricité » de la nouvelle venue l'avait précédée. Elle était également à la hauteur de cette réputation car, lorsque l'esprit l'entourait (et c'était le cas assez souvent), elle dansait dans les cafés en plein air « pour s'amuser » ; elle avait les cheveux coupés courts, quand d'autres femmes affectaient des chignons ; et, merveille des merveilles, elle « fumait réellement des cigarettes en public ». Clairement, un peu en avance sur ses règles.

D'ailleurs, alors qu'elle était à San Francisco, Lola aurait renoué avec le mystérieux Jean François Montez, qui, depuis leur dernière rencontre, avait tourné une nouvelle page et était désormais marié. Mais selon un chroniqueur : "La félicité familiale a très vite succombé aux appâts de la belle Lola." Sans aucun support pour cette affirmation, un contributeur de potins théâtraux a publié une chronique imaginative dans laquelle il la déclarait, entre autres choses, avoir été « la compagne chérie de Louis Napoléon » ; et aussi « la danseuse idolâtrée des riches et des beaux-esprits des capitales du Vieux Monde, avec pour intimes les proches parents de la royauté et les beaux de Paris ».

Cela allait trop loin. Lola, très furieuse, secoua son fouet et menaça de représailles.

"Quel est ton problème?" » demanda le journaliste étonné de l'éclat, c'est une bonne publicité, n'est-ce pas ?

"Oui, mais pas comme je veux", fut la réponse.

Pourtant, qu'elle le veuille ou non, Lola allait bientôt bénéficier de beaucoup plus de « publicité ». C'est parce qu'elle est soudainement apparue avec un mari à son bras.

Bien que l'époux, Patrick Purdy Hull, soit un collègue rédacteur en chef, le *Daily Alta* , de Californie, considérait que la valeur médiatique de l'événement ne valait pas plus que quelques lignes :

"Le 2ème mois, Lola Montez et PP Hull, Esq., de cette ville (et défunt du *Whig de San Francisco* ) se sont mariés à la Mission Dolores."

Considérant évidemment cela comme une allocation quelque peu maigre, un journal new-yorkais a fourni des détails plus complets :

Parmi les récents événements domestiques de l'époque en Californie, le mariage de la célèbre Lola Montez retiendra le plus l'attention. Cette dame distinguée s'est de nouveau unie dans les liens du mariage, l'heureux jeune homme étant Patrick Purdy Hull, Esq., anciennement de l'Ohio, et employé depuis quatre ans dans le secteur des journaux à San Francisco.

M. Hull était le compagnon de voyage de la fascinante comtesse lors de son voyage en Californie ; et la connaissance se forma alors rapidement en un attachement qui mit fatalement fin à son célibat. Les noces ont été consommées [ *sic* ] à la Sainte Église de la Mission Dolores en présence d'un rassemblement très respectable de citoyens éminents.

**La "Danse de l'Araignée". Cause de nombreuses critiques**

Les « citoyens éminents » comprenaient « le gouverneur Wainwright, le juge Wills, le capitaine McMichael, M. et Mme Clayton et Beverley Saunders, Esq ». On a tenté de garder la cérémonie secrète ; et, dans ce but, les invités s'engageèrent à ne pas le divulguer au préalable. La veille au soir, le capitaine

McMichael, en quelque sorte tacticien, leur avait annoncé : « Nous ne savons pas encore avec certitude si l'affaire se réalisera un jour, et nous pourrions tous être très bien convaincus. Lorsqu'ils se sont rassemblés à l'église de la Mission, il semblait que cela allait se produire, car aucun des deux couples n'est apparu. Mais soudain, ils arrivèrent en calèche et entrèrent dans l'église. La « mariée rougissante », raconte un journaliste qui s'était cachée derrière un pilier, « portait un bouquet de fleurs d'oranger et l'orgue jouait « La voix qui respirait sur l'Eden » » ; et un autre chroniqueur ajoute : « À la fin de la cérémonie, tous se sont levés pour prendre un splendide repas, avec du vin et des cigares *à volonté.* » Mais ce n'était pas tout, car : « Le gouverneur Wainwright, faisant un clin d'œil significatif, embrassa le nouveau -fait mariée, Mme Hull. Son exemple a été immédiatement suivi par M. Henry Clayton, "juste pour rendre l'occasion mémorable", a-t-il dit. "Telle est la coutume de mon pays", a remarqué Madame Lola. Elle n'a pas été embrassée par personne d'autre, mais elle avait néanmoins un mot agréable pour tous.

## II

C'est à Sacramento que Lola et son nouveau mari commencent leur vie conjugale. Les conditions de la ville étaient alors un peu primitives ; et même dans l'hôtel principal, les clients célibataires devaient dormir dans des dortoirs. Le coût de la nourriture et du logement (avec un lit superposé) était de 150 dollars par semaine. Quant au « plateau », les éléments permanents du menu quotidien seraient une cuisse de grizzly bouillie, un steak d'âne et un lièvre. "Pas de pousse-pousse" était la fière fierté de chaque chef.

En plus de ses travaux éditoriaux (qui n'étaient pas trop exigeants), Hull était employé par le gouvernement à des travaux de recensement, préparant des statistiques sur une population en croissance rapide. Mais Lola, à son grand dam, n'a pas augmenté ses chiffres pour le retour du greffier général. Les feux de la rampe se sont avérés un attrait plus puissant que la maternité ; et, presque immédiatement après son mariage, elle accepta un engagement dans l'un des théâtres, où elle apparut sous le nom de Lady Teazle. Une comtesse dans cette partie du monde étant une nouveauté, le public s'est rallié en force au box-office et le « business » a été phénoménal. Pourtant, concurrence là-bas, comme ailleurs. Certains d'entre eux aussi, d'une description qui ne pouvait être ignorée. Ainsi, Ole Bull donnait des concerts à l'Opéra, et faisait verser des larmes aux creuseurs endurcis lorsqu'il leur jouait « Home Sweet Home » sur son violon ; Edwin Booth, « soutenu par une compagnie puissante », parlait Shakespeare et déchirait la passion en lambeaux ; et un monstre curieux, présenté comme "Zoyara, l'Hermaphrodite" (avec un "certificat d'authenticité quant à ses compétences équestres et ses vertus en tant que dame, de SM le Roi de Sardaigne") remplissait le cirque à pleine capacité chaque après-midi et soirée. Pourtant, malgré le « certificat » de Sa

Majesté, il est un fait que son destinataire a « épousé » une femme membre de la troupe. "La tromperie de longue date a été abandonnée", dit un paragraphe, "et le jeune homme qui a pris le nom de "Madame Zoyara" apparaît désormais dans une tenue masculine correcte."

Pourtant, malgré tout cela, Lola a gardé son public. Après tout, une comtesse était une comtesse. Mais peu de temps après, une divergence d'opinion surgit avec le directeur du théâtre dans lequel elle se produisait. Lola, qui n'a jamais supporté la critique, a eu des « mots » avec lui. De belles paroles, comme c'est arrivé ; et, lui brandissant son fouet au visage, elle déchira son contrat et sortit du bâtiment.

"Trouvez quelqu'un d'autre", dit-elle. "J'ai fini."

La divergence d'opinion semble être née du fait que Lola a choisi de se considérer "insultée" par un membre du public alors qu'elle dansait et que le manager n'avait pas pris sa part. Le lendemain soir, elle prononça donc un discours en public, lui donnant « un peu de son avis ». Le résultat fut, déclara le *San Francisco Alta* , « la comtesse sortit victorieuse, emportant les *bravas* et les bouquets. À la fin de son discours, elle fut saluée par des acclamations tonitruantes, au milieu desquelles elle sourit gentiment, fit une révérence et se retira. avec grâce."

A leur grande surprise, ceux qui imaginaient que les honneurs de la soirée revenaient à Lola lisaient dans le numéro suivant du *Californien* que "les applaudissements n'étaient que feinte, l'enthousiasme payé d'une maison louée". C'était plus que ce que la chair et le sang pouvaient supporter. En tout cas, c'était plus que ce que Lola pouvait supporter ; et elle envoya au rédacteur en chef une lettre féroce, le défiant en duel. "Je dois demander", disait son dernier passage, "que cette affaire d'honneur soit arrangée par vos seconds le plus tôt possible, car mon temps est tout aussi précieux que le vôtre : Marie de Landsfeld- HULL ( LOLA MONTEZ )."

Le rédacteur en chef du *Californien* n'a pas accepté cette suggestion. Au lieu de cela, il appliqua le baume nécessaire et la commande de pistolets pour deux et de café pour un fut annulée.

# III

Femme d'humeur, quand Lola changeait, c'était complet. Elle en a fait un maintenant. Le caractère artificiel des villes, avec leurs fausses normes et leur atmosphère de faux-semblant, commençait à s'estomper. Elle voulait essayer un nouveau *milieu* . Tout le monde parlait alors de Grass Valley, un district nouvellement ouvert, situé au milieu des Sierras accidentées, où des bandes de mineurs fouillaient l'or dans les entrailles de la Terre Mère et, si la moitié des récits étaient vrais, amassent fortunes. Pourquoi ne pas y aller et voir par elle-même ? Ce serait au moins une expérience nouvelle.

À peine dit que c'était fait. Embauchant un attelage de mules et un chariot, et accompagnée de Patrick Hull, elle entreprend une première tournée d'inspection du quartier.

Voyager se faisait sans hâte en ces jours tranquilles. Il y a eu plusieurs arrêts ; et les routes étaient cahoteuses, et il fallait faire de longs détours pour éviter des canyons béants. "Au bout de deux semaines après avoir quitté Sacramento derrière eux, Pat Hull et sa charmante épouse ont traversé les montagnes jusqu'à Grass Valley."

"Il y avait environ 1 600 habitants dans la commune de Marysville à cette époque", dit un chroniqueur, "et 1 400 d'entre eux étaient du sexe masculin. La perspective d'une richesse soudaine était l'attrait qui les attirait. L'Angleterre et le continent étaient représentés par quelques-unes des premières familles. Une douzaine étaient diplômés d'Oxford et de Cambridge, il y avait deux jeunes parents de Victor Hugo, il y avait un certain nombre de descendants de la noblesse pauvre de Bohême et plusieurs centaines d'Américains. Parmi ces derniers se trouvait William Morris Stewart, un avocat de Marysville, qui deviendra plus tard sénateur et procureur général.

À cette époque (l'automne 1853), Grass Valley n'était guère plus qu'un désert. La ville la plus proche, quelle que soit sa taille, était Nevada City, bordée par les ombres des hautes Sierras. Entre les ravins avait surgi comme par magie une forêt de camps de tentes et de baraques aux toits de tôle, avec des cabines de jeu et des bars d'alcool par centaines, dans lesquels des hommes barbus creusaient dur le jour, jouaient au faro et au monte et buvaient profondément. nuit. Des fortunes étaient créées – et dépensées – et les pépites étaient une monnaie courante. Le coût de la vie était très élevé. Mais il en coûtait encore plus cher d'être malade, puisqu'un grain d'or était le tarif accepté pour un grain de quinine.

Tout le quartier était un creuset. Attirés par la perspective du métal précieux qui allait en être extrait, des épaves et des épaves, représentantes de toutes les nations et de tous les métiers, avaient dérivé dans la vallée. Comme cela était naturel, les Américains étaient majoritaires ; mais, avec eux, des Anglais et des Français, des Allemands et des Italiens, plus un mélange de Chinois et de Canaques ; également un élément indésirable de déserteurs de navires et de condamnés évadés d'Australie. Pour les maintenir en quelque sorte en ordre, une justice brutale était la règle. Les maires et les shérifs disposaient de pouvoirs arbitraires et n'hésitaient pas à les utiliser. Le juge Lynch était suprême ; et un morceau de chanvre suspendu à une branche faisait partie de l'équipement de chaque camp.

Consciente de tous ces inconvénients possibles, Lola Montez a regardé Grass Valley et a vu que c'était bien. Peut-être que l'atmosphère de Bret Harte l'a séduite. En tout cas, elle décide de s'y installer temporairement ; et, dans ce but, elle persuada Hull d'acheter un cottage de six pièces juste au-dessus de Marysville.

Lorsque Lola Montez – même si elle avait une alliance au doigt, elle restait fidèle au nom – arriva là-bas avec son nouveau mari, les conditions de vie à Grass Valley étaient un peu primitives. Un service télégraphique n'existait pas; et les lettres étaient collectées et livrées de manière irrégulière. Le transport avec le monde extérieur se faisait par diligence et par mule et poney express. Whiskey devait passer par le Cap Horn ; sucre de Chine; et de la viande et des légumes d' Australie. Le fait est que les premiers colons étaient beaucoup trop occupés à extraire des pépites et de la poussière d'or pour se préoccuper de la production d'autres produits.

Mme Dora Knapp, une voisine de Lola Montez à Grass Valley à cette époque, a partagé quelques souvenirs de sa vie là-bas :

"Nous, qui connaissions sa carrière gay parmi la royauté et les nababs, étions étonnés qu'elle soit allée au camp. Elle recevait fréquemment des lettres de messieurs titrés en Europe, la suppliant de revenir et de vivre de leur riche générosité. C'était C'est simplement parce qu'elle était lasse du faste et de la vie rapide que la comtesse s'est tournée avec tant d'affection vers la vie dans un camp minier.

Pour Patrick Hull, cependant, les attraits du quartier n'étaient pas si évidents. L'encre était dans son sang. Il avait envie de regagner sa rédaction, préférant le vrombissement des presses à imprimer au cliquetis des pelles et des pioches et au cliquetis des perceuses. « L'amour dans une chaumière » ne lui plaisait pas non plus. Lorsque Lola a refusé d'abandonner Grass Valley, il a développé une crise de bouderie et s'est tourné vers la bouteille de whisky pour se consoler.

Dans ces circonstances, le bonheur matrimonial était impossible. Une telle vie était celle d'un chat et d'un chien. Sa fin est arrivée très vite.

"Lola Montez et son nouveau mari", dit la bien informée Mme Knapp, "n'avaient pas vécu ensemble plus de quelques mois avant le début des troubles. Lorsque deux de ces esprits se réunissaient, il y avait forcément un conflit. Le résultat était celui-là. Le jour où Lola a poussé Patrick dans les escaliers, a levé sa main par la fenêtre et lui a ordonné d'arrêter. »

M. Hull, qui pouvait comprendre un indice aussi bien que n'importe qui, a « démissionné ». Il a fait plus. Il se mit au lit et expira. "Dans son pays natal", dit une nécrologie en larmes, "il était respecté et aimé d'un grand cercle. La famille de Manuel Guillen (dans la maison de laquelle il reposait), inspirée par un sentiment de bienveillance authentique, lui accorda toute la tendresse la vigilance due à un fils et un frère bien-aimés ; et rien n'a été omis qui promettait une guérison ou favorisait le confort. "

Mais ce n'est que quelque temps après avoir reçu son *congé brusque* de Lola Montez.

Une fois de plus, Lola avait fait un vide sur le marché matrimonial.

# IV

Avec Adrienne Lecouvreur, Lola Montez a dû souvent se demander : *Que faire au monde sans aimer ?* « Vivre sans aimer » ne lui plaisait pas. Ainsi, elle fut bientôt créditée (ou discréditée) d'une nouvelle *liaison* . Cette fois, son choix s'est porté sur un baron allemand, nommé Kirke, qui se trouvait également être médecin. Il y avait entre eux un lien particulier, car il était venu de Munich et pouvait ainsi réveiller des souvenirs et lui parler de Ludwig, de Fritz Peissner et des autres bons camarades de l' *Alemannia* , ainsi que de la maison de la Barerstrasse où elle avait autrefois régné. il.

« Cette quatrième aventure matrimoniale fut, dit un chroniqueur, copieusement consommée ». Un choix de mots étrange. Mais, réussi ou non, ce fut de courte durée. Un beau jour, le baron emporta son fusil dans la forêt. Il n'est pas revenu. "Tué dans une fusillade" (un phénomène assez courant dans le Far West à cette époque) fut le verdict du coroner. En conséquence, Lola se retrouva une fois de plus sans protecteur masculin.

La situation n'était pas sans danger, car le quartier grouillait de bandes anarchiques, pour qui une femme vivant seule était considérée comme une belle proie. Mais Lola n'a pas été dérangée. Elle avait beaucoup de courage. Elle savait aussi que les mineurs s'étaient constitués en « garde d'honneur » et que quiconque aurait tenté de la molester aurait eu du mal. Si les creuseurs étaient rudes, ils étaient chevaleresques.

En réponse à une invitation générale du camp, Lola a plus d'une fois fait valoir sa qualité de *danseuse* . Même si le prix d'entrée était de cent dollars, la salle où elle apparaissait était toujours bondée jusqu'aux portes. Elle s'est également développée dans d'autres directions ; et un récit pittoresque de sa vie à cette époque dit qu'elle dormait sous les étoiles (« la canopée du ciel » était la façon la plus poétique de l'écrivain de le dire) et qu'elle portait des sous-vêtements en laine tricotés par elle-même. Un autre détail déclare qu'elle organisait une « soirée hebdomadaire dans sa chaumière, à laquelle assistaient les cercles supérieurs du camp, une cour de littérateurs, d'acteurs et de vagabonds » ; et que parmi les invités réguliers se trouvaient « deux neveux de Victor Hugo, un quatuor de barons allemands caissiers et quelques comtes français louches ». Forcément, un rassemblement quelque peu mitigé. Mais pour autant, les réceptions n'étaient « que de simples assemblées conviviales, avec champagne et autres vins, servies avec gâteaux et fruits *à volonté* , et tout le monde fumait. Les deux voisins de Hugo étaient toujours là, ainsi qu'un fils de Preston Brooks, le Membre du Congrès de Caroline du Sud. Une douzaine d'entre nous attendaient avec impatience de participer à ces *salons* , que nous appelions des « réunions d'expérience ». Le sénateur William M. Stewart, alors jeune avocat du Nevada, a déclaré qu'il avait l'habitude de compter les jours entre chaque jour : chaque chanson, chaque histoire, chaque morceau d'humour ou de pathétique que l'un des jeunes hommes rencontrait serait conservé pour le prochain rassemblement. ... De temps en temps, notre charmante hôtesse organisait une petite soirée costumée au chalet et, vêtue des vêtements duveteux et abrégés qu'elle avait autrefois portés sur scène, nous montrait qu'elle se souvenait encore de ses pas de danse.

Lorsqu'elle n'était pas engagée dans ces détentes innocentes, Lola se livrait à d'autres activités. Ainsi, elle chassait, pêchait et tirait, et faisait souvent de longs voyages à cheval à travers les forêts et les buissons de sauge. Ayant un penchant pour toutes sortes d'animaux, lors d'une de ces expéditions, elle captura un ourson avec lequel elle retourna dans sa cabane et entreprit de l'apprivoiser. Pendant qu'elle était ainsi employée, elle reçut la visite d'un violoniste errant qui, victime de ses charmes, lui demanda une mèche de cheveux en souvenir de l'occasion. Alors Lola, toujours soucieuse de lui rendre service, conclut un marché avec lui. "J'ai," dit-elle, "un grizzli de compagnie dans mon verger. Si vous luttez avec lui pendant trois minutes, vous aurez assez de mes cheveux pour faire un arc pour votre violon. Laissez-moi voir ce que vous pouvez faire." Le défi a été relevé ; et l'amoureux violoniste, se contentant de stipuler que l'animal devait être muselé, se mit au travail et obtint le guerdon tant convoité.

Un risque, peut-être. Pourtant, cela aurait été plus grave si Lola avait gardé un serpent à sonnette.

Les apparences sont trompeuses et Bruin était moins domestiqué que Lola ne l'imaginait. Un jour, avide peut-être de nourriture fraîche, il se débattit avec sa maîtresse et lui mordit la main. L'incident a attiré un lauréat du personnel du *California Chronicle* , qui, à la manière de Silas Wegg, « s'est lancé dans la poésie : »

LOLA ET SON ANIMAL

Un jour où la saison était pluvieuse
et où les divertissements extérieurs étaient humides,
la belle Lola fit la cour à son grizzly
et entreprit de caresser son animal de compagnie.

Mais, ah, ce n'était pas le Bavarois
Qui s'adoucit ainsi sous sa main,
Pas d'hermine roi octogénaire,
Mais Bruin, grossier petit du pays.

Ainsi, toutes ses caresses combattant
Il écrasa d'abord sa main blanche et fine,
Refusant son amour à sa caresse,
Comme elle avait refusé le sien à *Pat* !

Oh, si son animal de compagnie avait été celui dont la gloire
et le titre ont été gagnés sur le terrain,
Cette histoire aurait été moins sanglante terminée,
Plus facilement sa main aurait été *guérie* !

Ce doggerel était signé "FS", initiales qui masquaient l'identité de Frank
Soule, le rédacteur en chef de la *Chronique* .

<h1 style="text-align:center">V</h1>

Jamais sans son fouet pour chien, Lola l'emmenait avec elle dans son chalet
de Grass Valley. Là, elle en trouva bientôt une utilité. Une journaliste, dans
une chronique relatant sa carrière, a eu la maladresse de finir en demandant
"si elle était le diable incarné ?" Comme méthode la plus simple pour régler
le problème, "Lola a convoqué l'impertinent gribouilleur et lui a fait une telle
cachette qu'il n'avait plus aucun doute".

Peu de temps après, il y a eu des ennuis avec un autre représentant de la
presse. C'était avec un certain Henley Shipley, rédacteur en chef du *Marysville
Herald* , qui, bien que « régulièrement fréquenté par l' *élite* du camp », avait
décrit ses « soirées du mercredi » comme « des orgies honteuses, contraires à
notre juste réputation ». Là-dessus, dit un sympathisant, l'hôtesse mécontente
"lui prit son fouet et lui distribua une série de coupures cuisantes et bien
méritées".

L'occasion étant trop belle pour être manquée, le rédacteur en chef du
*Sacramento Union* s'est mis au travail et a publié en toute hâte une édition
spéciale, avec une longue description de l'incident :

Ce matin-là, notre ville a été plongée dans un état d'excitation ridicule par le
spectacle de Madame Lola Montez se précipitant dans Mill Street, avec un
délicat fouet de dame dans une main et un exemplaire du Marysville Herald
dans l'autre, jurant de se venger de « ce scélérat » . d'éditeur", etc. Elle l'a
rencontré au Golden Gate Saloon, une foule, au *qui vive* , suivant ses traces.
Après l'avoir frappé avec son fouet, elle utilisa alors la meilleure arme de la

femme : sa langue. Pendant ce temps, son antagoniste gardait un sang-froid très insultant. Tous ses efforts étant impuissants, la « Divine Lola » fit appel aux mineurs, mais la seule réponse fut un éclat de rire. M. Shipley, le rédacteur, se retira alors triomphalement, après avoir, par son calme, complètement épuisé son bel ennemi.

La cause immédiate de la bagarre fut la parution de divers articles, copiés du *New York Times* , faisant référence à « l'insolence à la Lola Montez, l'hypocrisie flagrante et l'effronterie de la reine Christine d'Espagne ». La scène entière était décidément riche.

On peut bien l'imaginer.

Jamais prête à accepter des critiques hostiles sans protester, Lola a envoyé sa propre version des événements à un organe rival :

"Ce matin, le 21 novembre", écrit-elle, "le journal m'a été remis comme d'habitude. Je l'ai parcouru avec peu d'intérêt, j'ai vu quelques articles injurieux, ne me mentionnant pas par mon nom, mais, comme on me l'a dit par la suite, ils avaient été préparé par la plume intelligente de ce grand homme d'État du futur et écrivain actuel, comme un point culminant et un éteignoir à toutes les gloires passées et futures de Lola Montez. Je me demande s'il pensait que je devrais en descendre avec mille ou deux mille ou deux , pour accumuler sa fortune et crier « Grace, Grace ! »

"C'est la seule tentative de chantage à laquelle j'ai été soumis en Californie, et j'espère que ce sera la dernière. J'ai lu le journal jusqu'à ce que je voie mon nom dans un bon anglais et les allusions à mon 'hypocrisie flagrante'. et l'insolence. Europe, écoutez bien ! L'hypocrisie n'a-t-elle pas été de l'autre côté ? A quoi pensiez-vous, Alexandra Dumas, Beringer, Méry et tous mes amis, lorsque vous m'avez dit que ma faute résidait dans ma trop grande gentillesse ? Shipley a jugé moi enfin d'être un hypocrite. Pour vous venger, moi, bonnet sur la tête et fouet à la main, ce fouet dont on ne se servait jamais que sur un cheval, cette fois pour être déshonoré en tombant sur le dos d'un ÂNE ... L'esprit de mes ancêtres irlandais (j'étais aux trois quarts irlandais, espagnol et écossais) prit possession de ma main ; et, selon les principes les plus approuvés de Tom Sayers, je pris la sienne, sur laquelle, grâce à quelques bagues que j'avais, je fis une impression tranchante. Ce prétendu grand frappeur a terminé le combat par une certaine quantité d'injures dont, pour lui rendre justice, il est un parfait maître. *Sic transit gloria* SHIPLEY ! Hélas, pauvre Yorick !

**Lola Montez, dans "Lola en Bavière". Un « jeu avec un but »**

L'atmosphère de Grass Valley peut difficilement être décrite comme tranquille. Sa surface était toujours ébouriffée ; et peu de temps après, Lola fut de nouveau impliquée dans une collision avec un de ses voisins. Cette fois, elle eut un passage d'armes avec un pasteur méthodiste du camp, le révérend M. Wilson, qui, avec un triste manque de charité chrétienne, informa ses ouailles que ce nouveau membre parmi eux était « un diable féminin dépourvu de honte ». , et que la "Spider Dance" dans son répertoire était un scandale." Il y avait des limites à la critique cléricale. C'était clairement l'un d'entre eux. Comme elle ne pouvait pas porter son fouet à un ecclésiastique, elle s'est prise elle-même. "Résolue à donner une leçon au révérend Wilson, elle l'a rendu visite dans sa robe de danse, alors qu'il dirigeait un cours de confirmation."

"Sans," dit un membre de l'assistance, "aucun préliminaire autre que dire 'Bon après-midi', elle a procédé à l'exécution de la danse sous le regard étonné de la troupe. Puis, se tournant vers le ministre, elle a dit : 'La prochaine fois que vous penserez digne de faire de moi et de cette danse un sujet de discours en chaire, peut-être saurez-vous mieux de quoi vous parlez. Elle partit alors, avant que le révérend gentleman ne puisse suffisamment reprendre ses esprits pour dire ou faire quoi que ce soit.

Mais, malgré ces ruptures dans sa monotonie, Lola sentait qu'elle n'était pas vraiment adaptée à la routine de Grass Valley. Une fois de plus, le théâtre l'a appelée. Répondant à l'appel, elle y revint. Mais au retour, elle n'a pas emmené Patrick Hull. Elle abandonna également le nom qu'il lui avait donné et reprit celui de comtesse de Landsfeld.

"Cela paraît mieux sur les factures", a-t-elle déclaré lorsqu'elle a discuté des projets d'une éventuelle tournée.

Le *Grass Valley Telegraph* lui a fait un bon « adieu » dans une chronique complète ; et les mineurs lui ont offert un « cadeau d'adieu » sous la forme d'une pépite. "Rough, comme nous", a déclaré leur porte-parole, "mais l'article authentique."

---

# CHAPITRE XV

## "EN BAS SOUS"

### je

Cette fois, Lola allait plus loin. Bien plus loin. Deux continents avaient déjà été exploités. Maintenant, elle découvrirait ce qu'un nouveau contenait.

Son plan était de quitter le Stars and Stripes pour la Southern Cross. Dans un premier temps, "elle a vendu ses bijoux pour 20 000 dollars à la madame d'un bordel à la mode". Ayant ainsi obtenu des fonds suffisants, elle rassembla un certain nombre d'acteurs et d'actrices au chômage et les engagea pour l'accompagner dans une tournée de douze mois en Australie. À l'exception de Joséphine Fiddes (qui devait plus tard doubler Adah Isaacs Menken, de la renommée *Mazeppa* ) et, peut-être, de son principal homme, Charles Follard, ils étaient d'un calibre nettement inférieur.

Le départ de Californie a été dûment notifié dans un paragraphe diffusé dans la presse :

"Nous vous prions d'informer nos lecteurs et le public en général que le 6 juin la célèbre Lola Montez a quitté San Francisco, à la tête d'une troupe théâtrale au talent exceptionnel, à destination de la lointaine Australie. Le public des Antipodes peut espérer en toute confiance un un régal rare."

La traversée du Pacifique, à bord d'un voilier, fut assez longue et dura près de dix semaines du début à la fin. Cependant l'ancre fut enfin jetée ; et le 23 août 1855, une « attraction colossale » fut annoncée dans « Lola Montez en Bavière » au Victoria Theatre de Sydney. Là, grâce à l'intérêt suscité par ses exploits dans d'autres parties du monde, la nouvelle venue est assurée d'un bon accueil.

Mais les vedettes du théâtre ont toujours bénéficié d'une certaine déférence de la part des colons. Ainsi, Miss Catherine Hayes, qui jouait dans une maison d'opposition, fut invitée à déjeuner par l'évêque de Sydney et à dîner par le procureur général ; et un prestidigitateur écossais, le « professeur » Anderson, a reçu un « discours de bienvenue » du conseil municipal.

Bien que ces honneurs particuliers n'aient pas été accordés à Lola (qui, pour une raison qu'elle connaissait mieux, avait choisi d'être inscrite sur la liste des passagers sous le nom de « Madame Landsfeld Heald »), elle a néanmoins bénéficié d'une publicité considérable. "Lola Montez, excentrique et très médiatisée", a déclaré le *Herald* au lendemain de ses débuts en Nouvelle-Galles du Sud, "se jette sur nous directement de Californie, et l'excitation de sa visite vide le théâtre de l'opposition. Hier soir, la comtesse avait l'air absolument charmante. et a agi de manière très malicieuse... À la chute du rideau, elle a présenté à M. Lambert (qui jouait le roi de Bavière) une élégante boîte de cigarettes.

Naturellement, la star a été interviewée par les journalistes. « Au Théâtre Victoria, raconte l'un d'eux, j'ai eu le privilège de m'entretenir avec Madame Lola après la représentation. Je l'ai trouvée, à ma grande surprise, très simple, bien élevée, jeune femme passionnée de cigares. »

*Southern Lights and Shadows* donne une image étrange du public de Sydney . « Les jeunes filles d'Australie, dit-il, sont remarquables à bien des égards. À treize ans, elles ont plus de rubans, de bijoux et d'amants que n'importe quelle autre jeune fille du même âge. Elles bavardent fadement du matin au soir. La première fois J'ai visité un théâtre et je me suis assis à côté de l'une d'entre elles qui portait au moins une demi-douzaine de bagues sur ses gants... L'affectation de *Ton* parmi eux est étonnante. Ce sont des mécènes spéciaux du théâtre et, à première vue, star, ils affluent vers le cercle vestimentaire par centaines. La fosse est généralement bien remplie d'un étalage de manches de chemise, de pots en étain et de bébés. Les loges supérieures sont généralement abandonnées à cette division de la communauté qui préfère les bonnets et les joues roses. pour correspondre ; et les flirts se déroulent de la manière la plus flagrante et la plus implacable.

L'auteur de ce croquis a également quelque chose à dire sur Sydney en tant que ville :

"Une partie de George Street ressemble autant à Bond Street à Londres qu'il est possible qu'un endroit ressemble à un autre. Comme Bond Street aussi, elle est défilée toutes les heures par les Bucks et les Brummels de la Colonie. Le Café François est très fréquenté. par les jeunes houles et brindilles de la ville. Files of *Punch* , *The Times* , sherry coblers, une hôtesse divertissante et un hôte lubrique à gros chemisiers sont les points spéciaux qui restent dans mes souvenirs. Ils servent 800 repas par jour dans cet établissement, dont le loyer est de 2 400 £ par an.

## II

Lors de ces fiançailles à Sydney, Lola, toujours intéressée par la cause caritative, a organisé une « Grande Matinée de Sébastopol », dont les bénéfices étaient « au profit de nos héros blessés en Crimée ». Comme la cause avait un attrait populaire, la maison était exceptionnelle. Il est possible que ce soit le succès de cette *matinée* qui ait amené un chroniqueur imaginatif à ajouter : « Notre distinguée visiteuse, Madame Lola Montez, comtesse de Landsfeld, est, avec sa pleine compagnie de Thespiens, sur le point de nous quitter pour Balaclava. à la demande spéciale de Lord Raglan et de Miss

Florence Nightingale, elle inaugurera un théâtre pour le plaisir de nos vaillants guerriers et de leurs alliés.

Une autre friandise étrange fut envoyée en Angleterre par le correspondant théâtral d'un journal londonien. Celui-ci déclarait qu'un membre masculin de sa compagnie "a sauté dans le port, mortifié de découvrir que Madame Lola avait tourné un visage plus amical envers un jeune frère du duc de Wellington qui l'avait suivie à Sydney depuis Calcutta". Le tempérament artistique.

Cependant, de temps en temps, d'autres nouvelles mieux établies arrivaient d'Australie et, lorsque l'occasion s'en présentait, trouvèrent une niche dans les journaux de Londres. Il ressort de tout cela que tout ne se passait pas bien avec les plans de Lola et que le début de l'aventure antipodéenne était quelque peu tumultueux.

« A Sydney, dit une lettre à ce sujet, une bagarre regrettable s'est produite récemment au théâtre où Madame Montez jouait. Se plaçant devant elle, elle s'efforçait d'apaiser le tumulte en annonçant que, alors qu'elle-même « aimait plutôt les bonnes disputes », ", elle faisait appel à la bravoure des *messieurs* présents dans la fosse et la galerie pour qu'ils respectent les souhaits d'une dame et ne gênent pas le plaisir des autres en interrompant la représentation. La demande, cependant, est tombée dans l'oreille d'un sourd. Le tumulte a continué pendant quelque temps, et a été considérablement augmentée par les acteurs et actrices qui se chamaillaient entre eux sur scène.

Il y a eu de nombreuses « querelles » au sein de l'entreprise. Ses membres n'étaient pas une famille heureuse. Ils avaient été engagés par leur directeur pour la soutenir. Mais au lieu d'apporter un tel soutien, un certain nombre d'entre eux ont fait tout ce qu'ils ont pu pour détruire la tournée. Sur ce, Lola, adoptant des mesures énergiques, renvoya les mécontents et partit pour Melbourne par le bateau à vapeur suivant. Le fait qu'elle était justifiée dans son action ressort clairement d'une lettre que ses avocats ont envoyée à la presse :

"Notre cliente, Madame Lola Montez, a eu l'imprudence d'engager, à un coût énorme pour elle-même, une société de très mauvaise qualité en Californie. Avant de commencer, elle a fait de grosses avances à chacun d'entre eux ; elle a payé leurs passages depuis l'Amérique (où ils étaient presque tous partis). tous lourdement endettés) en Australie et espérait qu'en échange de ses immenses dépenses, elle recevrait au moins une aide efficace de leur part. Mais cette bande d'artistes obscurs non seulement l'a injuriée pendant qu'ils continuaient à vivre d'elle, mais à leur arrivée à Sydney, ils ont tous refusé de s'acquitter des tâches qui leur étaient assignées.

"Lorsque Madame Montez (non anormalement irritée par une telle conduite) proposa, par notre intermédiaire, de résilier leurs accords à des conditions raisonnables, ils insistèrent sur l'exécution du contrat qu'ils avaient eux-mêmes été les premiers à rompre et lui réclamèrent un montant s'élevant à Cette demande *modérée* ayant été très justement refusée par notre client, ils ont obtenu un ordre d'arrestation pour un certain nombre d'actions distinctes. Une seule d'entre elles (une réclamation de 100 £) a été déposée à temps pour qu'un mandat d'arrêt soit émis. Lorsque, muni de cela, M. Brown, l'officier du shérif, apparut à bord du paquebot, Madame lui offrit 500 £, qu'il refusa cependant d'accepter, insistant pour qu'elle règle également les diverses autres réclamations pour lesquelles il n'avait pas de mandat. Notre client a refusé de quitter le navire, ce refus dont nous, en tant qu'avocats, sommes tout à fait disposés à en accepter la responsabilité.

Le fait qu'il ait été question d'engager des poursuites contre le capitaine du paquebot et ses subordonnés a amené les notaires à ajouter un post-scriptum :

"Ceux qui gouvernaient les mouvements du *Watarah* sont prêts à répondre de leur conduite. Ils ont vu une dame menacée d'arrestation au dernier moment pour une réclamation des plus injustes, offrant cinq fois le montant demandé, et se voyant refuser cette offre. Par conséquent, ils ne s'est pas senti obligé d'intervenir."

Un autre récit de l'épisode est un peu différent. Celui-ci déclare que, juste avant de partir de Sydney, elle a « licencié avec une bénédiction » deux membres de l'entreprise. Comme ils voulaient quelque chose de plus facilement négociable, ils ont émis une ordonnance de saisie. Lorsque l'officier du shérif voulut lui signifier : « Madame Lola, toujours prête à se battre, se retira dans sa cabine et fit dire qu'elle était toute nue, mais que le shérif pouvait venir la prendre s'il le voulait. Une situation embarrassante ; et, non préparé à y faire face, "Le pauvre M. Brown rougit et se retira au milieu d'éclats de rire."

Ayant ainsi pris le dessus sur les avocats de Sydney et comblé les postes vacants dans son entreprise avec des recrues fraîches et plus dociles, Lola atteignit la capitale victorienne sans autre aventure. Une image de la ville, telle qu'elle était lorsqu'elle y débarqua, est donnée par un auteur contemporain :

"Melbourne est splendide. De belles rues larges, plus belles et plus larges que presque toutes celles de Londres, s'étendent sur des kilomètres dans toutes les directions. À toute heure de la journée, des milliers de personnes peuvent être observées se précipitant le long d'elles avec une véritable agitation de Cheapside." La jeunesse de Melbourne semble cependant avoir été précoce. "J'étais ravi", remarque cette autorité, "de la jeune souche coloniale. Le garçon australien moyen est un jeune coquin mince au teint olive, friand de Cavendish, de cricket et de chuck-penny, et systématiquement insolent envers les filles, les policiers, et de nouveaux copains... A douze ans, après avoir passé par toutes les phases de sagacité probatoire, il est qualifié pour agir comme conducteur de bus à part entière. Aux abords des théâtres se trouvent des salles de souper (riches en gaz et en serveuses aux manières libres), et des magasins de merde où ils vendent des affiches de jeu, des bulots, des oranges, des cheroots et du poisson frit.

Mais, malgré l'existence de ces commodités, tout n'allait pas bien pour Lola. La correspondante de l' *Argus à Sydney* avait compromis ses chances de faire bonne impression en y écrivant un récit quelque peu imaginatif de ses ennuis :

"Je n'ai pas besoin de vous dire que la Montez est partie pour Melbourne, car elle sera arrivée avant cette lettre, et n'est pas le genre de femme à garder son arrivée secrète. Il se peut cependant que l'on ne sache pas si généralement qu'elle a fait ce qu'on appelle colonialement un « boulon » d'ici... Pensant peut-être que l'Australie ne faisait pas encore partie du monde civilisé et qu'une compagnie de joueurs ne pouvait pas être assurée ici, Madame a amené un groupe de comédiens de San Francisco. Ils étaient tout à fait inutiles. Une aide plus compétente aurait pu être obtenue sur place.

Lola n'a rien dit. Son principal homme, M. Follard, avait cependant quelque chose à dire et écrivit une lettre forte au rédacteur en chef :

"Permettez-moi de déclarer, avec tout le respect que je dois au terme "boulon" utilisé par votre correspondant, que Madame Lola Montez est partie tranquillement et sans ostentation... La tentative de l'empêcher de quitter Sydney et d'empêcher ses fiançailles à Melbourne était une démonstration de méchanceté au cours de laquelle tout cœur honnête doit se sentir dégoûté. Seule, dans un pays étranger, sans amis ni protecteur, sa position de femme aurait dû en elle-même la sauver des abus peu virils qui lui ont été infligés et de l'attitude méprisable manifestée par certains membres de sa compagnie.

Un deuxième facteur défavorable contre lequel Lola a dû lutter à Melbourne était que les prix avaient été doublés pour ses fiançailles là-bas. Cela a été considéré comme un grief par le public. La difficulté, cependant, s'ajusta d'elle-même, car le programme qu'elle proposait se révéla particulièrement attractif.

"Le plus haut degré d'excitation", selon la critique *du Herald* , "a été produit chez les visiteurs du Théâtre Royal par la présence réelle de cet être extraordinaire et doué, dont le monde civilisé tout entier a fait retentir les louanges pour la beauté et *l'esprit* ... Après avoir fait la révérence au public avec une grâce inimitable, la belle *artiste* se retira au milieu d'une nouvelle volée d'acclamations.

Mais Lola, qui ne manquait jamais une occasion d'exprimer ses opinions, les exprimait maintenant :

"A la fin de la représentation", raconte un rapport, "Madame Lola Montez fut appelée avec véhémence et s'adressa au public dans un discours animé, commentant quelques propos publiés dans un certain journal. Lorsqu'un monsieur se hasarda à rire pendant qu'elle Énumérant les avantages politiques qu'elle avait conférés à la Bavière, le bel orateur l'informa aussitôt qu'une telle conduite n'était généralement pas considérée comme courtoise.

Les fiançailles de Melbourne se sont terminées par une triple facture. L'objet principal était une nouveauté qu'elle possédait, la « Danse de l'araignée », que Lola avait rapportée d'Amérique. Dans celle-ci, elle est apparue avec des centaines d'araignées métalliques cousues sur ses jupes de ballet atténuées ; et, quand l'un d'eux tombait, elle devait se livrer à des tortillements et des contorsions prononcés pour les remettre en place. Les mouvements de son corps qui l'accompagnaient étaient considérés, selon certains standards, comme « audacieux et suggestifs ». À tel point que le représentant de l' *Argus* a qualifié ce numéro de « représentation la plus libertine et la plus indélicate qui puisse être donnée sur la scène publique. Nous nous sentons obligés », poursuit-il solennellement, « de dénoncer en termes de réprobation sans mesure la performance dans laquelle figure ici Madame Montez. Pourtant, Sir Charles Hotham, le gouverneur, ainsi que Lady Hotham et leurs invités, en avaient été témoins sans subir de dommages sérieux. Mais peut-être étaient-ils fabriqués dans un matériau plus résistant.

Le critique du *Morning Herald* à cette époque (appelé RH Horne, « le Jules Janin de Melbourne ») était soit moins maigre, soit plus large d'esprit que son camarade *Argus* . En tout cas, il ne voyait pas grand-chose qui justifiait ces restrictions. Estimant que le nouveau venu n'avait pas bénéficié du fair-play, il s'efforça de contrecarrer l'opinion défavorable qui avait été exprimée en publiant un article élogieux d'une longueur de colonne, dans lequel il déclarait : « Madame Montez a parcouru toute la mesure avec une élégance et une précision marquées. , et le rideau est tombé au milieu de salves d'applaudissements bien mérités.

Convaincue qu'il s'agissait là d'un critique qui connaissait bien son métier, et d'un ami sur lequel elle pouvait compter pour lui rendre justice, Lola écrivit à la rédaction :

GRAND HÔTEL IMPÉRIAL ,
**Septembre 1855.**
MONSIEUR ,

Une critique de ma performance de "Spider Dance" au Théâtre Royal a été publiée dans l' *Argus de ce matin* , formulée dans un langage tel que je dois y répondre positivement.

La piété et l'ultra-puritanisme de l' *Argus* pourraient empêcher l'insertion d'une lettre portant ma signature. C'est donc à vous que je m'adresse.

La "Danse de l'Araignée" est une danse nationale et est vue avec délice par toutes les classes sociales en Espagne, et par les deux sexes, depuis la reine jusqu'au paysan.

J'ai toujours considéré cette danse comme une œuvre de grand art ; et je rejette avec un mépris positif l'insinuation de votre contemporain selon laquelle je souhaite satisfaire un goût morbide pour ce qui est inapproprié ou indélicat.

Je serai à mon poste demain soir ; et adoptera alors une ligne de conduite qui mettra à l'épreuve la valeur de l'opinion avancée par l' *Argus* .

**Lola en tant que conférencière. De la scène à la plateforme**
**AUTOBIOGRAPHIE**
**ET**
**CONFÉRENCES**

Le « cours » promis consistait simplement à prononcer un long discours depuis la scène et à demander au public de décider s'il devait ou non donner l'objet controversé. Le public a insisté sur le fait qu'elle devrait le faire ; et, quand elle eut fini, « exprimèrent leurs opinions sur le sujet en poussant de forts gémissements pour l' *Argus* et des acclamations vigoureuses pour le *Herald* ».

Honneur à Lola !

Mais la « danse de l'araignée » allait encore s'avérer une source d'ennuis. Le lendemain matin, un certain docteur Milton, qui s'était constitué un champion des mœurs, se présenta au tribunal de police et demanda un mandat d'arrêt contre Lola Montez, au motif qu'elle avait « outragé la pudeur ».

"Je suis en mesure", a-t-il déclaré, "de produire des preuves incontestables de l'indélicatesse de sa performance".

"Il faut procéder à une convocation dans les règles", a déclaré le magistrat, qui n'avait visiblement aucune sympathie pour les fouineurs.

Mais avant de pouvoir le faire, le Dr Milton s'est vu signifier une assignation pour diffamation. En conséquence, on n'a plus entendu parler de cette affaire.

Outre ses Mawworms, dont elle était atteinte d'un nombre appréciable de spécimens, la ville de Melbourne semble avoir eu d'autres inconvénients à cette époque. Selon RH Horne, la société locale était constituée d'une manière assez curieuse. "Il y a une tentative", dit-il, "au noyau d'un 'cercle judiciaire'; et si le gouvernement intérieur juge bon de créer quelques chevaliers et baronnets australiens supplémentaires, il peut y avoir de bons espoirs pour l'élargissement du cerceau enchanté. L'Almack's de Melbourne doit être félicité pour le courage moral avec lequel ses directeurs ont résisté aux demandes d'admission de certains riches mal lavés et d'autres inadaptés. L'argent ne fait pas tout, même à Melbourne.

Il y avait d'autres restrictions sur la morale de Victoria, par rapport à celles de la Nouvelle-Galles du Sud :

« Les repaires de la méchanceté de Sydney ne sont pas surpassés par ceux de Melbourne ; mais, en ce qui concerne l'ivresse et la prostitution, ce dernier endroit est bien pire que Sydney. Le Théâtre Royal contient en lui-même quatre bars séparés. Le Café de Paris, dans le même bâtiment, il y a deux bars. Dans le théâtre lui-même, il y a un public qui boit tous les soirs, surtout quand la salle est bondée. Entre chaque acte, il est d'usage que le public se précipite pour boire un verre d'eau-de-vie. Les seules exceptions sont les occupants du cercle vestimentaire, plus particulièrement lorsque le gouverneur est présent.

D'ailleurs, la « Liste des boissons » montre que, preuve de sa popularité, un « Apéritif Lola Montez », composé de « Old Tom, gingembre, citron et eau chaude », a été offert aux clients.

L'alcool n'était pas le seul parmi les objets sur lesquels "Orion" Horne s'inclinait. Il désapprouvait également le cricket. « L'été dernier, dit-il, la manie des chauves-souris et des balles sous le soleil brûlant a dépassé toute excitation rationnelle. Les journaux ont attrapé l'épidémie et, tout en remarquant à peine d'autres jeux bien plus utiles, ils ont consacré des colonnes sur des colonnes à des comptes rendus minutieux. des matchs d'une centaine de clubs différents. Les murs mêmes de Melbourne furent infectés. Au retour des Victoriens de Sydney, un journaliste du *Herald* les désigna comme « les guerriers laurés ». S'il n'y a pas grand mal à cela, c'est que l'on a poussé la chose trop loin. »

Il est peut-être tout aussi bien, pour la tranquillité d'esprit de Horne, que la valeur actuelle attachée à "Ashes" n'ait pas existé et qu'un XI australien ne se soit rendu en Angleterre que vingt ans plus tard.

# III

Après Melbourne, la prochaine étape de l'itinéraire de Lola était Geelong. Le programme qu'elle y proposait était généreux, car il comprenait un « drame émouvant, intitulé *Maidens, Beware !* et la comédie élégante et réussie, *The Eton Boy* », auxquels s'ajoutaient une « pétillante comedietta » et une « farce risible ». ". C'était un bon rapport qualité/prix. Le critique de Geelong, cependant, n'a pas beaucoup pensé au principal élément de ce projet de loi. « Il s'agit, observa-t-il solennellement, d'un complot impossible, avec des situations et des sentiments tout à fait au-delà de la compréhension de nous, barbares. »

Cette attitude dédaigneuse n'était pas partagée par les creuseurs naïfs qui ont trouvé *Maidens, Attention !* tout à fait à leur goût. Mais on ne pouvait s'attendre à rien d'autre, car il offrait une bonne mesure de tous les éléments qui assurent le succès à chaque fois qu'ils sont employés. Ainsi, le héros est injustement accusé d'une série d'infractions commises par le méchant ; un serviteur comique dénoue l'intrigue lorsqu'elle devient complexe ; et l'héroïne n'évite « quelque chose de pire que la mort » qu'en prouvant qu'un baronnet, « payant des adresses importunes » (mais rien d'autre) a forgé un testament.

Ayant un faible pour la société des creuseurs, avec qui elle s'était toujours bien entendue, Lola se rendit ensuite à Ballarat. Ce n'était pas un moment propice pour une aventure théâtrale dans cette partie du monde. L'ambiance était quelque peu instable. Les larges flèches et les billets de congé qui constituaient une grande partie de la communauté réclamaient à grands cris une république ; et il y a eu de nombreuses émeutes. Un drapeau rebelle avait été hissé par la foule ; et il a fallu faire appel à l'armée pour réprimer les activités de la « Ballarat Reform League ». Pourtant, Lola n'était pas une femme pour fuir le danger. Comme elle l'avait dit à un public de Sydney, elle "aimait plutôt les bonnes disputes".

La venue de Lola Montez à Ballarat était annoncée par un paragraphe préliminaire :

"Nos lecteurs seront heureux d'apprendre que la célèbre Lola, une dame qui a eu des rois à ses côtés et qui a causé presque autant de bouleversements dans le monde qu'Hélène de Troie, est sur le point d'apparaître parmi nous. En quittant Melbourne en autocar, elle a présenté au commis aux réservations une copie dédicacée d'une œuvre de la célèbre Mme Harriet Beecher Stowe. Jeunes messieurs de Ballarat, faites attention à vos cœurs ! Le chaos sera assurément fait parmi eux.

Son parcours haut en couleur a attiré les lauréats. L'une d'elles y trouva l'inspiration d'une ballade, "Lola, à l'oeil au beurre noir qui roule !" qui était chanté dans tous les music-hall de la Colonie. Un deuxième effort a examiné la question sous ses aspects les plus graves. Le premier verset était le suivant :


Elle est plus à plaindre qu'à censurer,

Elle mérite plus d'être aidée que méprisée.
Ce n'est qu'une jeune fille qui s'est aventurée
sur le chemin orageux de la vie, de manière peu judicieuse.
Ne la méprisez pas avec des paroles féroces et amères,
Ne riez pas de sa honte et de sa chute,
Arrêtez-vous un instant pour considérer
*Qu'un homme était la cause de tout cela !*


Louis de Bavière avait fait mieux que cela. Beaucoup mieux. Agacée par les insinuations qu'il contenait, Lola brandit de nouveau son fouet et menaça le barde d'une action en dommages et intérêts.

Le Victoria Theatre de Ballarat (où Lola Montez devait donner aux creuseurs un échantillon de sa qualité) était une maison nouvellement construite, "reflétant", a déclaré un journaliste impressionné, "toute l'élégance moderne. Devant les loges", a-t-il poursuivi. , "sont des panneaux, chastement ornés de festons corinthiens, encerclant un aigle doré emblématique de la liberté. Au-dessus de l'avant-scène se trouve une ellipse, exposant les armoiries australiennes. Le plafond est orné d'un dôme, autour duquel sont regroupées les neuf Muses, et le lustre est le plus grand de la colonie. Depuis le vestiaire, il y a une communication directe avec l'hôtel des États-Unis voisin, de sorte que des rafraîchissements de première classe peuvent être procurés sans le moindre inconvénient. Il y a six loges ; et Madame Lola Montez dispose d'un appartement privé et somptueusement meublé."

Le répertoire qu'elle proposait devant inclure ("sur demande spéciale") la "Spider Dance", elle a pris la précaution d'en envoyer une description au *Ballarat Star* :

La caractéristique et fascinante DANSE DE L'ARAIGNÉE a été interprétée par MADAME LOLA MONTEZ avec le plus grand succès à travers les États-Unis d'Amérique et devant toutes les têtes couronnées d'Europe.

Cette danse, sur laquelle la méchanceté et l'envie ont essayé de fixer la tache de l'immoralité, a été donnée dans les autres colonies à des maisons remplies du sol au plafond de rang, de mode et de beauté. À Adélaïde, Son Excellence le gouverneur général, accompagné de Lady McDonnell et des dames les plus choisies de la ville, lui accorda leur patronage, tandis que les francs-maçons libres et acceptés faisaient à Madame Lola Montez l'honneur distingué d'y assister en grand insignes.

C'est le 16 février 1856 que Lola Montez ouvre ses portes à Ballarat. Un programme généreux était proposé, car il comprenait « la comédie élégante et pétillante *A Morning Call* ; la farce risible *The Spittalsfields Weaver* ; le drame domestique *Raffaelo, the Reprobate* ; et la tragédie shakespearienne *Antoine et Cléopâtre* ; le tout avec de nouveaux et des paysages, des robes et des rendez-vous somptueux.

Conformément à la mode de l'époque, la star devait réciter un prologue. Un extrait en était le suivant :

Il n'est que juste de dire quelques mots hâtifs.
Quant au nom que porte aujourd'hui ce théâtre,
car je voudrais que vous compreniez bien
que je recherche des clients de tous les pays.
Ce n'est pas seulement par préjugé que
le nom de la vertueuse reine de Grande-Bretagne a été attaché.
Et que votre généreuse présence et vos applaudissements
provoquent du contenu mutuel et des soirées heureuses !

Mais ce n'était qu'une introduction. Il y avait encore beaucoup à suivre, car la touche « personnelle » n'avait pas encore été apportée.

Quant à *moi*, vous trouverez chez Lola Montez
l'étude pour plaire à mon habitude constante !
Pourtant, je suis fier d'être la première étoile ici
À briller sur cet hémisphère thespien.
Et j'espère seulement que quand je dis "Adieu!"
Vous m'accorderez la même chose que je vous souhaite :
que le riche succès récompense votre labeur quotidien,
que ni les hommes ni les mesures présentes ne spolient la paix,
et que je puisse voir la nuit vos visages agréables
avec ces belles dames, vos grâces qui vous accompagnent !

# IV

Mais, malgré ce début prometteur, tout ne s'est pas bien passé à Ballarat. Comme cela s'est produit ailleurs, Lola allait se heurter à une critique qui l'avait dénigrée. Furieuse et indignée, la cravache à la main, elle se précipita dans le bureau du rédacteur et se vengea sommairement.

« Un compte rendu complet de cette remarquable affaire, annonçait le journal d'opposition, sera rendu par nous demain. Nos lecteurs peuvent s'attendre à un régal parfait. Ils l'ont compris aussi, si l'on peut se fier au rapport de « quelques observations choisies » livré par Lola à son public le deuxième soir de ses fiançailles :

" Mesdames et Messieurs, je suis très sûr que vous tous dans cette maison êtes mes très bons amis ; et je regrette beaucoup d'avoir maintenant un devoir des plus désagréables à accomplir. J'avais imaginé qu'après toute la gentillesse que j'ai éprouvée de la part de les mineurs de Californie, je n'aurais jamais dû vous dire quelque chose de pénible, mais maintenant, je suis obligé de le faire.

"Je parle aux dames, en tant que membres de mon propre sexe, et aux messieurs, en tant que mes protecteurs naturels. Eh bien, ce que je dois vous dire, c'est qu'il y a un certain gentleman dans cette ville appelé Seekamp. Enlevez simplement les E. , et ce qui reste de son nom devient *Skamp*. Écoutez mon histoire, puis jugez entre nous. Ce M. Seekamp, qui est le rédacteur en chef du *Ballarat Times*, m'a en fait dit, devant une autre dame et deux tout à fait respectables. messieurs, que les mineurs ici étaient une bande de… Non, je ne peux vraiment pas salir mes lèvres avec le mot choquant qu'il a utilisé – et que je ne devais pas les croire.

"M. Seekamp m'a rendu visite avec une certaine proposition et a accepté mon hospitalité. Vous savez tous qu'il aime juste un peu boire. Eh bien, pendant qu'il était chez moi, le xérès, le porto, le champagne et le cognac n'étaient jamais hors de la table. Il mangeait avec moi et il buvait avec moi. En fait, il buvait si librement que c'était seulement mon respect pour moi-même qui m'empêchait de le faire sortir. Mais je me suis dit : "Après tout, il est éditeur, c'est peut-être là son petit métier.

" Eh bien, j'ai fait ce que voulait M. Seekamp, et en conséquence, j'ai perdu un billet de dix livres. J'étais vert, mais j'avais hâte d'éviter de me faire des ennemis parmi les rédacteurs. Pourtant, lorsque son journal paraîtra ensuite , j'y suis mentionné comme étant notoire pour mon immoralité. Notoire, en effet ! Eh bien, je défie tout le monde ici, ou ailleurs, de dire que je suis, ou que j'ai jamais été, immoral. Il est peu probable que, si je le voulais, être immoral, je devrais travailler dur et gagner mon pain en travaillant dur. Qu'en pensez-vous ?

" Mesdames et messieurs, je fais appel à vous. Est-il juste ou généreux de la part de cet homme de Seekamp de se comporter ainsi avec moi ? La vérité est que mon manager, sachant qu'il était un bon à rien, a donné mes commandes d'impression à " Un autre éditeur. Pour se venger, Seekamp en colère dit qu'il me chassera de cette ville. Mesdames et Messieurs, je fais appel à vous pour votre protection. "

« Et ici, ajoute le récit, l'intrépide Lola se retira sous des applaudissements assourdissants. Trois acclamations chaleureuses furent adressées à Madame et trois gémissements vigoureux à son lâche traducteur.

La nuit suivante, il y eut d'autres discours. Cette fois, Lola s'est plainte au public d'avoir été récemment insultée par le répréhensible Seekamp. "J'ai proposé," dit-elle, "bien qu'une simple femme, de l'affronter avec des pistolets, mais le type qui attaque le personnage d'une dame fuit mon défi. Il dit qu'il me chassera des Diggings. Eh bien, j'ai l'intention de me tourner vers lui." " Je regrette beaucoup," ajouta-t-elle, " d'avoir été obligée de m'affirmer aux dépens de M. Seekamp, mais, en réalité, ce n'était pas ma faute. Ses attaques contre mon art étaient très peu distingué. Je l'ai défié de se battre en duel, mais le poltron n'a pas accepté.

Dans la meilleure tradition de l' *Eatanswill Gazette* , le *Ballarat Star* a qualifié le *Ballarat Times* de « notre véritable adversaire contemporain et courageux » et a fait allusion à « la prodigalité sans fard de ses colonnes éditoriales ». Le propriétaire de l'hôtel United States et l'avocat de Lola Montez se sont également lancés dans la controverse et ont mis M. Seekamp au défi de « manger ses paroles ». Cependant, cet individu, ne se souciant pas d'un tel régime, a refusé de faire quoi que ce soit de ce genre.

L'affaire ne s'est pas arrêtée là et plusieurs correspondants ont pris le relais en faveur de Lola Montez.

« Est-il possible, écrivait l'un d'eux au rédacteur en chef du *Star* , que M. Seekamp puisse, dans sa tentative de noircir la juste renommée d'une femme, insinuer qu'il est également coupable de l'immoralité la plus choquante ? le penser." Il y avait aussi une lettre dans le même sens de « John Bull » et une autre de « An Eton Boy », faisant des publicités animées sur la grammaire de M. Seekamp.

Se sentant atteinte à sa réputation, Lola a ensuite demandé à son avocat d'intenter une action en diffamation contre Seekamp. Le magistrat a renvoyé l'affaire devant la cour supérieure de Geelong. Mais comme des excuses ont été présentées et acceptées, on n'en a plus entendu parler.

Ce ne furent cependant pas la fin de ses ennuis à Ballarat, car les cravaches devaient de nouveau siffler dans l'air. Mais cette fois, Lola a obtenu plus que ce qu'elle espérait. Elle utilisait son fouet contre un certain M. Crosby, le directeur du théâtre là-bas, lorsque l'épouse de cet individu, une femme forte et musclée, lui a arraché l'arme et l'a posée sur son dos.

Le récit donné par un témoin oculaire est un peu différent. "À Ballarat", dit-il, "Lola s'est jetée et a croisé une vaillante Amazone qui avait omis de lui montrer le respect qui lui était dû."

« Fesses croisées » semble être une expression qui, jusqu'à présent, a échappé aux auteurs de dictionnaires.

Dans d'autres parties de la colonie, cependant, l'accueil de Lola compensait largement les petits désagréments de Ballarat. "Sa popularité", explique William Kelly, un squatter australien, "ne se limitait pas à la scène. Elle était accueillie avec enthousiasme sur les champs aurifères, et d'autant plus avec la manière libérale avec laquelle elle "criait" en rendant l'hospitalité à les creuseurs. Son courage aussi les ravissait, car elle descendait les puits les plus profonds avec autant de nonchalance que si elle entrait dans un boudoir.

De Sandhurst, Lola Montez s'est rendue à Bendigo, où s'est terminée la tournée. Là, dit un journaliste, « elle vivait dans l'amitié la plus cordiale avec toute la population, et sans qu'un seul incident troublant ne trouble la sérénité des rapports sexuels ».

**V**

Après avoir terminé sa tournée en Australie, avec un bénéfice considérable pour elle-même, Lola Montez dissout sa compagnie et, à l'automne 1856, retourne en Europe. Elle reçut plusieurs offres de Londres ; mais, sentant qu'un repos était bien mérité, elle quitta le navire à Marseille et prit une villa à Saint-Jean de Luz. Pendant son séjour, elle semble avoir retenu une certaine attention du public. En tout cas, Émile de Girardin, la trouvant bonne « copie », reprit dans *La Presse* une lettre qu'elle avait écrite à l' *Estafette* :

SAINT-JEAN DE LUZ ,
**3 septembre 1856.**

Monsieur : Les journaux français et belges annoncent comme un fait positif que le suicide de Monsieur Mauclerc (qui s'est précipité volontairement du haut de la falaise du Pic du Midi) a été causé par divers troubles que je lui avais causés. S'il vivait encore, M. Mauclerc lui-même, j'en suis sûr, contredirait cette calomnie.

Il est vrai que nous étions mariés ; mais, constatant, au bout de huit jours, que notre union n'était pas susceptible de se révéler heureuse, nous nous séparâmes d'un commun accord. L'histoire de ma responsabilité dans l'affaire du Pic du Midi n'existe que dans le cerveau imaginatif de quelque journaliste qui se délecte de fournir des détails tragiques. Quoi qu'il en soit, Monsieur le rédacteur, je compte sur votre sympathie pour me disculper de toute participation à ce mélancolique événement. — Bien à vous, LOLA MONTEZ .

Mauclerc, cependant, loin d'être mort, était encore bien vivant, et se prélassait en ce moment au soleil à Bayonne. Après avoir lu cette lettre, il y répondit dans le numéro suivant :

Je viens de voir dans les colonnes de *La Presse* une lettre de Lola Montez. Cela rend compte d'un saut délibéré du haut d'une falaise et d'un mariage avec moi-même comme acteur principal de chaque catastrophe. Tout ce que j'ai à dire à leur sujet, c'est que je ne sais rien de ces événements importants. Je vous assure, monsieur, que je n'ai jamais éprouvé aucune envie de me « précipiter », ni du Pic du Midi, ni d'ailleurs ; et je n'ai jamais eu l'honneur d'être l'époux de la célèbre comtesse de Landsfeld, même pendant huit jours. — MAUCLERC. Artiste dramatique.

*9 septembre 1856.*

Lola ignorait ce *démenti* . Il est cependant possible qu'elle ne l'ait pas lu, car elle était alors en train d'organiser un autre voyage en Amérique.

# CHAPITRE XVI

## ADIEU AUX FEUX DE RAMPE

### je

Après y avoir réservé plusieurs engagements, en décembre 1857, Lola débarque à New York pour la deuxième fois. Dès qu'elle descendit du navire, elle fut entourée d'une foule de journalistes. Ne perdant jamais l'occasion de prononcer un discours, elle leur a donné exactement ce qu'ils voulaient.

"L'Amérique", dit-elle alors qu'ils sortaient leurs cahiers, "est le dernier refuge laissé aux victimes de la tyrannie et de l'oppression dans le vieux monde. C'est le plus beau monument à la liberté jamais érigé sous la voûte céleste."

Pour sa réapparition, elle a offert au public *Lola Montez en Bavière*, qui avait déjà rendu de bons services. Mais à cette époque, il était un peu effiloché.

"Le drame la représente comme une femme coquette et imprudente", a estimé un critique. "Nous assurons à nos lecteurs qu'il n'en est rien."

Ce témoignage a été une aide. Pourtant, il ne pouvait pas insuffler une nouvelle vie à une pièce qui avait manifestement survécu à sa popularité. Ainsi, elle a rapidement changé l'affiche pour un double, *The Eton Boy* et *Follies of a Night*. Mais les résultats en trésorerie n'étaient guère meilleurs ; et lorsqu'elle quitta New York et tenta sa chance à Boston, les recettes de la semaine s'élevaient à peine à deux cents dollars. En langage théâtral, cela signifiait « ne pas jouer avec le gaz ».

Comprenant qu'elle perdait prise, elle chercha une nouvelle méthode pour attirer le public. Il ne fallut pas longtemps avant qu'elle en tombe sur un. Comme elle vivait dans un pays démocratique, elle tirerait profit de son « titre ». Un plan fut bientôt mûri. Il s'agissait d'organiser des « réceptions », où seraient les bienvenus tous ceux qui seraient prêts à payer un dollar.

Un dollar pour dix minutes de conversation avec une véritable comtesse et, pour 50 cents supplémentaires, le privilège de lui serrer la main. Une bonne affaire. Le tarif a séduit des milliers de personnes. Parmi eux, Charles Sumner, l'éminent juriste, qui a déclaré à propos de Lola Montez : « Elle était de loin la femme la plus gracieuse et la plus charmante que j'aie jamais rencontrée ».

Son prochain plan pour lever le vent financier était d'utiliser sa plume. Il est vrai que ses « mémoires », enchaînées à Paris, étaient tombées à plat – à cause de la pusillanimité de l'éditeur du *Pays* – mais une « autobiographie » complète aurait, pensait-elle, de meilleures perspectives. Outre d'autres considérations, il existe désormais davantage de données sur lesquelles s'appuyer. Une quantité embarrassante. Elle pourrait dire quelque chose – beaucoup – sur ce qui se passe en Bavière, en France, en Californie et en Australie. Que de bonnes choses, et un domaine jusqu'ici intact.

Cependant la plume étant encore une arme inhabituelle, elle recourut à une aide extérieure ; et pratiquement la totalité de l' *Autobiographie de Lola Montez* a été écrite pour elle (dans le cadre d'un accord de participation aux bénéfices) par un collaborateur clérical, le révérend Chauncey Burr.

Le récit de l'Odyssée, tel qu'il est exposé dans cette production commune, établit le contact avec des cercles scintillants et la respiration d'un air parfumé. Au sein de ses chapitres, empereurs, rois et princes se bousculent ; les scènes changent continuellement de capitale en capitale ; et les intrigues succèdent aux contre-intrigues à couper le souffle. Pourtant, ceux qui ont acheté le volume avec la ferme conviction qu'il s'agirait de l'analyse d'une Aspasie moderne ont été déçus. En fait, il n'y avait presque rien dans ce document qui aurait pu perturber une réunion du comité de Band of Hope. Cependant, cela était dû en grande partie au fait que, adepte du patinage sur glace mince, le révérend M. Burr ignorait ou colorait des événements qui ne rapportaient pas au crédit de son sujet.

**Lola Montez dans Milieu de la vie. Une pose caractéristique**

L'"'Autobiographie" (prétendue) se termine sur une note positive :

"Dix ans se sont écoulés depuis les événements auxquels Lola Montez a été liée en Bavière; et pourtant la méchanceté des jésuites diffus et toujours vigilants est aussi fraîche et aussi active qu'elle l'était à la première heure où elle l'a attaquée. Ce n'est pas trop dire que peu d'artistes de sa profession s'en sont jamais sortis avec aussi peu de censure, et certainement aucun n'a jamais eu les portes de la plus haute respectabilité sociale qui leur aient été aussi universellement ouvertes qu'elle l'a été, jusqu'au moment où elle est allée en Bavière. Il y avait quelque chose dans sa conduite là-bas qui aurait dû la compromettre devant le monde. Ses ennemis l'ont assaillie, non pas parce que ses actes étaient mauvais, mais parce qu'ils ne connaissaient aucun autre moyen de détruire son influence.

Bien que trop modeste pour le reconnaître, ce passage est évidemment le révérend Chauncey Burr textuellement.

Une offre de sérialisation d'une partie de « l'autobiographie » dans les colonnes du *Figaro* est acceptée. En corrigeant les épreuves, Lola s'accrochait encore au récit antérieur qui avait déjà rendu service dans les « mémoires » apportées au *Pays* . Mais elle l'agrémenta de broderies fraîches. Ainsi, pour entretenir ses liens avec l'Espagne, elle revendique désormais comme tantes la marquise de Pavestra et la marquise de Villa-Palana, ainsi qu'un oncle Juan également imaginaire ; et elle a aussi, pour la première fois, donné à son amie d'écolière, Fanny Nicholls, une sœur Valérie.

L'« autobiographie » avait été initialement acceptée pour *Le Pays* d'Anténon Joly. Quand pourtant, peu après, MM. de la Guéronnière et de Lamartine acquièrent la revue, ils répudient le contrat. D'où son transfert au *Figaro* . Mais cet organe prit aussi un malaise soudain et, après la parution des premiers fascicules, refusa de publier le reste, au motif qu'ils étaient « trop scandaleux ». Quelque temps après, Eugène de Mirecourt, croyant avoir fait une bonne affaire, récupéra les portions interrompues et en fit la base d'un chapitre sur Lola Montez dans ses *Contemporains* . Ce chapitre est marqué tout au long par une sévère désapprobation. Ainsi commence-t-il :

"La femme qui fait revivre au XIXème siècle les scandales de Jeanne Vaubernier appartient à notre galerie, et le matérialisme abject qui accompagne ses méfaits se dévoilera dans les pages qui suivront."

De Mirecourt n'était pas très heureux de la tâche qu'il s'était assignée. Comme tout le reste de sa plume, la section entière est nettement imaginative. Ainsi, il déclare que Lola, alors qu'elle vivait à Madrid, était « soutenue par cinq ou six grands seigneurs anglais » ; et, entre autres incidents amoureux, dit qu'un prêtre brahmane est tombé amoureux d'elle ; qu'elle menait une « intrigue scandaleuse » avec un jeune diplomate français qui portait des dépêches à l'empereur de Chine ; et que son mari, le lieutenant James, a un jour intercepté un tendre passage entre elle et un rajah. D'autres broderies affirment que le père de Lola était le fils de Lady Gilbert et que sa mère était la fille d'un « guerrier maure qui a abjuré le paganisme ». À ce charabia, il ajoute qu'elle a été envoyée dans un pensionnat à Bath, tenu par une certaine Mme Olridge, où elle a eu très tôt une *liaison* avec le maître de dessin.

Il valait peut-être mieux pour de Mirecourt et d'autres de sa famille que les actions en diffamation n'aient pas alors été ajoutées aux périls de la paternité. Pourtant, s'ils l'avaient fait, Lola n'aurait pas pris la peine d'en apporter un. Poursuivre en Amérique un homme résidant en France était difficile. En outre, à cette époque, elle était tellement habituée aux fausses déclarations et aux mensonges délibérés qu'elle refusait d'intervenir.

"Peu importe ce que les gens choisissent de dire de moi", a-t-elle fait remarquer avec mépris lorsqu'elle a été informée par un ami parisien des libertés prises avec son nom.

Même si (sauf lorsqu'elle prenait les choses en main) elle aimait se tenir à l'écart de la loi, cela n'était pas toujours possible. Un tel cas s'est produit en mars 1858, lorsqu'un M. Jobson de New York a intenté une action contre elle au sujet d'une prétendue dette. Les débats semblent avoir été menés d'une manière qui devait être particulière au moment et au lieu ; et, dans le but de la discréditer, elle a été soumise à un contre-interrogatoire qui serait désormais qualifié de « troisième degré ».

« N'êtes-vous pas, a commencé l'avocat du plaignant, née à Montrose, fille d'une certaine Molly Watson ? »

Cette demande ayant été refusée, il pose sa question suivante.

"Combien d'intrigues avez-vous eu au cours de votre carrière ?"

"Aucun", fut la réponse.

— Nous verrons cela, Madame, répondit l'autre en consultant son mémoire. "Pour commencer, n'étais-tu pas la maîtresse du roi Louis ?"

"Vous êtes un vulgaire méchant", s'est exclamée Lola avec indignation. "Je peux jurer sur la Bible que je lis tous les soirs, mais pas vous, que je n'ai jamais eu ce que vous appelez une 'intrigue' avec lui. En fait, je lui ai fait beaucoup de bien."

"De quelle manière ?" » demanda le juge, l'air intéressé.

"Eh bien, j'ai façonné son esprit sur l'amour de la liberté."

« Avant de vous enfuir avec votre premier mari, continua l'avocat, n'étiez-vous pas employée comme femme de chambre ?

"Jamais", fut la réponse catégorique. "Et, laissez-moi vous le dire, monsieur le procureur, ce n'est pas du tout une chose honteuse d'être femme de chambre. Si j'étais née telle, je me considérerais comme une femme beaucoup plus distinguée que moi."

Lorsque son propre avocat, venu à la rescousse, a qualifié M. Jobson de « camarade », il s'en est suivi, selon les mots d'un journaliste, « une bagarre inconvenante ». A force de s'injurier les uns les autres, les avocats rivaux se mirent à se bagarrer ; les spectateurs et les officiels se joignirent à la lutte ; et un encrier fut lancé par Jobson furieux sur les occupants de la tribune des jurés. Ceci étant considéré comme un outrage au tribunal, il fut arrêté et le juge, rassemblant ses papiers, quitta la salle en annonçant que la suite de l'audience serait ajournée.

# II

Après cette expérience, Lola développe une nouvelle activité. Telle une Jeanne d'Arc moderne, elle annonça soudain qu'elle entendait des « Voix » et que, sur leurs instructions, elle abandonnait la scène pour la tribune. Ses plans furent bientôt achevés ; et, le 3 février 1858, elle monta à la tribune et fit ses débuts comme conférencière à la Hope Chapel de New York.

Il y eut des rires de bière de la part des journalistes qui « couvraient » cet effort. "Lola Montez dans la chaire de la chapelle, c'est très amusant", fut la conclusion à laquelle arriva l'un d'eux ; et un autre dirigeait sa chronique, « Un Desperado in Dimity ».

A en juger par son récit de ce premier échantillon (une conférence sur les « Belles Femmes »), le représentant *de la Tribune* ne l'a pas pris très au sérieux :

« La tempérance, l'exercice et la propreté, prêchaient Lola la courageuse ; des dîners légers et des horaires raisonnables ; de longues et joyeuses promenades dans des bottes épaisses et des draps bien ajustés pour le bien du teint. De là, dit Lola, viennent une bonne digestion, de la bonne humeur et de la bonne humeur. Et c'est ainsi, ma chère Flora, qu'on peut être en bonne santé et riche – parler avec des crinolines et des jupons rouges – et être sage.

Lola était en avance sur son temps. Aujourd'hui, elle se serait installée comme « spécialiste de la beauté ». Si elle l'avait fait, elle aurait tiré un gros revenu de la vente de crèmes et de parfums, de poudres et de peintures, de teintures et d'onguents, et de toutes les autres panacées avec lesquelles les femmes s'efforcent de retrouver leurs charmes disparus. Mais, au lieu de devenir praticienne, elle devint auteur et rédigea un manuel, *Les Arts de la Beauté, ou Les Secrets des Toilettes d'une Dame*. Cela entrait très en profondeur dans le sujet et contenait des conseils utiles sur le « traitement du teint », la « culture capillaire », « l'élimination des rides » et ce qui était alors timidement appelé

« développement de la poitrine ». L'importance était également attachée à « l'Intellect », en tant que souverain spécifique pour réparer les ravages des années avancées. « Un bel esprit, déclare l'auteur, est la première chose qu'il faut pour avoir un beau visage. »

La lumière de Lola n'était cachée sous aucun boisseau. Une maison d'édition américaine, convaincue qu'il y avait de l'argent dans ce genre de chose, fit une offre acceptable et publia l'ouvrage avec une inscription préalable :

TO

ALL MEN AND WOMEN

OF EVERY LAND

WHO ARE NOT AFRAID OF THEMSELVES

WHO TRUST SO MUCH TO THEIR OWN SOULS THAT THEY DARE TO

STAND UP

IN THE MIGHT OF THEIR

OWN INDIVIDUALITY

TO MEET THE TIDAL CURRENTS OF THE WORLD, THIS BOOK IS

RESPECTFULLY DEDICATED BY

THE AUTHOR

À
TOUS LES HOMMES ET LES FEMMES DE CHAQUE PAYS QUI N'ONT PAS PEUR D'EUX-MÊMES ET QUI SE FONT TELLEMENT CONFIANCE EN LEUR PROPRE ÂME QU'ILS OSENT SE LEVER SUR LA PUISSANCE DE LEUR PROPRE INDIVIDUALITÉ POUR RENCONTRER LES COURANTS DE MARÉE DU MONDE, CE LIVRE EST RESPECTIVEMENT DÉDIÉ PAR L'AUTEUR

La page de titre de cet effort était la suivante :

**THE
ARTS OF BEAUTY
OR
SECRETS OF A LADY'S TOILET
WITH HINTS TO GENTLEMEN
ON THE
ART OF FASCINATION
BY MADAME LOLA MONTEZ
COUNTESS OF LANDSFELD
NEW YORK
DICK AND FITZGERALD, PUBLISHERS
18 ANN STREET**

LES
ARTS DE BEAUTÉ OU LES SECRETS DES TOILETTES D'UNE
DAME AVEC DES CONSEILS SUR LES GENTLEMEN SUR L'ART
DE LA FASCINATION PAR MADAME LOLA MONTEZ
COMTESSE DE LANDSFELDNEW YORKDICK ET FITZGERALD,
ÉDITEURS 18 ANN STREET

Un éditeur canadien, John Lovell, à la recherche d'une nouveauté, a lu cet effort et a suggéré à son ami, Émile Chevalier, de Paris, de parrainer une édition des Arts de beauté de Lola pour une consommation sur les *boulevards* . « Je suis trop admirateur de l'auteur doué, répondit M. Chevalier, pour entreprendre cet ouvrage sans la consulter. Il prend alors contact avec Lola et lui propose d'en faire une traduction. "Merci", répondit-elle, "mais je désire le faire moi-même. Vous pouvez cependant apporter les corrections que vous jugerez nécessaires. Je n'ai rien écrit en français depuis la mort du pauvre Bon-Bon [Dujarier], et Je veux voir si je me souviens encore de la langue." Il semble qu'elle l'ait fait, car peu de temps après, le manuscrit fut expédié outre-Atlantique et remis à M. Chevalier. Un mois plus tard, il était dans les librairies. « Je l'ai très peu retouché, dit l'éditeur dans sa préface, car j'avais le souci de conserver le style nettement original de Madame Lola. Sa plume est aussi mordante que son fouet à chien.

M. Chevalier fut charmé de la façon dont Lola s'était acquittée de sa conduite et lui écrivit de fleuries lettres de remerciement à New York. Avec une conférence supplémentaire sur « Instructions pour les messieurs dans l'art de la fascination », qui a été ajoutée pour remplir le livre, il s'est déclaré très impressionné. "Cela", dit-il, "démontre une profonde connaissance du cœur humain et constitue en somme l'une des critiques les plus fines et les plus piquantes des mœurs américaines que je connaisse." "Qui", poursuit-il, enthousiaste à l'égard de son travail, "est plus qualifié que la comtesse de Landsfeld pour discuter du développement et de la préservation de la beauté naturelle ?" et dans une phrase d'introduction, il ajoute : « Ces observations sont très judicieuses et aussi applicables en Europe qu'en Amérique. Elles devraient, je pense, être gravées de manière indélébile dans l'esprit de toutes les femmes sensées.

Peut-être qu'ils l'étaient. En tout cas, le résultat de l'entreprise de M. Chevalier fut un franc succès, et les librairies parisiennes se débarrassèrent bientôt de 50 000 exemplaires. En fait, Lola était presque un best-seller.

En plus de ses avis d'expert sur les « Belles Femmes », Lola avait bien d'autres sujets en réserve, à intégrer dans une série de conférences. La liste couvrait un large éventail, car elle comprenait des rubriques aussi diverses que « Dames au passé », « Héroïnes de l'histoire », « Romanisme », « Esprits et femmes de Paris », « Aspects comiques de l'amour » et « Galanterie ». Sur tous ces sujets, elle avait beaucoup à dire. Sur certains d'entre eux, il y en avait beaucoup, car ils comptaient en moyenne sur une douzaine de pages imprimées de manière serrée et, lorsqu'ils étaient présentés en public, duraient trois heures. Dans celui sur les « Belles Femmes », des détails précis étaient donnés sur les causes fortuites contribuant à sa propre silhouette de sylphe, ses cheveux brillants et ses dents nacrées, etc., et un certain nombre de prescriptions étaient également proposées. Ceux-ci, a-t-elle recommandé, devraient être fabriqués à la maison. "Pour quelques shillings et quelques ennuis", souligna-t-elle, "n'importe quelle dame peut s'assurer un approvisionnement adéquat de toutes ces choses, composées de matériaux bien supérieurs aux composés coûteux achetés chez les pharmaciens ;" et les recettes, a-t-elle insisté, « avaient été traduites par elle-même à partir de l'original français, espagnol, allemand et italien ». Parmi ceux-ci se trouvaient *la Beaume à l'Antique* , *l'Onction de Maintenon* et *la Pommade de Séville* ; et "une actrice à la retraite de Gibraltar" était responsable d'un programme spécifique pour "prévenir la calvitie". Lola l'a exprimé en deux mots : "évitez les dernier verres". Mais elle était sensible aux problèmes du cuir chevelu. "Sans une belle chevelure, aucune femme ne peut être vraiment belle... Les chiens aboient et s'enfuient dans la rue." Être bien couvert sur le dessus était, selon elle, « tout aussi important pour le sexe opposé ». " Comme un imbécile ou un voyou, " remarqua-t-elle, " les traits masculins les plus nobles apparaissent si les cheveux de la tête sont mauvais. Plus d'un dandy qui a à peine l'esprit ou le courage d'attraper un mouton a asservi le cœur de cent personnes. filles avec ses mèches Hyperion !"

Bien qu'elles en soient nominalement l'auteur, ces conférences étaient, comme son vol précédent, en réalité liées par ce « fantôme » religieux, le révérend Chauncey Burr, avec qui elle avait collaboré à ses « mémoires ».

Maniant une plume prête, il a donné une bonne valeur, car les chapitres étaient bien parsemés de citations classiques de choix et d'extraits élégants des poètes, ainsi que d'allusions à Aristote et Théophraste, à Madame de Staël et à Washington Irving.

Dans la conférence sur la « Galanterie », Lola a fait un chaleureux éloge du roi Ludwig.

"Sa Majesté", informa-t-elle son auditoire, "est l'un des messieurs les plus raffinés et les plus hautains de la vieille école de bonnes manières. Il est aussi l'un des hommes de génie les plus érudits de toute l'Europe. L'art lui doit davantage. qu'à tout autre monarque qui ait jamais vécu. Le roi Louis est l'auteur de plusieurs volumes de poèmes, qui témoignent de son génie naturel et de son goût minutieusement cultivé.... Il adore la beauté comme l'un des vieux troubadours ; et sa bravoure est causé par son amour de l'art. Il était le plus grand et le meilleur roi de Bavière jamais eu.

Dans un autre passage, elle s'en prend à l'Église catholique :

« Une mauvaise heure amena dans les conseils de Ludwig le plus despotique et le plus antilibéral des Jésuites. Par l'influence de ses ministres, la libéralité naturelle du roi fut perpétuellement contrecarrée ; et le gouvernement dégénéra en une petite tyrannie, où l'influence sacerdotale aspirait le pouvoir même. élément vital du peuple. »

Plus qu'une sorte de doctrinaire, ses observations sur le « romanisme » (qu'elle qualifiait d'« abîme de superstition et de pollution morale ») auraient pu tomber de la bouche d'un évangéliste brûlant d'aujourd'hui. « Qui, demandait-elle à ses auditeurs, évaluera les effets stupéfiants et abrutissants d'une telle religion ? Qui osera me dire que cette terrible Église ne repose pas sur le sein du temps présent comme un cadavre vaste, encombrant et offensant ? L'Amérique ne reconnaît pas encore combien elle doit au principe protestant. C'est ce principe qui a donné au monde les quatre plus grands faits des temps modernes : les bateaux à vapeur, les chemins de fer, les télégraphes et la République américaine.

Cette définition quelque peu inédite des « quatre plus grands faits des temps modernes » fut accueillie avec enthousiasme par ses auditeurs.

Malgré certaines moqueries de certains critiques, les conférences ont continué à attirer le public. La nouveauté de Lola Montez à la tribune a attiré partout un large public ; et elle n'eut aucune difficulté à organiser une longue tournée. Sentant, à la fin, qu'un succès similaire pourrait être obtenu de l'autre côté de l'Atlantique, elle résolut de se rendre en Angleterre.

Juste avant de quitter l'Amérique dans ce but, elle écrivit à une ancienne connaissance munichoise, qui éditait alors un magazine new-yorkais :

YORKVILLE ,
## 20 août 1858.

MON CHER M. LELAND ,

Je tiens à vous remercier pour l'avis très aimable que vous avez donné dans votre intéressant magazine de mon premier livre, et j'ai demandé à MM. Dick et Fitzgerald, mes éditeurs, d'envoyer à votre adresse privée une copie de mes Arts de *beauté* . J'espère qu'en guise de *critique* , on trouvera "ne pas vouloir" (je ne veux pas dire ne pas vouloir).

Voulez-vous présenter mes meilleures et mes plus aimables salutations à notre ami Caxton ; et, dans l'espoir d'avoir de vos nouvelles avant mon départ pour l'Europe, qui sera dans quelques mois, je reste, de loin ou de près, votre ami,

LOLA MONTEZ .
Bien sûr, il y avait un post-scriptum :

"Le sujet de mes conférences en Europe portera sur l'Amérique. Cela devrait s'avérer attrayant."

Une autre lettre suggère qu'un rendez-vous avec Leland n'avait pas été respecté :

J'aurais beaucoup aimé vous voir avant mon départ pour l'Irlande mardi par le Pacifique, mais je ne peux pas contrôler les circonstances, vous savez ; et c'est pourquoi tout ce que je vous demande jusqu'à mon retour en juillet prochain, c'est une « place dans votre mémoire ». Peut-être que je vous écrirai, ou peut-être pas. Mais quoi qu'il en soit, soyez sûr que *vous* ne serez pas oublié d'ici des années.

LOLA MONTEZ.
Encore une fois l'inévitable post-scriptum :

" Transmettez mes meilleures et plus aimables salutations à *notre ami* . Dites-lui que je parviendrai certainement à remplir ses colonnes de nombreuses autres conférences dans les journaux. "

Selon lui, Lola considérait la jeune Américaine avec quelque chose de plus qu'une simple amitié. « Une fois, dit-il dans ses souvenirs, elle m'a proposé de partir avec moi en Europe, ce que j'ai refusé. Le secret de mon influence, ajoute-t-il avec suffisance, c'est que je l'ai toujours traitée avec respect et que je n'ai jamais eu de respect pour elle. faire l'amour."

# III

C'est fin novembre 1858 que Lola débarque de nouveau au Royaume-Uni. Elle y commença sa campagne à Dublin, où, vingt-quatre ans plus tôt, elle avait vécu comme une jeune mariée, dansé au château et flirté avec les aides de camp du vice-roi. Pendant l'intervalle, un chapitre chargé, plein de couleurs, de vie et de mouvement, avait été écrit.

Tout étant prêt, le public fut dûment informé de ses projets par une publicité :

**MADAME LOLA MONTEZ, COUNTESS OF LANDSFELD, will give a Lecture on " America and its People," at the Round Room, Rotundo, on Wednesday evening, December 8. Reserved seats, 3s. ; unreserved, 2s. 6d.**

MADAME LOLA MONTEZ, COMTESSE DE LANDSFELD, donnera une conférence sur « l'Amérique et son peuple », à la salle ronde de Rotundo, le mercredi soir 8 décembre. Places réservées, 3 s. ; sans réserve, 2s. 6j.

Ce début semble avoir été un grand succès. "L'annonce de la conférence", selon un rapport du lendemain matin, "a suscité un degré d'intérêt presque sans précédent parmi le public de Dublin. L'estrade était régulièrement portée par une foule d'admirateurs, laissant à peine à Madame Lola Montez l'espace pour atteindre son bureau. Elle a été écoutée avec une attention ravie et de chaleureuses manifestations d'approbation" ; et "très à juste titre, un individu de mauvaise éducation, qui s'exclamait 'hee-haw' à intervalles réguliers, était bruyamment sifflé."

**«Conférences et vie». De la scène à la plateforme**

Pour une raison ou une autre, Lola était constamment en conflit avec les journalistes. Ainsi, lors de cette visite à Dublin, elle a eu un passage d'armes avec l'un d'eux, qui avait publié des critiques dommageables sur sa vie à Paris. Sur ce, elle a écrit une lettre de colère au rédacteur en chef du *Daily Express* . Mais comme elle faisait allusion à des événements survenus près de quinze ans plus tôt, sa mémoire était quelque peu défaillante. Ainsi, elle a insisté sur le fait que, lorsque Dujarier est décédé, elle vivait dans la maison d'un Dr et d'une Mme Azan ; et aussi que « la bonne reine de Bavière pleura amèrement en quittant Munich ».

Mais si Lola Montez n'a pas été très fiable, le rédacteur en chef du *Dublin Daily Express* a lui aussi été bâclé dans ses propos. « Il est désormais bien établi, déclara-t-il, que Lola Montez est née en 1824, son père étant fils d'un baronnet.

Passant de l'Irlande à l'Angleterre, Lola, avant de se produire à Londres, entreprend une tournée en province. Le 8 janvier 1859, elle apparut au Free Trade Hall de Manchester, où son sujet était « Portraits de caractère anglais et américain ». Cela s'est très bien passé, même si, à sa grande déception, John Bright a refusé de prendre le fauteuil. A Liverpool, cependant, « le public était presque fou d'excitation » ; et, en conséquence, sa part des recettes au box-office était de 250 £. Mais si elle attire la foule, elle parvient à bouleverser la susceptibilité des critiques. "Certaines allusions de Madame", a déclaré un auditeur choqué, "étaient d'un goût douteux, et, au moment où elle prononçait son discours, l'épithète 'grossière' est tombée de la part de plusieurs membres de l'auditoire."

Une visite à Chester, qui suivit celle de Liverpool, fut marquée par un malheureux incident :

« Nous apprenons avec tristesse, » dit un témoin oculaire, « que jeudi dernier, la dame a introduit les mœurs, sinon américaines, certainement pas anglaises, dans l'une de nos plus vénérables cathédrales. Quand, accompagnée d'une escorte masculine, elle entra dans l'église. édifice sacré, le monsieur (?) hésita à retirer son chapeau. Alors qu'il se disputait sur ce point d'étiquette, le chien de compagnie de Madame tenta de la rejoindre. Informé par le sacristain qu'une telle compagnie canine était inadmissible, sa colère s'éveilla et elle s'est retiré dans un état d'esprit considérable.

La tournée provinciale a été longue; et, au cours de celle-ci, elle a rencontré une certaine concurrence. Ainsi, à Bristol, elle était prise en sandwich entre Barnum et une réunion trimestrielle de la Société biblique. Néanmoins, « la belle Lola reçut un accueil très cordial de la part d'un certain nombre de citoyens respectables ». Mais elle allait connaître un revers dans une ville qui devait contenir de nombreux souvenirs de son enfance. C'était Bath, où elle est apparue dans les salles de réunion. L'attitude de la presse était nettement hostile. "Nous devons dire", a été un commentaire acide, "que nous n'avons pas rencontré de plus grande *vente depuis très longtemps. Tout ce que le public a obtenu pour son argent, ce sont quelques remarques des plus banales et des plus farfelues. Elles ont duré environ une heure.* , et même ça, c'était une heure de trop." Pourtant, Brighton, où la tournée s'est terminée, a largement compensé Bath; et elle y connut un tel succès que « le pavillon était bondé jusqu'aux portes et des conférences supplémentaires durent être données ». Ainsi, tout allait bien et cela s'est bien terminé.

Un triomphe provincial en valait la peine. Lola, cependant, avait décidé de conquérir Londres. C'est dans ce but qu'elle envoya un émissaire pour prendre les dispositions préliminaires. Les offres de théâtres lui tombèrent dessus. L'une d'elles provenait d'une personnalité remarquable, Edward Tyrell Smith. Elle aurait probablement bien réussi sous sa direction, car personne ne comprenait mieux la mise en scène que ce Barnum britannique. Dans ce domaine, il n'avait rien à apprendre de personne. Ayant débuté sa carrière de marin, il s'était vite lassé de vivre sur les vagues de l'océan et, abandonnant la perspective de devenir un autre Nelson, avait rejoint la police en tant qu'humble agent de police. Mais il n'y resta pas longtemps ; et devint tour à tour publicain de Fleet Street, propriétaire d'une maison de nuit à Haymarket, commissaire-priseur, marchand d'images, escompteur de billets (avec une marge d'usure) et rédacteur en chef d'un orgue du dimanche. Ensuite, le théâtre attirait ses énergies ; et en 1852, il obtint un bail de Drury Lane au prix modéré de 70 £ par semaine. Lors de la soirée de boxe, il y a proposé son premier programme. Il s'agissait de *La Case de l'oncle Tom* (avec « des limiers féroces complets »), suivi d'une pantomime complète et d'une « farce rugissante ». Bon rapport qualité/prix en ces jours de beau temps. Mais en tant qu'entrepreneur, M. Smith était toujours en avance sur son époque. Ainsi, il a aboli les frais habituels de réservation ; et, au lieu de les augmenter, il baissait ses prix quand il avait du succès ; et c'est aussi à son honneur qu'il a introduit les matinées.

Un tel manager méritait d'aller loin. Celui-ci est allé loin. Ayant découvert sa niche, l'arriviste Smith s'est rapidement mis la main dans plusieurs autres tartes. Ainsi, de Drury Lane, il se rendit à l'Alhambra, et de l'Alhambra à Astley's, avec des séjours intermédiaires au Lyceum et à l'Elephant and Castle. Il a également accueilli Sa Majesté et Cremorne dans son élan. Tout n'était que du poisson qu'il emportait dans son filet. Certains, bien sûr, étaient des ménés, mais d'autres étaient des Tritons. Charles Mathews et les deux Keans, ainsi que Giuglini et Titiens, servaient sous sa bannière, tout comme les acrobates, les prestidigitateurs et les pugilistes. Il « dirigeait » simultanément des opéras, des cirques, des casinos et des « œuvres de cire morales » ; et, ces domaines d'activité ne lui suffisant pas, il les ajouta en se présentant au Parlement (en s'opposant à Samuel Whitbread) et en éditant le *Sunday Times*. Toujours homme de ressources, lorsqu'il dirigeait une taverne, il mettait ses barmaids en « bloomers ». Ce coup d'audace eut sa récompense ; et, en augmentant la consommation de bière, il augmenta sensiblement son solde en banque. Il n'est donc peut-être pas anormal que des activités aussi largement répandues aient inspiré une apostrophe lyrique :

Réveille-toi, ma Muse, avec ferveur et vivacité, Pour chanter les louanges
du locataire Edward Smith !

Pourtant, aussi astucieux soit-il, M. Smith a lui-même été mordu une fois. Au cours de sa période de prêt d'argent, il lui arriva d'escompter (à ce qu'il considérait comme un taux « professionnel ») des factures d'un montant de 600 £ sur lesquelles le prince Louis Napoléon, alors réfugié à Londres, avait été escroqué par des tailleurs de cartes au célèbre Club des juges et des jurés.

Le lendemain matin, la victime, ayant repris ses esprits, s'est rendue à la police, et la police s'est rendue chez les aiguiseurs. En conséquence, les membres du gang ont été arrêtés et les factures ont été annulées. Sentant qu'il avait un véritable grief, puisqu'il était hors de sa poche par la transaction, l'accepteur attendit qu'un tour de roue de la Fortune ait établi Louis Napoléon aux Tuileries. Il lui écrivit alors la permission d'ouvrir à Paris des jardins d'agrément sur le modèle de ceux qu'il avait dirigés à Crémorne. L'autorisation souhaitée n'a toutefois pas été accordée.

"Aucune gratitude", a déclaré le candidat déçu.

# IV

Aussi tentantes que soient les perspectives qu'il offrait, Lola, après quelques discussions, sentit qu'elle pourrait faire mieux, d'un point de vue financier, sans l'aide de M. ET Smith. En conséquence, prenant ses propres dispositions, elle engagea le St. James's Hall, où, le 7 avril 1859, elle donna la première d'une série de quatre conférences.

Même si un intervalle considérable s'était écoulé depuis sa dernière visite à Londres, le public n'avait pas oublié les circonstances dramatiques dans lesquelles elle avait alors comparu devant le tribunal de police de Marlborough Street. Ce fait, combiné à l'attrait de son sujet, « Beautiful Women », était suffisant pour remplir chaque partie du bâtiment d'un public intéressé et impatient. Ils venaient de toutes parts. Clapham et Highgate n'étaient pas moins soucieux d'être guidés que Kensington et Belgravia. Si une taxe sur les divertissements avait été perçue à cette époque, les recettes en auraient bénéficié considérablement. "L'apparition sur l'estrade du conférencier de la foire", a déclaré un récit, "a été à l'origine de la plus grande exposition de jumelles d'opéra qu'on ait vue à Londres depuis la visite de l'impératrice Eugénie à l'Opéra."

Par une malheureuse coïncidence, la *première au St. James's Hall* s'est heurtée à une autre attraction ailleurs. Ce fut la confirmation, ce soir-là, du sombre roi de Bonny par l'évêque de Londres. Pourtant, un nombre considérable a réussi à assister aux deux événements ; et, des deux, la conférence s'est avérée la plus attractive.

Lançant une note d'avertissement dès le début, Lola a commencé par dire à ses auditeurs que "C'est le châtiment de la nature que les jeunes filles doivent se faner et devenir aussi desséchées que leurs grands-mères". Mais elle avait un message d'espoir à offrir, car, dit-elle, "les rides peuvent être évitées et les cheveux d'automne peuvent être confectionnés pour préserver leur fraîcheur immaculée". Le remède consistait simplement en un régime alimentaire prudent et en "l'abolition des cosmétiques nocifs et des corsages destructeurs pour la santé". Prenant la mesure de son auditoire, elle appliquait des flatteries à l'aide d'une truelle. « Vous n'avez, leur assurait-elle, qu'à regarder dans les rangs des classes supérieures pour voir autour de vous les plus belles femmes de l'Europe ; et là-dessus, je dois donner la préférence à la noblesse d'Angleterre. Parmi les exemples qu'elle tenait à l'admiration figuraient la duchesse de Sutherland – « le modèle et le type de l'aristocratie britannique » – et « la très voluptueuse Lady Blessington ». L'approbation de la duchesse de Wellington est cependant moins prononcée puisque, tout en admettant ses charmes physiques, Lola la déclare « peu intelligente et froide comme une sculpture ».

Affirmant avoir visité la Turquie (mais omettant de dire quand), Lola a proposé un élément non enregistré dans les archives de l'ambassade britannique là-bas :


"En Turquie, j'ai vu très peu de belles femmes. Dans cette partie du monde, les seigneurs de la création traitent le sexe opposé comme des oies : ils les bourrent pour les faire grossir. Grâce à la politesse de Sir Stratford Canning, ambassadeur d'Angleterre à Constantinople, je J'ai été aimablement autorisé à visiter le harem du sultan aussi souvent que je le souhaitais et à y contempler les « lumières du monde ». Ces «lumières du monde» étaient constituées de cinq cents corps d'avoirdupois encombrants. Les dames du harem contemplaient ma maigreur avec un émerveillement compatissant.

La conférence s'est terminée sur une bonne note :

"J'ai eu le privilège de voir certaines des beautés les plus célèbres qui brillent dans les cours dorées de la mode à travers le monde - de Saint-Jacques à Saint-Pétersbourg, de Paris à l'Inde - et pourtant je ne connais aucune qualité qui puisse expie l'absence d'un esprit non poli et d'un cœur peu charmant. Une charmante activité de l'âme est la véritable source de la beauté de la femme. C'est celle qui donne l'expression la plus douce à son visage et illumine son *personnel*.

En matière de publicité, Lola n'avait rien à redire ; et le lendemain matin, des chroniques descriptives furent publiées par douzaines.

Les débuts de Madame Lola Montez (annonce la *Star*), en présence d'un public nombreux et mondain, furent un succès certain. Chaque partie du bâtiment spacieux et élégant était entièrement remplie. Madame s'est présentée dans ce costume de velours noir qui semble être la seule alternative à la mousseline blanche pour les dames qui aspirent à être considérées comme historiques. Marie Stuart elle-même n'aurait pas pu devenir meilleure que Lola Montez. Son visage, son air, son attitude et son élocution sont profondément et étonnamment féminins. Sa remarque la plus intelligente et la plus heureuse est peut-être celle dans laquelle, avec une jolie affectation, elle dit : « Si j'étais un gentleman, j'aimerais flirter avec une jeune dame américaine, mais une fille anglaise typique pour épouse. Cette déclaration a été accueillie avec de nombreux applaudissements.


On peut bien le croire.

Un leader anonyme, mais qui, de par ses touches fleuries, a évidemment été écrit par George Augustus Sala, s'est attardé sur la personnalité de Lola :

Une certaine déception a peut-être été provoquée par l'apparition du conférencier du salon. On aurait pu chercher une Sémiramis, une Zénobie, une Cléopâtre, vêtues de merveilleuses robes de tissus d'or et d'argent ; mais, en réalité, la tribune était occupée par une très belle dame, avec une voix très charmante et un sourire très charmeur... Madame Lola Montez fait la leçon très bien et très naturellement. Certains iront entendre l'élocuteur accompli ; d'autres seront envieux de voir l'épouse du capitaine James et l'idiot de M. Heald ; l'ami de Dujarier et de Beauvalon ; la *cara sposa* du roi Louis. Phryné est allée au bain sous le nom de Vénus et Madame Lola Montez donne des conférences à St. James's Hall.

S'intéressant professionnellement à tout ce qui est lié, même de loin, au drame (et disposant de plus de temps pour le faire), The *Era* a offert à ses lecteurs une opinion réfléchie plus longuement :

Si quelqu'un parmi l'auditoire nombreux et élégant qui a assisté à sa première apparition s'imaginait (avec un vif souvenir de certaines chroniques scandaleuses dans les journaux touchant à ses antécédents) qu'il était sur le point de voir une femme à l'air formidable, d'une audace amazonienne et d'une force palpable... à la fois poignets et forts d'esprit, leur déception a dû être douloureuse ; ce serait encore mieux s'ils prévoyaient le bouledogue légendaire à ses côtés, les pistolets traditionnels à sa ceinture et le fouet à la main. La Lola Montez, qui a rendu un hommage gracieux et impressionnant à ceux qui lui ont réservé jeudi soir un accueil si cordial et encourageant, est apparue simplement comme une belle dame en pleine floraison, vêtue d'une robe noire unie, aux manières faciles et débridées. ... La conférence aurait pu être un article de journal, le premier chapitre d'un livre de voyage ou le long discours d'un ambassadeur américain lors d'un dîner à Mansion House. Tout était extrêmement convenable et diplomatique, légèrement doré ici et là de ces éloges banals qui incitent le public britannique à émettre des applaudissements patriotiques. On pourrait difficilement imaginer un divertissement plus inoffensif ; et lorsque les six sections dans lesquelles la dame avait divisé son discours furent épuisées et que son dernier salut suscita une reprise des applaudissements qui avaient accompagné son entrée, l'impression sur les visiteurs qui partaient dut être celle d'avoir passé une heure en compagnie. avec une dame bien informée qui était allée en Amérique, y avait vu beaucoup de choses à admirer et, en revenant, avait raconté toute seule à la table à thé la conversation de la soirée. Quelles que soient les futures dissertations de la comtesse de Landsfeld, il ne fait aucun doute que beaucoup iront les entendre en raison de la célébrité particulière du conférencier.

À cela, le journaliste *d'Era* a naïvement ajouté : "Son accent étranger pourrait appartenir à n'importe quelle langue, de l'irlandais au bavarois."

Lola n'avait pas le terrain entièrement pour elle. Tandis qu'elle expliquait au public de St. James's Hall comment améliorer son apparence à très peu de frais, une praticienne rivale, possédant un *salon* à Bond Street, annonçait, dans les colonnes publicitaires des journaux du matin, qu'elle était prête à fournir les accessoires nécessaires. à un chiffre très élevé. C'était une « Madame Rachel », dont certaines dupes se départirent jusqu'à cinq cents guinées, étant entendu qu'elle les rendrait « belles pour toujours !

Comme Lola Montez, "Madame Rachel" a sorti un pamphlet, attirant l'attention sur ses spécificités. Cette production a battu les efforts du révérend Chauncey Burr, car elle était hérissée de références à la Bible et à Shakespeare, à Grace Darling et Florence Nightingale. Parmi ses cadeaux se trouvait une bouteille de «Jordan Water», qu'elle vendit pour la modique somme de 15 £ 15 shillings. un flacon. L'analyse chimique a cependant révélé qu'elle provenait non pas de Palestine, mais de la Tamise. Elle a également fourni, à des conditions exorbitantes, divers médicaments et « traitements médicaux » d'une description que la loi désapprouve fortement. En conséquence, « Madame Rachel » a quitté Bond Street pour le quai du Old Bailey, où elle a été envoyée aux travaux forcés pour escroquerie.

Lors de la conférence « Les esprits et les femmes de Paris », Lola n'a pas oublié ses anciens amis. Elle avait un bon mot pour Dumas :

« Parmi les lumières littéraires de mon séjour à Paris, Alexandre Dumas fut le premier, comme il le serait dans n'importe quelle ville, n'importe où. Il n'était pas seulement le bon compagnon des princes, mais il était le prince des bons compagnons. Il a aujourd'hui une cinquantaine d'années. -cinq ans, un homme grand et bel homme, avec l'intellect marqué sur le front. De tous les hommes que j'ai jamais rencontrés, c'est le plus brillant en conversation. Il est toujours recherché dans les dîners conviviaux et est toujours sûr d'y assister. eux."

La discrétion l'a peut-être empêchée de parler de Dujarier et de la tragédie de sa mort. Elle avait néanmoins quelque chose à dire sur Roger de Beauvoir, qu'elle déclarait être « l'un des trois hommes qui faisaient vivre Paris lorsque j'y étais ». Son souvenir de Jules Janin était troublant. "C'était", dit-elle, "un critique malveillant et caustique. Tout le monde le craignait, et tout le monde était courtois avec lui par peur. Je ne connais personne (même sa femme) qui l'aime à Paris." Mais Eugène Sue était dans une autre catégorie. "C'était un homme honnête, sincère, épris de vérité ; et il faudra longtemps avant que Paris puisse occuper la place que sa mort a rendue vacante."

Dans la conférence "Héroïnes de l'Histoire", il a été dit au public que "Toute l'histoire est pleine d'exemples saisissants d'héroïsme féminin, prouvant que le cœur de la femme est fait d'une matière aussi solide et d'un métal aussi courageux que celui qui bat dans les côtes de l'homme". le sexe le plus grossier. Mais, aussi féministe qu'elle soit, Lola n'avait aucune sympathie pour toute suggestion visant à leur accorder le droit de vote. "Les femmes qui se réunissent dans des conventions dans le but d'évincer les hommes ne parviendront jamais", a-t-elle déclaré, "à réaliser quoi que ce soit. Elles ne peuvent faire adopter une législation que par des conseils discrets et judicieux. Ces femmes de convention sont de très mauvaises politiciennes."

Les dernières conférences de la série traitaient des « aspects comiques de l'amour » et des « femmes fortes d'esprit ». Parmi les spécimens typiques proposés à l'examen figuraient des personnalités aussi diverses que Sémiramis, la reine Elizabeth, la comtesse de Derby, George Sand et Mme Bloomer. Dans le discours sur « Les aspects comiques de l'amour », la gamme s'étendait d'Aristote et Platon jusqu'à Mahomet et les Mormons. Si la BBC avait existé, Lola aurait sans aucun doute été invitée à une « conférence ». En fait, deux des conférences ont été réimprimées dans *The Welcome Guest*, « un magazine de lecture récréative pour tous », avec Robert Browning, Charles Kingsley et Monckton Milnes parmi ses contributeurs. Pensant avoir un marché, un éditeur entreprenant a publié un volume intitulé *Les Conférences de Lola Montez*. Lorsqu'un exemplaire parvenait à l'éditeur, il était revu de manière typiquement éléphantine par l'*Athenæum* :

"On imagine les dames inédites de la Cinquième Avenue écoutant avec émerveillement une conférencière qui semble avoir vécu main dans la main avec toutes les têtes couronnées d'Europe ; et qui peut non seulement leur dire qui est qui, mais aussi répéter leurs conversations. , critiquez leur apparence personnelle et décrivez les arts secrets par lesquels les hommes préservent leurs pouvoirs et les femmes leur beauté.

# CHAPITRE XVII

## LE RIDEAU TOMBE

### je

À la fin de l'année 1859, Lola, redevenue oiseau de passage, était sur le chemin du retour vers l'Amérique, emportant avec elle du nouveau matériel pour une nouvelle campagne de conférences. Celui-ci, intitulé « John Bull at Home », tomba très à plat ; et au lieu de s'adresser, comme auparavant, à des salles bondées, elle trouva désormais de rares réunions partout où elle avait réservé. Même lorsque le prix d'entrée fut réduit du chiffre initial d'un dollar à 25 cents, les « affaires » ne s'améliorèrent pas. L'Oncle Sam a clairement fait savoir qu'il ne s'intéressait pas à John Bull, ni chez lui ni ailleurs.

Cependant, l'Amérique, en l'occurrence, s'intéressait à ce moment-là très vivement à autre chose qui se trouvait être en rapport avec le pays de John Bull. C'était la visite du prince de Galles. Un journaliste imaginatif avait annoncé que HRH serait "piloté" pendant sa tournée par John Camel Heenan, autrement dit le "Benicia Boy". C'est pourtant sous la tutelle plus rigide du général Bruce que l'invité de marque débarqua sur les côtes américaines. La simple prose n'étant pas suffisante pour relater l'incident historique, un lauréat s'est mis au travail :

Il est venu! Une jeunesse élancée et juste ! Une grâce courtoise et
gentleman – la Grâce de Dieu ! Le mandat du trône de sa mère et la
renommée des grands hommes reposaient comme un joyau étincelant sur
son front. Ah, Albert Édouard ! Quand vous rentrerez chez vous ,
emportez avec vous et gardez dans votre âme une saine leçon que vous
pourrez apprendre ici !

Pendant qu'il était à New York, un bal en l'honneur du prince fut donné à l'Opéra par le « Comité d'accueil ». Cela a inspiré un deuxième lauréat, Edmund Clarence Stedman :

Mais alors QU'ALBERT EDWARD , jeune et beau,
se tenait sur l'estrade à baldaquin,
et regardait du cercle qui se pressait là
vers la longueur et la largeur de la scène extérieure,
peut-être pensait-il à sa mère, la REINE :
(que son empire soit longtemps serein !
Puisse longtemps l'héritier de l'Angleterre se montrer
loyal et tendre ; puisse-t-il prêter

non moins allégeance à son amour
qu'au sceptre de son empire !)

La visite du prince de Galles n'est pas la seule attraction qui remet en cause la popularité de Lola Montez à cette époque. Il y avait une autre rivale, et une rivale plus directe avec elle-même. Il s'agissait de Sam Cowell, une « star » du music-hall originaire d'Angleterre. Comédien au véritable talent, il a pris d'assaut l'Amérique avec quelques ballades, "The Rat-Catcher's Daughter" et "Villikins and his Dinah". Le public est venu par milliers pour l'entendre. Les cours de Lola sont tombés à plat. Même les matériaux frais et les prix réduits n'ont pas réussi à constituer un leurre. La situation devenait sérieuse.

Mais, si son manager paraissait maussade lorsqu'il examinait les chiffres du box-office, Lola n'était pas contrariée, car elle avait soudain développé une autre activité, à laquelle elle accordait toute son attention. C'était l'occulte. Les « Voices » à la demande desquelles elle avait abandonné la scène quelques années plus tôt insistaient désormais pour qu'elle abandonne la tribune ; et, s'alliant aux « Esprits », entre en contact avec une région mystérieuse vaguement appelée « l'Au-delà ».

C'était une époque où le spiritualisme fleurissait comme un laurier vert. Mme Hayden (« l'épouse d'un journaliste respectable ») et les Fox Sisters faisaient des farces depuis des années et collectaient des dollars auprès de dupes dans tout le pays ; et leurs rivaux, les Davenport Brothers, avec Daniel Dunglas Home (« Sludge, the Medium » de Browning) se moquaient des professeurs de Harvard, des magnats de la finance et des juges de la Cour suprême ; et, pour ne pas être en reste, d'autres experts appelaient (contre rémunération) Colomb, Shakespeare et Napoléon, qui leur parlaient lors des séances aussi facilement que s'ils étaient au bout d'un téléphone, mais avec un accent américain prononcé.

**Comtesse de Landsfeld. Un portrait préféré (Harvard Theatre Collection)**

La première réaction de Lola fut tout ce qu'on pouvait désirer. Il n'y a jamais eu de recrue plus prometteuse ni plus réceptive. Tout à fait disposée à accepter les « Voix » en toute confiance et à contribuer généreusement à la « cause », elle fréquenta un certain nombre de cercles psychiques, organisés par Stephen Andrews et d'autres charlatans ; j'écoutais de mystérieux coups et tapotements sortant de l'obscurité ; senti des objets inanimés soulevés à travers la pièce ; j'ai entendu des tambourins secoués par des mains invisibles ; et a incontestablement avalé toutes les bêtises traditionnelles qui semblent faire partie intégrante de tels « phénomènes ».

Cet état de choses aurait pu durer indéfiniment. Mais par un malheureux hasard, un « médium », dont on attendait beaucoup, est allé un peu trop loin dans sa tentative de donner satisfaction. Ne gardant pas un œil vigilant sur les événements européens, il annonça lors d'un de ces rassemblements que « l'esprit » s'adressant à l'assemblée était celui de Louis de Bavière. Cependant, comme Ludwig était toujours au pays des vivants (où il resta d'ailleurs pendant plusieurs années), ce fut une mauvaise erreur. Le résultat fut que Lola sentit sa foi ébranlée et, convaincue qu'elle était exploitée, ferma son sac à main et se retira de la « direction » promise.

## II

Sous le stress de l'émotion, certaines femmes se mettent à la bouteille ; d'autres à la Bible. Mais avec Lola Montez, il s'agissait de Bunkum à Boanerges, du cercle au couventicule. Le spiritualisme avait été essayé et jugé insuffisant. Cherchant quelque chose pour combler la niche vide et ajuster son équilibre, elle se tourna vers la religion pour se consoler. La marque qu'elle a choisie était celle privilégiée par les méthodistes. On aurait peine à imaginer que Little Bethel aurait eu beaucoup d'attrait pour elle. Mais peut-être que sa morosité et son éloignement du monde des feux de la rampe se sont révélés un soulagement bienvenu.

Ayant « acquis la religion », Lola s'y attacha avec une ferveur caractéristique. Cela occupait toutes ses pensées ; et ce faisant, elle développa bientôt ce que l'on appellerait aujourd'hui un complexe d'infériorité marqué.

« Seigneur, écrivait-elle à cette époque, tes miséricordes sont grandes envers moi. Oh ! comme elles sont peu méritées, sale ver que je suis ! Oh ! que le Saint-Esprit remplisse mon âme de prière ! Seigneur, aie pitié de Ton vagabond fatigué, et accorde-moi tout ce que je Te supplie ! Oh ! donne-moi un cœur doux et humble. Amen.

Un médecin, si elle en avait consulté un à ce moment-là, lui aurait probablement prescrit une pilule bleue.

Il existe une théorie selon laquelle la « Lumière » aurait été accordée à la suite d'une visite fortuite au Tabernacle de Spurgeon lors de son dernier séjour en Angleterre. Bien que Spurgeon lui-même n'ait jamais avancé une telle affirmation, un journal que Lola tenait à l'époque contient une entrée significative :

LONDRES ,
## 10 septembre 1859.
Combien d'années de ma vie ont été sacrifiées à Satan et à mon propre amour du péché ! De quoi n'ai-je pas été coupable en pensée ou en action pendant ces années de misère ! Oh! Je n'ose pas penser au passé. Qu'est-ce que je n'ai pas été ! Je ne vivais que pour mes propres passions ; et qu'y a-t-il de bon même chez le meilleur être humain naturel ! Que ne donnerais-je pas pour que ma terrible et effrayante expérience soit présentée comme un terrible avertissement à des natures comme la mienne !

Une semaine plus tard, les choses ne s'étant pas améliorées entre-temps, elle fait le point sur sa situation plus en détail :

J'ai parfois peur d'avoir une trop bonne opinion de moi-même. Mais permettez-moi seulement de revenir sur le passé. Oh! comme je suis humilié... Combien mes péchés sont nombreux, et combien d'années ai-je vécu une vie de mauvaises passions sans contrôle !

Demain (le jour du Seigneur) est le jour de la paix et du bonheur. Autrefois, cela me semblait tout sauf une journée heureuse. Mais maintenant tout est merveilleusement changé dans mon cœur. Cette semaine, j'ai principalement péché par précipitation d'humeur et par manque de charité envers mon prochain. Oh! que je ne pouvais avoir que de l'amour pour les autres et de la haine pour moi-même !

Un autre passage disait :

Demain, c'est dimanche, et j'entrerai dans la pauvre petite et humble chapelle, et là j'y mêlerai mes prières avec le fervent pasteur et avec les bons et les vrais. Il n'y a ni pompe ni cérémonie parmi ceux-ci. Tout est simple. Pas de belles robes, pas d'étalage mondain, mais l'honnête méthodiste exhale une prière sincère, et je ressens une grande unité d'âmes.

La « conversion » de Lola Montez n'a pas été un feu de paille, ni le résultat d'un coup de tête. C'était une vraie, profonde, sincère et durable. Ses anciens triomphes sur scène et dans le boudoir étaient devenus poussière et cendres. Comparé à sa nouvelle joie dans la religion, tout le reste n'était que vanité et vide.

"Je peux oublier mon français, mon allemand et tout ce que j'apprécie", aurait-elle déclaré à un journaliste qui, flairant une "actualité", la suivait d'un pas vif, "mais je ne peux pas oublier mon Christ."

Elle avait été « Montez le Magnifique ». Elle était désormais « Montez la Madeleine ». La femme dont la beauté voluptueuse et la passion débridée avaient bouleversé les trônes et enflammé les cœurs des hommes se souciait désormais du salut des âmes. À ce titre, elle résolut de diffuser « la Parole » parmi d'autres personnes dans des circonstances moins heureuses. A cette fin, elle prêcha dans des conventicules et visita des hôpitaux, des asiles et des prisons, offrant un coup de main à tous ceux qui en accepteraient un, et notamment aux « malheureux » de son sexe. Elle a eu ses déceptions. Mais ni les rebuffades, ni les revers, ni les ricanements, ni les railleries ne purent la détourner du chemin qu'elle avait choisi de suivre.

"Au cours d'une longue expérience de ministre chrétien", dit un ecclésiastique qu'elle a rencontré à cette époque, "je ne pense pas avoir jamais vu une pénitence et une humilité plus profondes, une contrition d'âme plus réelle et des reproches envers moi-même plus amers que chez cette pauvre femme. »

« Avec, ajoute-t-il dans un petit traité oléagineux sur le sujet, un cœur plein de généreuse sympathie pour les pauvres exclus de son sexe, elle consacra les derniers mois de sa vie à leur rendre visite à l'asile de la Madeleine, près de New York... Elle s'est efforcée de leur faire comprendre non seulement l'horrible culpabilité d'avoir enfreint la loi divine, mais aussi l'inévitable chagrin terrestre que ceux qui persistaient avec un désespoir irréfléchi dans des voies pécheresses se réservaient assurément un trésor.

Mais, à l'exception de ceux qui ont rencontré sa charité et son abnégation, rares sont ceux qui ont eu un bon mot pour Lola Montez dans son personnage de Madeleine. Les gens qui l'avaient flattée à l'époque de son succès se moquaient et ricanaient maintenant et affectaient de douter de la réalité de sa pénitence. « Pécheur un jour, pécheur toujours », déclaraient-ils ; et "Lola en chaire est riche !" Il y avait un autre puits barbelé.

En abandonnant ainsi le cothurne pour la Bible, Lola Montez suivait un exemple et en donnait un autre. L'exemple qu'elle suivit fut celui de Mlle Gautier, de la Comédie Française, qui, après avoir traversé l'horizon de Maurice de Saxe (et de plusieurs autres), quitta la rampe et se retira dans un couvent. « Il est vrai, dit-elle dans ses Mémoires, que j'ai rencontré au cours de ma carrière théâtrale un certain nombre de personnes dont les mœurs étaient aussi irréprochables que leurs talents, mais moi-même n'en faisais pas partie. C'était dire les choses avec douceur, car, selon Le d'Hoefer, « sa carrière scénique fut marquée par une liberté de manière poussée jusqu'à l'extrême de la licence ».

Dans la confrérie qu'elle rejoignit le nouveau nom de Mlle Gautier était Sœur Augustine. A ce titre, elle vécut comme religieuse carmélite pendant trente-deux ans. Mais le temps ne lui pesait pas trop car, outre les exercices religieux et les tâches domestiques, elle s'occupait de peindre des miniatures et de composer des vers. "Je suis si heureuse ici", écrit-elle depuis sa cellule, "que je regrette beaucoup d'avoir trop tardé à entrer dans ce lieu saint. Le calme et la paix réels que j'ai découverts maintenant m'ont fait imaginer toute ma vie antérieure un mauvais rêve."

L'exemple que donnait Lola Montez sera suivi, cinquante ans plus tard, par un autre membre de sa vocation. Il s'agissait d'Ève Lavallière qui, après une carrière particulièrement mouvementée, s'est éloignée de la scène parisienne et est entrée dans le champ de mission de l'Afrique du Nord. "Ici, à vos pieds", dit-elle dans une de ses lettres, "gît l'objet le plus vil, le plus bas et le plus méprisable de la terre, un ver sorti du fumier, la plus infâme, la plus souillée de toutes les créatures. Seigneur, Je ne suis qu'une pauvre brebis dans ton troupeau ! »

Il y a aussi quelque chose de parallèle entre la carrière de Lola Montez et celle de Théodora, qui, une fois dans le cirque, et, au début, une dame décidément de petite vertu, devint ensuite l'épouse de l'empereur Justinien et partagea son trône. Comme Lola également, Théodora s'efforça de réparer ses erreurs précoces en abandonnant volontairement la pompe et le pouvoir dont elle avait autrefois joui et en s'abandonnant à la rédemption des « femmes déchues ».

## III

Peut-être que les « Esprits » étaient mécontents d'être abandonnés par elle de manière sommaire ; peut-être avait-elle surmené son énergie pour organiser des réunions en plein air par tous les temps. Quoi qu'il en soit, et quelle qu'en soit la cause, alors qu'elle était en voyage à la campagne au cours de l'hiver 1860, Lola Montez fut soudainement frappée par une mystérieuse maladie. Comme les médecins de l'hôpital étaient déconcertés, elle a dû être ramenée à New York. Là, au lieu de s'améliorer, son état s'est progressivement aggravé, développant une consomption, suivie d'une paralysie partielle.

« Quelle étude pour les irréfléchis ; quel sermon sur le résultat inévitable de la vanité humaine ! » fut le commentaire macabre d'un griffonneur.

Rufus Blake, un entrepreneur sous la bannière duquel elle avait joué un jour, a quelques souvenirs d'elle à cette époque. "Elle vivait", dit-il, "dans une stricte retraite, lisant des livres religieux et se préparant régulièrement, calmement, avec un peu de chance, à la mort, pleinement convaincue que la consommation avait brisé les piliers de sa vie et qu'elle allait bientôt faire sa sortie définitive."

Après un intervalle, la nouvelle de l'effondrement de Lola parvint en Angleterre grâce à une coupure dans un journal théâtral. Là, il semble avoir touché une corde maternelle endormie depuis longtemps. "Mme Craigie", dit un paragraphe, "est arrivée soudainement en Amérique, soucieuse, en tant que plus proche parente, de sécuriser les biens de sa fille. Cependant, en découvrant qu'il n'en existait aucun, elle s'est dépêchée de revenir, laissant derrière elle une somme de trois livres pour les médicaments et autres produits de première nécessité.

Rejetée par ses amis des beaux jours, dépouillée de son apparence, misérable et ravagée par une maladie insidieuse, la situation de Lola Montez était, en cet hiver 1860, de nature à exciter la pitié parmi les juges les plus sévères. Sous la contrainte, même sa nouvelle confiance en la Providence a commencé à faiblir. La prière, se demandait-elle tristement, allait-elle lui faire défaut comme tout le reste ? Soudain, cependant, et alors que les choses étaient les plus sombres, un coup de main a été offert. Un soir amer, alors qu'elle réfléchissait dans le misérable logement où elle avait trouvé un abri temporaire, elle reçut la visite d'une Mme Buchanan, la considérant comme une amie d'un passé lointain. Les années reculèrent ; et, avec un effort, Lola reconnut chez le visiteur une fille, désormais une matrone mûre, qu'elle avait rencontrée pour la dernière fois à Montrose.

La sympathie de Mme Buchanan, partagée pleinement par son mari, un commerçant prospère, était d'ordre pratique. Bien que connaissant les nombreux échecs de la carrière de Lola, ils ne comptaient pour rien si l'on considère qu'elle en avait cruellement besoin. Le passé était révolu. Insistant pour que la femme frappée quitte son environnement misérable, Mme

Buchanan l'a emmenée dans sa propre maison bien aménagée, lui a fourni des médecins et des infirmières et a fait tout ce qui était possible pour lui faciliter la vie. Profondément religieuse elle-même, elle a rapidement regagné sa foi chancelante et a convoqué un ecclésiastique, le révérend Dr. Hawks, pour la préparer à la fin inévitable et qui approche rapidement.

Un petit livret suffisant, *L'histoire d'un pénitent : Lola Montez* , publié sous les auspices de la « Société protestante pour la promotion du savoir évangélique », fut ensuite écrit par ce berger. Son nom n'apparaissant pas sur la page de titre, il a pu se faire plusieurs références onctueuses.

« Les soins les plus acceptables, dit-il dans un passage caractéristique, étaient ses soins. Ses entretiens avec elle étaient également rafraîchissants pour son propre esprit. »

« C'est, continue-t-il, vers la fin de 1860 que j'ai reçu un message de la malheureuse femme si connue du public sous le nom de Lola Montez, me demandant instamment de lui rendre visite et de répondre à ses besoins spirituels. Elle avait été frappée par une paralysie du côté gauche. Depuis quelques jours, elle était inconsciente et sa mort semblait proche. Elle s'était cependant ressaisie et une chrétienne très bienveillante, qui avait été sa camarade de classe en Écosse. à l'époque de son enfance, et la connaissant bien, s'était manifestée et avait pourvu au confort temporel de la compagne affligée de son enfance. Le vrai nom de Lola Montez était Eliza G., et elle était d'une famille respectable en Irlande, où elle est née."

Mais ni le révérend M. Hawks, avec sa piété grasse et suffisante, ni Mme Buchanan, avec sa véritable sympathie et sa compréhension féminines, ne purent ramener Lola Montez à la santé, pas plus que – malgré toutes leurs pilules et purges – le des médecins et des infirmières autour de son lit. Elle restait là, jour après jour, consciente de leur présence, mais incapable de bouger ni de parler. Pourtant, capable de penser. Les pensées se pressaient en elle dans une série d'images clignotantes ; une fantasmagorie ahurissante, sortant de l'ombre et lui faisant signe. Souvenirs d'enfance en Inde ; des soleils brûlants, des hommes en marche, des palanquins et des éléphants ; Montrose et un calvinisme austère ; Bath et Sir Jasper Nicolls ; le jeune rêve de l'amour; Le lieutenant James et le mariage fugitif à Dublin ; une autre expérience du cordon corallien de l'Inde ; le bon capitaine Craigie et le cœur dur George Lennox; les procédures devant le Tribunal du Consistoire ; fiasco au Her Majesty's Theatre; Ranelagh et Lumley ; *Wanderjahre* et Odyssée ; Paris et Dujarier ; Ludwig et les marches d'un trône ; passion et poésie; intrigues et liaisons; Cornet Heald et Patrick Hull ; voyages de l'ancien monde au nouveau; camps miniers et forêts reculées; palais et couvents ; des triomphes éclatants et des échecs abjects. Et maintenant, à bout de souffle et luttant pour reprendre son souffle, la fin.

Les sables s'épuisaient. Les jours s'écoulaient et, avec eux, la dernière vitalité de celle qui était autrefois si pleine de vie et de joie de vivre.

Les médecins ont fait ce qu'ils ont pu. Mais c'était très peu, car Lola Montez ne pouvait pas leur venir en aide. La fin était proche. Cela est venu avec une rapidité miséricordieuse. Le 17 janvier 1861, elle tourna son visage vers le mur et poussa un dernier soupir frémissant.

"Je suis très fatiguée", murmura-t-elle.

Les funérailles ont eu lieu deux jours plus tard. "Accompagné de certains de nos citoyens les plus respectés et de leurs familles", raconte un témoin oculaire, "le cortège a quitté la maison de Mme Buchanan pour se rendre au cimetière de Green-Wood."

"Le révérend Dr Hawks", ajoute un deuxième récit, "était constamment au chevet de Lola Montez et lui faisait bénéficier de ses soins pastoraux aussi librement que si elle avait été membre de son propre troupeau. Il la conduisit des obsèques d'une façon impressionnante ; et M. Brown, son assistant, qui avait lui-même assisté à tant de funérailles et de mariages dans son temps, fut vu essuyer les larmes de ses yeux, en entendant le révérend gentleman faire remarquer à Mme Buchanan qu'il n'avait jamais rencontré d'exemple de pénitence plus authentique.

"N'est-ce pas un tison arraché à l'incendie ?" » demanda le révérend M. Hawks, alors qu'il s'adressait à la compagnie rassemblée autour de la tombe. Il était lui-même assuré que la description était tout à fait applicable à la femme allongée là.

« Je n'ai jamais vu, déclara-t-il, de pénitente plus humble. Lorsque je priais avec elle, rien ne pouvait dépasser la ferveur de sa dévotion ; et jamais je n'ai eu d'auditeur plus vigilant et plus attentif lorsque je lisais les Écritures... Si jamais une âme repentante a détesté le péché du passé, je crois que la sienne l'a fait."

Il est possible, puisqu'il ne pouvait guère s'agir de Mme Buchanan, que ce soit cette personne occupée par le clergé qui soit responsable de l'inscription sur la pierre tombale de Lola :

# MRS. ELIZA GILBERT

**DIED**

**JANUARY 17, 1861.**

"MME ELIZA GILBERT
DÉCÈDELe 17 janvier 1861.

Un drôle de masque sous lequel cacher l'identité de la femme douée qui, baptisée sous le nom de Marie Dolores Eliza Rosanna, avait traversé trois continents sous le nom de Lola Montez, comtesse de Landsfeld.

## IV

Mal représentée comme elle l'avait été dans sa vie, Lola Montez l'a été encore plus après sa mort. À peine le souffle était-il sorti de son corps, qu'un flot de lâchetés sordides jaillit de la presse à gouttières. Ses bonnes actions ont été oubliées ; seules ses erreurs restaient en mémoire.

Un de ces avis nécrologiques commençait :


« Une femme qui, en pleine lumière du XIXe siècle, a renouvelé tous les scandales qui ont déshonoré le Moyen Âge et, avec une audace presque sans précédent, s'est assise sur les marches d'un trône, est digne d'être mentionnée ; pour montrer à quel point le vice peut parfois triompher, et jusqu'à quelle chute il peut éventuellement arriver. »

*Tombe de Lola Montez, au cimetière de Green-wood, New York*
*( Photo de Miss Ida U. Mellen, New York )*

Un éditorial publié dans un journal de New York contenait quelques passages étranges :

"Parmi les plus ardents admirateurs de Lola Montez se trouvait un jeune Écossais, membre de l'illustre maison Lennox, que sa famille retint difficilement de lui tendre la main. A Londres, le défunt menait une vie gay, courtisé par les Comte de Malmesbury et d'autres nobles distingués. Partout où elle allait, elle était l'observée de tous les observateurs, conquérant le cœur des hommes de tous les pays par sa beauté et ses flatteries, et leur admiration par son indépendance de caractère sans faille et ses dotations intellectuelles supérieures.

La mort de Lola Montez n'est pas passée sans commentaires en Angleterre. Le nécrologue *de l'Athenæum* lui accorda une demi-colonne de nécrologie, dans laquelle elle était décrite comme « cette jolie femme picaron, dont le nom ne peut jamais être omis dans aucune chronique de Bavière ».

Un hacker de Grub Street, employé par le curieusement nommé *Gentleman's Magazine* , a rassemblé une chronique d'insultes et de mensonges, fondée sur des potins de bar :

« Alors qu'elle n'avait pas encore seize ans, elle s'est enfuie d'une école près de Cork avec un jeune officier de l'armée du Bengale, le lieutenant Gilbert ( *sic* ), qui l'a épousée et l'a emmenée en Inde. En raison de sa mauvaise conduite là-bas, il fut bientôt obligé pour la renvoyer en Europe. Elle a d'abord essayé la scène comme métier, mais, n'y parvenant pas, elle a finalement adopté une carrière d'infamie.

Un écrivain de *Temple Bar* s'est efforcé, et dans l'ensemble, avec un certain succès, de préserver l'équilibre :

« Avec plus de bien et plus de mal dans sa composition que dans celle de la plupart de ses sœurs, Lola Montez a ruiné sa vie en donnant les rênes à ces dernières ; et elle s'impose comme un exemple marquant de l'impossibilité de une femme se détachant des responsabilités de son sexe avec tout gain permanent, soit pour elle-même, soit pour la société. Sa nature passionnée, enthousiaste et aimante était sa force qui, en fascinant tous ceux qui entraient en contact avec elle, était aussi sa faiblesse.

Cameron Rogers, dans "Gay and Gallant Ladies", résume habilement la carrière de Lola Montez :

" Ainsi passa celle qu'on appelait la Cléopâtre et l'Aspasie du XIXe siècle. Une dame très vaillante et courageuse, certainement ; et, bien qu'elle ait utilisé sa beauté et son esprit non conformément au Décalogue, elle était néanmoins digne de rester dans les mémoires comme tant pour l'excellente vigueur de ce dernier que pour la perfection du premier. La damnation individuelle ou le salut dans un cas comme le sien sont des questions d'opinion stricte ; mais pour le mémoire de Lola jusqu'au jugement dernier, il y a une étiquette ancienne qui pourrait ne jamais être plus » judicieusement annexé. Comme la morale de sa vie, c'est extrêmement banal : *Quia multum amavit* .

C'est bien dit.

**V**

Même après qu'elle y fut et qu'on aurait pu penser qu'elle y aurait été laissée en paix, la morte n'était pas autorisée à reposer tranquillement dans sa tombe. Quelques années plus tard, son rôle fut impudemment assumé par une prétendue actrice qui, se faisant appeler « Comtesse de Landsfeld », entreprit une tournée de conférences en Amérique. Si elle n'avait pas d'autre don, celle-ci avait certainement celui de l'imagination. « Je suis née, dit-elle à un journaliste, à Florence, et ma mère, Lola Montez, était en réalité mariée au roi Louis de Bavière. Ce mariage était strictement valable, et le titre de comtesse de ma mère m'a ensuite été conféré. " Les premiers souvenirs que j'ai sont d'avoir été élevé par des religieuses dans un couvent de la Forêt-Noire. Sans l'aide du bon docteur Döllinger, qui m'a aidé à m'échapper, j'aurais quand même été retenue là, victime de intérêts politiques. »

Cette absurdité fut avalée avec empressement ; et pendant quelque temps, la pseudo-« Comtesse » attira un public et récolta une riche moisson. Ce n'est que lors des représentations diplomatiques que sa carrière fut stoppée.

Le jour de Noël 1898, une nécrologie new-yorkaise annonçait le décès d'une femme, Alice Devereux, épouse d'un menuisier pauvre. Il déclarait en outre qu'elle était la "fille de la célèbre Lola Montez et qu'elle aurait très bien pu être la petite-fille de Lord Byron". À cela, il ajoutait : « La société a maintenu une réserve studieuse et charitable quant à la filiation de Lola Montez. Tout ce que l'on sait avec certitude à ce sujet, c'est qu'un écuyer irlandais chasseur de renard, Sir Edward Gilbert, était le mari de sa mère. " Ainsi s'écrit « l'histoire ».

Les "Esprits" ne laisseraient pas non plus la pauvre Lola en paix. En 1888, une femme « médium », se faisant appeler Madame Anna O'Delia Diss DeBar (mais, sous la pression, admettant plusieurs *pseudonymes*) prétendit être la fille de Lola Montez. À ce titre, elle a mené un certain nombre de séances et, en échange d'une mise de fonds, a évoqué l'esprit de sa prétendue mère. Une partie de l'argent a été extraite de la poche d'un avocat crédule, un certain Luther Marsh. Pensant qu'il n'en avait pas eu pour son argent, il a finalement poursuivi Madame pour fraude et l'a fait envoyer en prison.

Elle ne fut plus dérangée jusqu'à l'hiver 1929, lorsqu'un « médium » autrichien, Rudi Schneider, avec, pour reprendre le jargon de son métier, une « personnalité en transe » appelée Olga (qui prétendait être une incarnation de Lola Montez) , a donné quelques séances à Londres. L'extinction des lumières et le sifflement d'un gramophone furent suivis des « manifestations » habituelles. Ainsi, les rideaux claquaient, les livres tombaient des chaises, les tambourins claquaient dans les armoires verrouillées, les cloches tintaient, etc. Mais Lola Montez elle-même était trop timide pour apparaître. Néanmoins, un certain nombre de « scientifiques » (tous anonymes) ont ensuite annoncé que « tout était très satisfaisant ».

Estimant que ces prétentions à entrer en contact avec les morts devraient être soumises à un test plus adéquat, M. Harry Price, directeur du Laboratoire national de recherches psychiques, a fait en sorte que Rudi Schneider donne un échantillon de ses pouvoirs à un comité d'experts. . Comme test convaincant, le major Hervey de Montmorency (un neveu de M. Francis Leigh avec qui Lola avait vécu autrefois à Paris) suggéra de demander à l'"Olga" accomplie le nom de son oncle (qui était différent du sien) et les circonstances dans lesquelles ils s'étaient séparés. Cela fut fait et "Olga" promit de donner tous les détails à la prochaine séance. Mais la promesse n'a pas été tenue. "Elle a commodément rangé toutes les questions de côté", indique le rapport officiel. Au total, les actions de Rudi Schneider ont chuté.

# VI

Le corps de Lola Montez, comtesse de Landsfeld et chanoinesse de l'ordre de Sainte Thérèse, s'effondre maintenant dans la poussière d'une tombe lointaine, loin de ses propres amis et parents, depuis plus de soixante-dix ans. Son nom restera cependant dans les mémoires alors que celui d'autres femmes qui ont occupé une place dans l'histoire aura été oublié.

Lola Montez n'était pas une aventurière ordinaire. Par sa beauté, son intelligence et son magnétisme, elle envoûtait presque tous ceux qui se trouvaient dans son rayon. Jamais aucun membre de son sexe n'a autant aimé celui-ci. Si elle était née au Moyen Âge, la superstition aurait voulu que Vénus elle-même revisite les repaires des hommes sous une nouvelle forme. Mais elle aurait alors probablement péri sur le bûcher, accusée de sorcellerie par ses opposants politiques. En fait, dès 1848, un souverain exigeait qu'un exorciste professionnel « chasse le diable d'elle ».

Présenter Lola Montez à sa juste valeur, ajuster la balance entre ses mérites et ses démérites, est une tâche difficile. Une femme aux cent facettes opposées ; de culture et de charme rares, de caprices, de fantaisies et d'enthousiasmes étranges, les uns luttant les uns contre les autres. Ainsi, tour à tour tendre et insensible, colérique et doux ; enfantinement simple dans certaines choses, et étonnamment astucieux dans d'autres ; confiant et méfiant; arrogant et humble, mais suprêmement indifférent à l'opinion publique ; reconnaissante pour sa gentillesse et fidèle à ses amis, mais n'oubliant ni ne pardonnant une blessure. Les hommes l'avaient traitée plus mal qu'elle ne les avait traités.

Pour le reste, une personnalité éclatante, vive, pleine de ressources et d'un grand courage, et affrontant toujours les coups durs et les secousses avec sérénité. Lola Montez avait vécu chaque instant de sa vie. Au cours de leur carrière, peu de femmes auraient pu emprunter une voie plus large, plus colorée et plus glamour. Elle avait une beauté et une intelligence bien au-dessus de la moyenne. Le monde entier avait été sa scène ; et elle y avait joué de nombreux rôles. Elle avait mieux joué certains d'entre eux que d'autres ; mais elle les avait tous joués avec distinction. Elle avait mis la boussole dans une boîte comme aucune femme ne l'avait encore mise dans une boîte. D'aventurière à évangéliste ; coryphée, courtisane et convertie, tour à tour. Au départ un mélange de Cléopâtre et d'Aspasie ; et à l'arrivée un Pélagien féminin. Également à l'aise en compagnie des princes, des poètes, des diplomates et des demireps, durant les vingt années où elle fut devant le public, elle avait gravi les hauteurs et sombré dans les profondeurs. Ainsi, elle l'avait reine dans les palais et dans les camps ; dansé dans des opéras et joué dans des cabines ; elle avait plié les monarques et les hommes politiques à sa volonté ; elle s'était tenue sur les marches d'un trône et au bord d'un caniveau ; elle avait connu la pompe et le pouvoir, la richesse et la pauvreté, des succès fulgurants et des échecs abjects ; elle avait mené des amours, des liaisons et des intrigues par dizaines ; elle avait marqué l'histoire dans deux hémisphères ; un roi avait abandonné sa couronne pour elle ; les hommes avaient vécu pour elle ; et des hommes étaient morts pour elle.

Comme nous tous, Lola Montez avait ses défauts. Pleine mesure d'eux. Mais elle avait aussi ses vertus. Elle était vaillante, généreuse et charitable. Au pire, son cœur dominait sa tête ; et si elle a fait beaucoup de bêtises, elle n'en a jamais fait de méchantes.

En dernière analyse, lorsque le dernier équilibre sera trouvé, cela sera sûrement mis à son actif.

# ANNEXE I

## EXTRAITS DE "ARTS DE BEAUTÉ"

### Par Madame Lola Montez ,

### COMTESSE DE LANDSFELD

#### Un beau visage

S'il est vrai « que le visage est l'index de l'esprit », la recette d'un beau visage doit être quelque chose qui atteint l'âme. Que peut-on faire pour un visage humain qui a un esprit lent, maussade, arrogant et colérique qui regarde sous tous ses traits ? Un esprit habituellement méchant et mécontent se laboure le visage avec les marques inévitables de son propre vice. Aussi beau soit-il, quel que soit son teint, un tel visage ne pourra jamais devenir vraiment beau. Si l'âme d'une femme est sans culture, sans goût, sans raffinement, sans la douceur d'un esprit heureux, tous les mystères de l'art ne pourront jamais rendre son visage beau. Et, d'un autre côté, il est impossible d'atténuer l'éclat d'un intellect élégant et raffiné. L'éclat d'un esprit charmant frappe à travers toutes les difformités des traits, et affirme encore son empire sur le monde des affections. J'ai eu le privilège de voir les beautés les plus célèbres qui brillent dans toutes les cours dorées de la mode à travers le monde, de Saint-Jacques à Saint-Pétersbourg, de Paris à l'Hindostan, et pourtant je n'ai trouvé aucun art qui puisse expier un un esprit non poli et un cœur peu charmant. Cette activité apaisante et délicieuse de l'âme, cette énergie spirituelle qui donne animation, grâce et lumière vivante à la structure animale, est, après tout, la véritable source de beauté chez une femme. C'est *cela* qui donne de l'éloquence au langage de ses yeux, qui envoie le plus doux vermillon à la joue, et illumine tout le *personnel* comme si son corps même pensait. Voilà, mesdames, l'enseigne de la beauté et le héraut des charmes, qui ne manqueront pas de remplir le spectateur d'une émotion et d'un plaisir irrépressibles.

#### Peintures et poudres

Si Satan a jamais eu un pouvoir direct pour inciter la femme à gâcher ou à déformer sa propre beauté, c'est sûrement en la tentant d'utiliser *de la peinture* et *de l'émaillage* . Rien d'aussi efficace n'écrit *memento mori !* sur la joue de la beauté que cette pratique ridicule et coupable. Les dames doivent savoir que c'est un gâchis certain pour la peau, et le bon goût devrait leur apprendre que c'est un effroyable déformateur de la beauté naturelle du « visage humain divin ». Le plus grand charme de la beauté réside dans l' *expression* d'un joli visage ; dans ces éclairs divins de joie, de bonté et d'amour qui rayonnent sur le visage humain. Mais quelle expression peut avoir un visage barbouillé de peinture blanche et émaillé ? Aucune bouffée de plaisir, aucun frémissement d'espoir, aucune lumière d'amour ne peut briller à travers le moule incrusté. Son visage est aussi inexpressif que celui d'une momie peinte. Et qu'aucune femme n'imagine que les hommes ne détectent pas facilement ce masque venimeux sur la peau. J'ai souvent vu un gentleman hésiter à saluer une femme brillante, comme s'il s'agissait d'une tête de mort qu'il était obligé d'embrasser. Le secret était que son visage et ses lèvres étaient recouverts de peinture.

Une femme violemment fardée est un spectacle dégoûtant. Le rouge excessif du visage donne une grossièreté à tous les traits, et une férocité générale au visage, qui transforme l'élégante dame du monde en une vulgaire harridan. Mais, en aucun cas, même *le rouge ne peut* être utilisé par les femmes qui ont dépassé l'âge de la vie où les roses sont naturelles sur les joues. Une vieille femme *fardée* est un spectacle horrible, une distorsion de l'harmonie de la nature !

Les peintures sont non seulement destructrices pour la peau, mais elles sont également néfastes pour la santé. J'ai connu des affections paralysantes et des morts prématurées attribuées à leur usage. Mais hélas! Je crains qu'il n'y ait jamais eu une époque où beaucoup de gais et de gens à la mode de mon sexe ne se soient pas rendus à la fois méprisables et ridicules par cette ruse dégoûtante.

Que chaque femme comprenne immédiatement que la peinture ne peut rien faire pour la bouche et les lèvres. L'avantage obtenu par le rouge artificiel est mille fois plus que perdu par la destruction sûre de ce charme délicat associé à l'idée de « lèvres rosées de la nature ». Il ne peut y avoir *de rosée* sur une lèvre peinte. Et il n'y a pas d'homme qui ne recule pas avec dégoût à l'idée d'embrasser une paire de lèvres peintes. Et qu'aucune femme ne se fasse illusion en pensant que les hommes ne détectent pas instantanément la peinture sur les lèvres.

## UNE BELLE POITRINE

Je suis conscient que c'est un sujet qui doit être traité avec beaucoup de délicatesse ; mais mon livre serait incomplet sans une mention de cette « plus grande prétention d'une femme charmante ». Et d'ailleurs, il est sans doute vrai qu'une discussion appropriée sur ce sujet ne semblera *particulière* qu'aux esprits les plus vulgaires des deux sexes. S'il est vrai, comme le chantait le vieux poète, que

"Le ciel repose sur ces deux collines de neige"

pourquoi une femme ne serait-elle pas convenablement instruite dans la bonne gestion de charmes aussi extraordinaires ?

La première chose qui frappe l'esprit d'une dame, c'est que les robes très décolletées sont d'un très mauvais goût et sont sûres de laisser dans l'esprit d'un gentleman une idée pour le moins équivoque. Un mot de sage à ce sujet suffit. Si une jeune femme n'a ni père, ni frère, ni mari pour diriger ses goûts en cette matière, elle fera bien de s'asseoir et de mémoriser la déclaration ci-dessus. C'est un charme qu'une femme qui se comprend elle-même ne laissera pas aux yeux publics de l'homme, mais à son imagination. Elle sait que *la pudeur* est le sortilège divin qui lie à elle à jamais le cœur de l'homme. Mais mon observation m'a appris que peu de femmes sont bien informées quant à la gestion physique de cette partie de leur corps. Le sein, que la nature a formé avec une symétrie exquise et une adaptation admirable aux parties de la figure auxquelles il est uni, est souvent transformé en forme et transplanté dans un lieu qui le prive de sa beauté originelle et de son harmonie avec le reste de la personne. Cette métamorphose déformante s'effectue au moyen de renforts rigides, ou corsets, qui forcent la pièce hors de sa position naturelle et détruisent la tension et la fermeté naturelles en lesquelles consiste tant de sa beauté. Une jeune femme doit être informée qu'elle ne doit pas permettre même à sa propre main de la presser trop brutalement. Mais surtout éviter, surtout dans les jeunes enfants, la pression constante de substances aussi dures que les os de baleine et l'acier ; car, outre la destruction de la beauté, ils sont susceptibles de produire toutes les terribles conséquences des abcès et des cancers. Même le rembourrage que les dames utilisent pour donner une apparence complète, là où il y a une poitrine déficiente, est sûr de détruire entièrement en peu de temps toute la beauté naturelle des parties. Dès qu'il apparaît que la poitrine n'a pas l'ampleur arrondie due au reste de sa forme, au lieu d'essayer de réparer le manque avec un rembourrage artificiel, il faut la vêtir le plus librement possible, afin d'éviter la moindre pression artificielle. Non seulement sa croissance est stoppée, mais son teint est gâté par ces astuces. Que la croissance de cette belle partie soit laissée aussi libre que le jeune cèdre ou que le muguet.

## BEAUTÉ DU COMPORTEMENT

Il est essentiel que chaque femme comprenne que la femme la plus belle et la mieux habillée ne parviendra pas à être *charmante* à moins que tous ses autres attraits ne soient mis en valeur par un comportement gracieux et fascinant. Un joli visage peut être vu partout, de belles et magnifiques robes sont assez courantes, mais combien rarement rencontrons-nous une attitude vraiment belle et enchanteresse ! C'est ce charme de maintien qui suggéra au cardinal français l'expression du « paradis natal des anges ». La première chose à dire sur l'art de se comporter, c'est que ce qui convient à un âge serait très inconvenant et ridicule à un autre. Pour une jeune fille, par exemple, s'asseoir aussi grave et raide que « sa grand-mère taillée en albâtre » serait assez ridicule, mais pas autant, que pour une vieille femme d'assumer la gaieté débordante de l'enfance. Elle n'attirerait sur elle que mépris et rire, à juste titre.

En effet, une attitude modeste rend toujours une femme charmante. La pudeur est à la femme ce que le manteau vert est à la nature : son ornement et sa plus haute beauté. Quel charme miraculeux il y a dans un rougissement, quelle douceur et quelle majesté dans la *simplicité naturelle* , sans lesquelles la pompe est méprisable et l'élégance elle-même disgracieuse.

Il ne fait aucun doute que la plus haute incitation à l'amour réside dans la modestie. Les femmes sages du monde le savent si bien qu'elles prennent des peines infinies pour apprendre à en porter l'apparence, avec le même tact et avec le même motif qu'elles se parent de vêtements attrayants. Ils ont pris une leçon de Sir Joshua Reynolds, qui dit : « Les hommes sont comme certains animaux qui ne se nourrissent que lorsqu'il y a peu de nourriture, et qui parviennent difficilement à passer à travers les barreaux d'un râtelier ; mais refusent d'y toucher quand il y a peu de nourriture. » il y a une abondance devant eux. » Il est certainement important que toutes les femmes comprennent cela ; et il n'est que juste qu'ils pratiquent cela, puisque les hommes les traitent toujours avec des mensonges fallacieux dans cette affaire. Les hommes peuvent s'amuser avec une fille bruyante, rieuse et bavarde ; c'est le comportement calme, sobre, modeste et apparemment timide qui est celui qui a le plus de chances d'emporter leur cœur.

---

# ANNEXE II

## EXTRAITS DES "CONFÉRENCES DE LOLA MONTEZ"

### BELLE FEMME

Le dernier et le plus difficile office imposé à Psyché fut de descendre dans les régions inférieures et de rapporter dans une boîte une partie de la beauté de Proserpine. La déesse trop curieuse, poussée par la curiosité ou peut-être par le désir d'ajouter à ses propres charmes, souleva le couvercle, et voici qu'en sortait une vapeur qui était tout ce qu'il y avait de cette beauté merveilleuse.

En tentant de donner une définition de la beauté, j'ai douloureusement ressenti la force de cette parabole classique. Si je me fixe un standard de beauté à Paris, je trouve que cela ne suffira pas une fois arrivé à Constantinople. Les qualités personnelles, les plus opposées qu'on puisse imaginer, sont toutes considérées comme belles dans différents pays, et même par différentes personnes d'un même pays. Ce qui est difformité à New York peut être beauté à Pékin. À un endroit, l'amant soupirant voit « Hélène » dans un front égyptien. En Chine, les dents noires, les paupières peintes et les sourcils épilés sont beaux ; et si les pieds d'une femme sont assez grands pour marcher dessus, leurs propriétaires sont considérés comme des monstres de laideur.

Chez les Grecs modernes et chez d'autres nations riveraines de la Méditerranée, la corpulence est la perfection de la forme chez la femme ; les attributs mêmes qui dégoûtent les Européens occidentaux constituent les plus hauts attraits d'une foire orientale. C'est de la forme commune et admirée de ses compatriotes que Reubens, dans ses tableaux, se délecte d'une rondeur vulgaire et presque odieuse. Il semble n'avoir aucune idée de la beauté à moins de deux cents livres. Ses Grâces sont toutes grasses.

Les cheveux sont un bel ornement pour la femme, mais la question de leur couleur a toujours été un sujet de controverse. Je crois que la plupart des gens de nos jours considèrent les cheveux roux avec défaveur, mais à l'époque de la reine Elizabeth, c'était à la mode. Marie d'Écosse, même si elle avait ses propres cheveux exquis, portait des fronts rouges pour complimenter la mode et la reine d'Angleterre aux cheveux roux.

Cette célèbre beauté, Cléopâtre, était également rousse ; et les dames vénitiennes fabriquent encore aujourd'hui des cheveux jaunes contrefaits.

Les cheveux jaunes ont encore une autorité supérieure. L'ORDRE DE LA TOISON D'OR , institué par Philippe, duc de Bourgogne, était en l'honneur d'une frêle beauté dont les cheveux étaient jaunes.

Ainsi, mesdames et messieurs, cette chose de beauté dont je viens de parler a son propre standard quelque peu migratoire et inconstant. Tous les amoureux du monde auront leur propre idée de la chose malgré moi.

Mais où pouvons-nous détecter cette source d'énergie particulière ? Souvent dans une fossette, parfois sous l'ombre d'une paupière ou peut-être parmi les tresses d'une petite boucle fantastique !

J'ai connu autrefois un noble qui essayait de se rendre sage et d'émanciper son cœur de l'esclavage pour devenir une célèbre beauté de la cour, en se répétant sans cesse : « Mais c'est de courte durée », « Cela ne durera pas ». enfin, ça ne durera pas ! »

Ah, moi ! c'est trop vrai, ça ne durera pas. La beauté a sa date, et c'est le châtiment de la nature que les filles doivent se faner et se flétrir comme leurs grands-mères l'ont fait avant elles.

En apprenant à une jeune femme à s'habiller avec élégance, nous devons d'abord lui faire comprendre que la symétrie de la silhouette doit toujours être accompagnée d'une harmonie vestimentaire, et qu'il existe une certaine convenance dans l'habillement, adaptée à la forme, au teint et à l'âge. Préserver la santé de la forme humaine est le premier objet de considération, car sans cela on ne peut ni maintenir sa symétrie ni améliorer sa beauté. Mais les bases d'une juste proportion doivent être posées dès l'enfance. "Quand la brindille est courbée, l'arbre s'incline." Une tenue légère, qui laisse libre cours aux fonctions de la vie, est indispensable à une croissance sans entrave. Si les jeunes fibres ne sont pas interrompues par les obstacles de l'art, elles s'élanceront harmonieusement dans la forme que la nature a dessinée. Le vêtement de l'enfance doit être à tous égards facile, et ne pas gêner ses mouvements par des ligatures sur la poitrine, les reins, les jambes ou les bras. Par cette liberté, nous verrons les muscles des membres prendre graduellement le gonflement et l'insertion fins que seul un exercice sans contrainte peut produire. La poitrine se balancera gracieusement sur la taille fermement équilibrée, se gonflant dans une étendue noble et saine, et la silhouette entière commencera à avancer à l'âge épanoui de la jeunesse et mûrira tôt jusqu'à la maturité de la beauté.

La belle forme des femmes, ainsi éduquées, ou plutôt laissées à leur croissance naturelle, revêt une variété de caractères charmants. Dans une figure de jeunesse, nous voyons les traits d'une nymphe des bois, une forme légère et élastique dans toutes ses parties. La forme:

" Petit à petit, et magnifiquement moins,
De la poitrine douce à la taille fine ! "

Un pied aussi léger que celui de celle dont le pas volant effleurait à peine le « maïs inflexible », et des membres dont la grâce agile bougeait en harmonie avec les courbes de son cou de cygne et les rayons de ses yeux étincelants.

Pour réparer ces ravages, on vient à l'aide de rembourrages pour donner une forme là où il n'y en a pas, de renforts pour comprimer en forme le chaos gonflé des chair, et de peintures de toutes les couleurs pour rectifier le teint terne ; mais ces tentatives sont inutiles : car, si la dissipation, les heures tardives, la démesure et l'insouciance ont détruit la beauté des charmes féminins, il n'est pas au pouvoir d'Esculape lui-même de remettre en état la barque brisée, ou celle des Syrènes, de tous leurs chants. et ses ruses, pour sauver ses flancs meurtris des rochers, et lui faire naviguer à nouveau sur la mer avec une tenue vaillante. La belle dame qui ne peut modérer suffisamment sa poursuite du plaisir pour que la fête, l'heure de minuit, la danse ne reviennent pas trop souvent, doit renoncer à l'espoir de conserver ses charmes jusqu'au moment de la décadence de la nature. Après cette modération dans l'indulgence du plaisir, le prochain spécifique pour la conservation de la beauté que je donnerai, est celui de l'exercice doux et quotidien en plein air. La nature nous enseigne, dans les gambades et les jeux des animaux inférieurs, que l'effort corporel est nécessaire à la croissance, à la vigueur et à la symétrie de la charpente animale ; tandis que l'érudit trop studieux et l'homme de luxe indolent présentent en eux-mêmes les conséquences pernicieuses du manque d'exercice.

Beaucoup de dames riches donneraient des milliers de dollars pour ce bras rond et cette fleur de pêche sur la joue, possédées par sa femme de chambre. Eh bien, n'aurait-elle pas pu avoir les deux, avec la même quantité d'exercice et une vie simple ?

Mais je me lasse de ce sujet de cosmétique, comme toute femme sensée finira par se lasser de s'en servir. C'est une leçon qui ne manquera pas de venir ; mais, dans la vie de la plupart des dames à la mode, il a peu de chances d'être nécessaire jusqu'à ce moment inavouable où les hommes cesseront d'en faire des babioles et des jouets. Il faut à la plupart des femmes les deux tiers de leur vie pour découvrir que les hommes peuvent s'amuser avec elles sans les respecter ; et chaque femme peut décider que pour être réellement respectée, elle doit posséder du mérite ; elle doit avoir des réalisations d'esprit et de cœur, et il ne peut y avoir de vraie beauté sans celles-ci. Si l'âme est sans culture, sans raffinement, sans goût, sans douceur d'affection, tous les mystères de l'art ne peuvent pas rendre le visage beau ; et, d'un autre côté, il est impossible d'atténuer l'éclat d'un esprit élégant et poli ; son rayonnement frappe à travers les enveloppes de difformité et affirme son emprise sur le monde des affections.

## GALANTERIE

Une histoire du début du règne de la galanterie nous ramènerait à la création du monde ; car je crois que la première chose que l'homme a commencé à faire après sa création a été de faire l'amour avec la femme.

Il n'y avait alors aucune discussion sur les « droits de la femme » ou sur « l'influence de la femme » : la femme avait tout ce que son âme désirait, et sa volonté était le mot d'ordre pour la bataille ou la paix. L'amour était un trait aussi marqué du caractère chevaleresque que la valeur ; et celui qui savait briser une lance, et ne savait pas comment gagner une dame, était considéré comme n'étant qu'un demi-homme. Il s'est battu pour gagner ses sourires — il a vécu pour être digne de son amour.

À cette époque, être « le serviteur des dames » n'était pas une simple figure de l'imagination – et être amoureux n'était pas un passe-temps vain ; mais être profondément, furieusement, presque ridiculement sérieux. Dans l'esprit du cavalier, la femme était un être au pouvoir mystique. Comme dans les vieilles forêts d'Allemagne, elle avait été écoutée comme un esprit des bois, mélodieux, solennel et oraculaire. Ainsi, lorsque la chevalerie est devenue une institution, la même idée de quelque chose de surnaturellement beau dans son caractère a jeté une ombre sur sa vie, et elle a été non seulement aimée mais vénérée. Et jamais les hommes ne furent plus fidèles à leurs belles dames qu'aux jours les plus fiers de la chevalerie.

Il n'existe pas de véritable bravoure, ni en France ni en Angleterre. En France, les relations entre les sexes sont trop inconstantes, variables et peu sincères pour qu'on puisse approcher de la galanterie plus près que le flirt ; tandis qu'en Angleterre, l'aristocratie, qui est la seule classe dans ce pays qui puisse avoir le véritable sentiment de galanterie, se transforme en commerçants et en commerçants. Les Smith et les Jones qui figurent sur les panneaux ont la noblesse derrière eux comme partenaires silencieux. Les habitudes commerciales des États-Unis et les exemples de fortunes rapides dans ce pays ont complètement fait tourner la tête de John Bull, et il est très vite devenu un Yankee avisé, économe et qui gagne de l'argent. Les gens d'affaires et de commerce n'ont pas le loisir de cultiver ce sentiment et ce romantisme qui sont le fondement de la galanterie. Les activités de la nature humaine recherchent d'autres voies d'excitation plus pratiques et plus utiles. Au lieu de consacrer leur vie au culte et au service des belles dames, ils construisent des télégraphes, des chemins de fer, des bateaux à vapeur, élaborent des systèmes financiers et élargissent le domaine de la civilisation pratique.

En essayant de donner une définition des femmes fortes d'esprit, je trouve nécessaire de faire la distinction entre les justes idées de force et ce qui est considéré ainsi par le mouvement moderne des droits des femmes.

Une femme très estimable du nom de Mme Bloomer a acquis la réputation d'être forte d'esprit en raccourcissant ses jupes de six pouces, un compliment qui n'excite certainement aucun sentiment d'envie dans mon cœur ; car je suis philosophiquement perplexe de savoir comment couper six pouces de la robe d'une femme peut éventuellement ajouter quelque chose à la hauteur de sa tête.

Le fait qu'une ou deux cents femmes se réunissent en congrès et décident qu'elles constituent une communauté maltraitée et que tous les hommes sont de grands tyrans et des vauriens, prouve assez clairement qu'elles – les femmes – sont en quelque sorte mécontentes et qu'elles ont peut-être un sentiment de mécontentement. un certain courage, mais je ne vois pas que cela prouve qu'ils ont une force d'esprit remarquable.

Les femmes vraiment fortes d'esprit ne sont pas des femmes de paroles, mais des femmes d'actes ; non pas de résolutions, mais d'actions. L'histoire ne m'apprend pas qu'ils aient jamais consacré beaucoup de temps à des conventions et à adopter des résolutions concernant leurs droits ; mais ils ont été très prompts à faire valoir leurs droits, à les défendre aussi et à assumer les conséquences de la défaite.

Ainsi, toute l'histoire est pleine d'exemples saisissants d'héroïsme féminin, qui prouvent que le cœur de la femme est fait d'une matière aussi solide et d'un courage aussi courageux que celui qui bat dans les côtes du sexe grossier. Et s'il nous était permis de descendre de ce haut niveau de l'histoire publique dans les demeures privées du monde, dans quel sexe, pensez-vous, y trouverions-nous le plus pur esprit d'héroïsme ? Qui souffre le chagrin et la douleur avec le plus d'héroïsme de cœur ? Qui, au milieu de la pauvreté, de l'abandon et d'un désespoir écrasant, résiste le plus courageusement à la terrible lutte et ne cède jamais même aux terribles exigences de la nécessité jusqu'à ce que la mort lui arrache la dernière arme de défense de ses mains ? Ah, si tout cet héroïsme non écrit de la femme pouvait être mis en lumière, l'homme lui-même jetterait à ses pieds sa fière couronne de gloire !

Rousseau affirme que « toutes les grandes révolutions étaient dues aux femmes ». La Révolution française, le dernier grand et émouvant événement sur lequel le monde se souvient, a surgi, comme l'exprime malicieusement Burke, « au milieu des cris et de la violence des femmes ». Nous acceptons le compliment que Burke fait ici au pouvoir de la femme, et attribuons la grossièreté de son langage à la répugnance amère qu'avait tout Anglais de cette époque pour tout ce qui était français. Non, M. Burke, ce n'est pas par « les cris et la violence » que les grandes femmes de France ont contribué à cette puissante révolution ; c'est par la puissance combinée de l'intellect et de la beauté. Et les femmes qui se réunissent lors de conventions dans le but de réprimander les hommes n'accompliront jamais rien. Ils ne peuvent appliquer des lois que par l'intermédiaire de conseils discrets et judicieux, dotés de moyens permettant de contrôler le jugement et le cœur des législateurs. Et l'expérience du monde a assez bien prouvé que le jugement d'un homme est assez facilement contrôlé lorsque son cœur est une fois persuadé.

## ASPECT COMIQUE DE L'AMOUR

Mon sujet ce soir est l'aspect comique de l'amour. Sans doute la plupart d'entre vous ont eu une petite expérience, au moins du côté sentimental et soupirant de la tendre passion ; et ce que je propose de faire, c'est de vous donner le côté humoristique ou comique. Peut-être devrais-je commencer par demander pardon aux dames d'avoir traité d'une manière comique une chose aussi sacrée que l'amour, ou d'avoir présenté aux yeux des hommes le côté ridicule d'une chose aussi charmante qu'elles trouvent l'amour. Je voudrais présumer que je ne traiterai pas ainsi l'amour sensible ou rationnel. De ce beau sentiment, moins chaleureux que la passion, mais plus tendre que l'amitié, je ne parlerai pas un instant de manière irrévérencieuse ; de cette affection pure et désintéressée, aussi charmante que raisonnable, qu'un sexe éprouve pour l'autre, je ne puis parler à la légère. Mais il existe une certaine sorte d'amour romantique et insensé, que les poètes célèbrent parfois et que les hommes et les femmes feignent, et qui est une cible légitime pour le ridicule. Ce genre d'amour est fantaisiste et insensé ; ce n'est pas le fruit du cœur, mais de l'imagination. Je sais que les actes généreux et le mépris de la mort ont parfois couvert d'un voile cette folie. Les arts lui ont tressé une couronne fantastique, et les Muses l'ont orné des fleurs les plus douces : mais cela ne le rend pas moins ridicule ni dangereux. L'amour de ce genre romantique est une abstraction beaucoup trop légère et subtile pour soutenir une existence tangible au milieu des relations bousculées de ce monde occupé. C'est une simple bulle projetée à la surface par les passions et les fantaisies des hommes, et qui se brise bientôt au contact des dures réalités de la vie quotidienne. C'est une chose qui supporte peu de manipulations. L'Allemand Wieland, qui fut un grand disciple de l'amour, estimait que « ses effets métaphysiques commençaient au premier soupir et se terminaient au premier baiser ! » Platon n'était pas loin du compte lorsqu'il l'appelait « un grand diable » ; et l'homme ou la femme qui en est réellement possédé aura beaucoup de mal à se chasser.

Des raffinements de l'amour, la grande masse des hommes ne peut rien savoir. La vérité est que l'amour sentimental est tellement une affaire d'imagination que les incultes n'ont pas de champ naturel pour l'exprimer. En Amérique, on peut difficilement se rendre compte de toute la force de cette vérité, car les distinctions de classe sont heureusement presque effacées. Ici, la culture intellectuelle semble être répartie à peu près également entre toutes les classes. Je suppose qu'il n'est pas rare dans ce pays de trouver le cordonnier le plus pauvre, dont la petite cabane est à côté de la fière demeure de quelque millionnaire, un homme vraiment plus doué que son voisin riche et hautain ; auquel cas le millionnaire fera bien de veiller à ce que le cordonnier ne fasse pas l'amour à sa femme ; et s'il le fait, personne n'a besoin de s'en soucier, car le millionnaire sera sûr de lui rendre la pareille.

La grande loi « du tac au tac » est, je crois, également la loi de toutes les nations ; d'ailleurs, l'amour est un grand niveleur de distinction, et c'est dans cette mission de nivellement qu'il accomplit certaines de ses pitreries les plus ridicules. Quand la fille d'un homme riche s'enfuit avec le cocher de son père, comme cela arrive parfois, tout le pays en éclate de rire. Il existe une perception innée et populaire du ridicule, mais tout le monde voit et sent que dans de tels cas, elle est déplacée et grotesque. Tout le monde s'aperçoit que le cœur de la femme a pris le morceau dans sa bouche et s'est enfui avec sa cervelle. Mais, comme la comédie est souvent presque alliée à la tragédie, le chagrin est sûr de surgir dès la petite lune de miel terminée. Cet amour romantique ne peut pas prospérer sur le terrain de la pauvreté et du besoin. En effet, tous les stimulants que l'orgueil et le luxe peuvent lui administrer ne peuvent guère le maintenir en vie. La riche demoiselle qui s'enfuit avec un homme bien au-dessous d'elle en termes d'éducation et de raffinement doit inévitablement se réveiller, après un bref rêve, dans un état de choses qui l'ont rendue malheureuse pour la vie ; et lui, pauvre homme, n'en sera pas moins misérable, à moins qu'elle ne lui ait apporté assez d'argent pour lui donner le loisir et l'occasion de satisfaire ses fantaisies dans une société qui est à la hauteur de ses goûts et de son éducation.

### LES ESPRITS ET LES FEMMES DE PARIS

Les beaux esprits français racontent l'histoire risible d'un Anglais peu voyagé qui, en débarquant à Calais, fut reçu par une hôtesse boudeuse et rousse, lorsqu'il écrivit aussitôt dans son carnet : « Toutes les femmes françaises sont boudeuses et rousses. "

Nous n'avons jamais su si cet Anglais corrigeait ensuite ses premières impressions sur les Françaises, mais il est fort probable qu'il ne l'a jamais fait, car il n'y a rien de plus difficile sur terre qu'un Anglais à se remettre de ses premières impressions, et c'est surtout le cas pour tout. en France. Un Anglais aristocratique peut vivre des années à Paris sans vraiment rien connaître.

D'abord, il s'y rend avec des lettres d'introduction au faubourg Saint-Germain, où il ne trouve que les restes fossiles de la vieille *noblesse* , mêlés à une légère proportion de l'intelligence actuelle du pays, et ici il se déplace dans les cercles stagnants de la France historique, et il est étonnant qu'il ait ne serait-ce qu'un aperçu du Paris progressiste vivant. Il n'y a rien sur terre, si ce n'est une momie de trois mille ans, qui soit aussi sombre, raide et ratatinée que la pure vieille noblesse française. La France possède actuellement trois noblesses distinctes et opposées. Il y a d'abord la noblesse de l'Empire, la noblesse napoléonienne, qui repose sur le génie militaire et civil ; deuxièmement, il y a la noblesse orléanaise, la famille de feu Louis-Philippe, représentée dans la personne du jeune comte de Paris ; troisièmement, les légitimistes, ou la vieille aristocratie de souche Bourbon, représentée dans la personne d'Henri V, duc de Bordeaux, aujourd'hui âgé d'une cinquantaine d'années, et confortablement exilé en Italie.

Aucune description que je puisse donner ne peut donner une juste idée de la fascination de la société chez des esprits comme Dejazet ; et nulle part on ne trouve ce genre de société aussi complète qu'à Paris. Nulle part ailleurs on ne trouve autant de femmes d'esprit et de génie se mêlant aux assemblées et aux fêtes des hommes de lettres ; et je puis ajouter que nulle part au monde la société littéraire n'est aussi raffinée, aussi brillante et aussi charmantement intellectuelle qu'à Paris. C'est un grand contraste avec la société littéraire de Londres ou d'Amérique. Ecoutez la confession suivante de Lord Byron : « J'ai quitté une assemblée remplie de tous les grands noms du *haut-ton* de Londres, et où l'on ne trouvait que des noms, pour chercher un soulagement à l' *ennui* qui m'accable, dans un cave à cidre ! et j'y ai trouvé plus de matière à spéculation que dans les cercles insipides et ternes et scintillants qu'il me restait.

L'une des personnes les plus remarquables et les plus remarquées qu'on puisse rencontrer à Paris est Madame Dudevant, communément appelée Georges Sand. Elle a maintenant une cinquantaine d'années (ce n'est pas un crime de parler de l'âge d'une femme de son génie), une femme grande, masculine, aux traits grossiers, mais avec de beaux yeux, et ouverte, facile, franche et chaleureuse. à sa manière envers ses amis. Pour un esprit perspicace, ses écrits donneront une idée juste de la femme. On la rencontre partout vêtue de vêtements d'homme, coutume qu'elle adopte non pas par simple caprice ou par caprice de caractère, mais parce que dans ce costume elle peut aller où elle veut sans exciter la curiosité, et voir et entendre ce qui est le plus intéressant. utile et indispensable pour elle dans l'écriture de ses livres. Elle est sans doute l'esprit le plus masculin de France à l'heure actuelle. Par la folie de ses relations, elle fut mariée de bonne heure à un imbécile, mais elle le quitta bientôt avec dégoût, et se lia ensuite d'amitié avec Jules Sandeau, romancier et critique avisé. C'est lui qui a découvert son génie et qui l'a fait écrire le premier. C'est le nom de cet auteur, Jules Sandeau, qu'elle a transformé en Georges Sand, nom qu'elle a rendu immortel.

Georges Sand en compagnie est silencieux, et sauf lorsque la conversation touche une corde sensible dans sa nature, peu encline à la démonstration. Elle parlera alors avec sérieux de grands sujets, généralement de philosophie ou de théologie, mais vous chercherez en vain à l'entraîner dans une conversation sur de petits sujets de bavardage ordinaire. Elle vit dans un petit cercle d'amis, où elle peut dire et faire ce qu'elle veut. Son fils est une pauvre créature au cerveau faible, qui agace perpétuellement tout le quartier en battant nuit et jour sur un énorme tambour. Elle a une fille mariée à Chlessindur, le célèbre sculpteur, mais qui ressemble peu à sa talentueuse mère. Madame Georges Sand a eu une vie de tempêtes sauvages, avec peu de rayons de soleil pour éclairer son chemin ; et comme la plupart des réformateurs d'aujourd'hui, surtout si c'est son malheur d'être une femme, elle est une cible à placer dans une position bien en vue, sur laquelle tirer par tous les êtres humains sombres et non éclairés qui peuvent avoir des motivations particulières pour agir. restreindre le progrès de l'esprit; mais il est aussi absurde, en ce glorieux XIXe siècle, de tenter de détruire la liberté de pensée et la souveraineté de l'individu, que d'arrêter les chutes du Niagara.

Il y avait une dame douée et à la mode (la comtesse d'Agoult), elle-même une auteure accomplie, à propos de laquelle et de Georges Sand on raconte une curieuse histoire. Ils étaient de grands amis et le célèbre pianiste Liszt était leur admirateur. Les choses se passèrent quelque temps doucement, *couleur de rose* , lorsqu'un beau jour, Lizst et Georges Sand disparurent subitement de Paris, après s'être mis en tête de faire ensemble le tour de la Suisse pour l'été. Grande fut l'indignation de la belle comtesse devant cette double désertion ; et quand ils revinrent à Paris, Madame d'Agoult se rendit chez Georges Sand, et défia immédiatement le grand écrivain en duel, les armes étant des ongles, etc. Le pauvre Lizst sortit en courant de la chambre et s'enferma dans une prison. il confia ensuite son corps à un ami, afin qu'il soit conservé, comme il le disait, pour le reste de l'assaillant. Madame d'Agoult était mariée à un vieillard rat de bibliothèque qui ne s'occupait que de sa bibliothèque ; il ne savait même pas le nombre d'enfants qu'il possédait, et le vieux philosophe s'en souciait si peu que lorsqu'un étranger venait à la maison, il disait invariablement, à l'apparition de la famille : « Permettez-moi de vous présenter les enfants de ma femme" ; tout cela avec le sourire le plus doux et l'air le plus content.

### ROMANISME

Je ne sais pas si l'histoire a quelque chose de plus merveilleux à montrer que le rôle que l'Église catholique a joué dans les diverses civilisations du monde.

Quelle merveilleuse structure, avec sa hiérarchie qui s'étend à travers de longs siècles presque depuis les jours apostoliques jusqu'aux nôtres ; vivre côte à côte avec des formes de civilisation et de non-civilisation, les plus diverses et les plus contradictoires, tout au long de ses quinze cents ans et plus de son existence ; affirmer un contrôle efficace sur les opinions et les institutions ; avec son pontificat (comme on le prétend) datant du pêcheur de Galilée, et y régnant encore dans la ville qui entendit prêcher saint Pierre, et qu'il vit martyrisé ; faisant impiement semblant de s'asseoir sur sa chaise et de porter ses clés ; secoué, exilé, brisé encore et encore par le schisme, par les révoltes luthériennes et les révolutions françaises ; mais toujours en se redressant et en réaffirmant une vitalité que ni la force ni l'opinion n'ont encore pu éteindre. Autrefois avec le pied sur le cou des rois, et ayant le sort des empires entre ses mains, et pourtant supervisant le plus grand mécanisme ecclésiastique que l'homme ait jamais vu ; ordonner des jours de jeûne et de fête, et réglementer avec un fiat tout-puissant le régime alimentaire même de millions de personnes ; avoir d'innombrables bandes de soldats religieux formés, organisés et dirigés comme une telle armée n'a jamais existé avant ni depuis ; et soutenu par une infaillibilité qui défie la raison, une inquisition pour plier ou briser la volonté, et un confessionnal pour ouvrir tous les cœurs et maîtriser les secrets les plus profonds de toutes les consciences. Telle a été la puissante Église de Rome, et elle est toujours là, démolie, certes, de ce qu'elle était autrefois, mais pas encore détruite ; perplexe devant la diversité et la liberté d'une civilisation intellectuelle, qu'elle déteste et tente vainement d'écraser ; essayant laborieusement de s'adapter à l'Europe du XIXe siècle, comme elle l'a fait autrefois à l'Europe du XIIe ; allongeant ses cordes et renforçant ses pieux, agrandissant l'emplacement de sa tente et étendant les rideaux de ses habitations, même jusqu'à cette République du Nouveau Monde.

Le seul étonnant est qu'une telle Église soit capable de pousser sa fortune si loin au centre de la civilisation moderne, avec laquelle elle ne peut éprouver aucune sympathie et qu'elle embrasse seulement pour la détruire. J'avoue que j'ai du mal à croire qu'un mensonge total puisse apporter réconfort et aide à tant de millions d'âmes ; et l'explication est sans aucun doute que tout cela n'est pas un mensonge total ; car même ses pires doctrines sont fondées sur certaines grandes vérités acceptées par le cœur commun de l'humanité.

Il existe une vérité universelle et une succession apostolique, faite non par des édits, des bulles et des canons de l'Église, mais par une vie intérieure divine et vraie. Mais Rome a perverti tout cela en durcissant l'esprit diffus de la vérité en un mécanisme jeté dans un moule dans lequel il a été maintenu de force ; et en devenant de plus en plus fausse à mesure que le monde vieillissait et devenait plus sage, jusqu'à ce que l'universalité ne devienne qu'un autre nom pour un sectisme étroit et intolérant, tandis que l'infaillibilité s'en remettait à l'absurdité, et dont la raison prend le vertige, et la foi n'a d'autre ressource que fermer les yeux; et la succession apostolique se réduisit à une simple dynastie de prêtres et de pontifes. Une hiérarchie de magiciens, sauvant les âmes par des machines, ouvrant et fermant le royaume des cieux par un « sésame » d'incantations qu'il aurait fallu le travail de toute une vie pour rendre intelligibles à saint Pierre ou à saint Paul.

Or, qui pourra évaluer les effets stupéfiants et abrutissants d'une telle religion ? Qui oserait dire qu'un principe qui avilit autant la raison n'est pas comme des liens de fer autour du cœur en expansion et des membres en difficulté de la liberté moderne ?

Qui osera me dire que cette terrible Église ne repose pas sur le sein du temps présent comme un vaste cadavre encombrant et offensant, écrasant le sang vital du corps de la civilisation moderne ? Ce n'est pas comme une croyance religieuse que nous envisageons cette chose ; ce n'est pas pour ses péchés théologiques que nous sommes ici pour le condamner ; mais c'est de son effet sur la liberté politique et sociale que nous discutons. Quelle doit être la liberté politique et sociale ultime dont nous discutons ? Quelle doit être l'ultime nuit politique qui s'installera sur un peuple dépourvu d'individualité d'opinions et d'indépendance de volonté, et dont les cerveaux sont transformés en outils entre les mains d'un clan ou d'un ordre ? Regardez là-bas cette triste Europe et voyez tout ! Voyez là comment l'élément catholique se marque partout avec la nuit et entraîne l'âme, les énergies et la liberté du peuple en arrière et en bas dans l'inaction politique et sociale — dans d'insondables bourbiers de mort !

---